정치를 옹호함

In Defence of Politics by Bernard Crick, 4e
ⓒ Bernard Crick 1992
First published by Weidenfeld & Nicolson,
London

Korean Translation Copyright ⓒ
HUMANITAS 2021
Published by arrangement with The Orion
Publishing Group Ltd., London, UK through
Bestun Korea Agency Co., Seoul, Korea
All rights reserved.

정치를 옹호함
정치에 실망한 사람들에게

1판 1쇄. 2021년 4월 19일
지은이. 버나드 크릭
옮긴이. 이관후

펴낸이. 정민용
편집장. 안중철
편집. 최미정, 윤상훈, 이진실, 강소영

펴낸 곳. 후마니타스(주)
등록. 2002년 2월 19일 제2002-000481호
주소. 서울 마포구 신촌로14안길 17,
2층(04057)

편집. 02-739-9929, 9930
제작. 02-722-9960
팩스. 0505-333-9960
블로그. https://blog.naver.com/humabook
페이스북·인스타그램/Humanitasbook

인쇄. 천일인쇄 031-955-8083
제본. 일진제책 031-908-1407

값 16,000원

ISBN 978-89-6437-370-5 93340

정치를 옹호함

정치에 실망한 사람들에게

버나드 크릭 지음 | 이관후 옮김

후마니타스

차례

4판 서문   9

1   정치적 지배의 본질   17

2   이데올로기로부터 정치를 옹호함   51

3   민주주의로부터 정치를 옹호함   91

4   민족주의로부터 정치를 옹호함   121

5   기술로부터 정치를 옹호함   153

6   정치의 친구들로부터 정치를 옹호함   183

7   정치를 찬미함   233

옮긴이의 글   270

미주   283

찾아보기   287

모든 것에는 한계가 있어. 이 모든 시간들 속에서 분명히 무언가 이루어졌겠지. 하지만 혁명을 촉발한 사람들은…… 전 세계적인 수준에 미치지 못하면 결코 만족하지 않을 거야. 그들에게는 새로운 세계가 만들어지는 과도기적 시간들이 그 자체로 목적이 되지. 그들은 다른 어떤 것을 위한 준비는 전혀 되어 있지 않고, 사실 그것 말고는 아는 게 아무것도 없어. 자네는 이 끝도 없는 준비가 왜 그렇게 헛된 것인지 알고 있나? 그건 이 사람들이 실제로는 완전히 무능하기 때문일세. 그들은 정말 무능하지. 인간은 살기 위해서 태어나는 것이지 삶을 준비하기 위해 태어나는 게 아니라네.

보리스 파스테르나크, 『닥터 지바고』

나는 러시아혁명에서 불관용, 그리고 반대자들에 대한 박해로 치닫고 있는 심각한 악의 씨앗들을 금방 알아차렸다. 이런 악은 자신들이 곧 진리라는, 교조주의적 경직성과 결합된 절대적 사고에서 기인하는 것이었다. 그 뒤를 따른 것은, 다른 사람들 그리고 그들의 주장과 삶의 방식에 대한 경멸이었다. 확고부동한 신념들에서 나오는 비타협성 속에서 우리들 각자가 실천적 영역에서 풀어야 하는 가장 큰 숙제들 중 하나는, 의심할 여지없이, 이런 동등한 신념들과 그 서로 다른 신념들에 대한 존중에 대해 비판적 사고를 유지할 필요성을 받아들이는 것이다. 그런 투쟁에서 결국 문제는 최대한의 실천적 효율성과 적진에 있는 사람들에 대한 존중을 결합하는 것이다. 말하자면 증오 없는 전쟁 말이다.

빅토르 세르주, 『한 혁명가의 회고록』

일러두기

- 이 책의 초판은 1962년에 펠리컨 북스Pelican Books에서 출간되었으며, 총 다섯 차례에 걸쳐 개정되었다. 이 번역본은 1993년에 시카고 대학 출판부Chicago University Press에서 출간된 4판을 번역한 것이다. 하지만 4판에 실려 있던 세 편의 부록은 오늘날 시사하는 바가 크지 않다고 판단해 제외했다. 삭제한 부록의 내용에 대해서는 이 책의 「4판 서문」을 참조할 수 있다.

- 1장의 한국어 번역은 1991년에 한흥수황주홍이 편역한 『현대정치와 국가』에 「정치의 성격」이라는 제목으로 소개된 바 있지만 1972년판을 참조한 것으로, 본 번역이 참조한 1993년 판본과는 달라 일부 수정에만 참고했다.

- 본문의 대괄호와 각주는 옮긴이의 첨언이다.

- 국역본이 존재할 경우, 각주와 대괄호 안에 출처를 표기했다. 하지만 기존의 국역본 번역을 그대로 따르지 않은 경우도 있다. 특히 크릭의 영문이 불어나 독어 등의 원문을 번역한 국역본과 다를 경우 문맥을 고려해 크릭의 문장을 살려서 옮겼다.

- 단행본, 정기간행물에는 겹낫표(『 』)를, 소제목, 논문 제목 등의 한국어 표기에는 홑낫표(「 」)를, 시나 노래 등에는 가랑이표(< >)를 사용했다.

4판 서문

이 책을 써야겠다는 생각을 처음 한 것은 1950년대 중반이었다. 당시 나는 하버드와 버클리에서 박사 학위 논문을 쓰고 있었는데, 그 결과물은 1959년에 『미국의 정치학』*The American Science of Politics*이라는 책으로 출간되었다. 그 시절은 여전히 제2차 세계대전이 끝난 지 얼마 되지 않은 때라서 주요 대학의 캠퍼스들은 미국 태생의 이념에 더해 주로 독일 출신의 유럽 이민자와 망명 학자들의 사상이 한데 뒤섞여 부글부글하고 있는 상태였다. 또 당시는 냉전에 대한 새로운 공포가 닥쳐오던 시기이기도 했다.

그래서 30년 전 1판의 서문은 이렇게 시작한다. "이것은 — 홉스의 말에 따르면 — '현 시대의 무질서에 의해 발생한' 간단한 에세이로서, 정치가 무엇인지에 대해 명료하게 말함으로써 그것을 정당화해 보려는 시도다. 무엇보다 나는 간명하게 쓰려고 노력했다. 본론으로 들어가기 전에 가벼운 농담으로 내용을 포장하는, 그런 요즘의 유행을 따르지 않으려는 저자의 시도를 어쩌면 독자들이 환영해 줄지도 모르겠다. ······ 나는 문제를 지나치게 복잡한 것으로 만들어 버리는 학자들의 능력에 늘 우울했다."(우울한 건 여전하다.) 그래서 나는 실제 정치인들이 저지르는 그 모든 잘못에도 불구하고, 정치적 활동을 사람들이 일반적으로 생각하는 것보다 훨씬 더 희소하고 소중한 어떤 것으로 규정하고 옹호하려 노력했다. 나는 또한 동료 학자들이 아니라 전통적인 국가 문서나 공화정의 "시민

문학"을 접해 본 일반 독자를 상정하고 이 책을 썼다. 또 그 자체로 최선의 해결책처럼 보이는 것들을 위해 분투하기보다는 대체로 타협하는 것이 더 나음을 보여 주려 했다.

이 책이 품고 있는 보다 넓은 맥락들도 있다. 즉, 새로 탄생한 제3세계 국가들의 강한 민족주의 성향을 보이는 정권들 사이에서 점증하는 "정치 따위"에 대한 조바심, 그리고 국민들이 나치라는 과거의 악령을 퇴치하고 능동적인 시민들의 공화국을 수립하기를 기대하면서 그 기반을 찾아내고자 했던 독일 친구들과의 사적인 대화들이 그것이다. 이 글은 그처럼 특별한 시간대에 강렬한 열정을 갖고 단숨에 써내려 간 것이라 [판본을 수정하며] 텍스트에 큰 변화를 주거나 사례들을 업데이트함으로써 글을 망치는 위험을 감수할 필요는 없었다(실제로 아주 일부에 대해서만 수정이 있었다). 과거 사건들에 대한 시사적인 참고 내용들은 그 자체로 중요성을 갖는 것이 아니라, 이 책에 제시된 주장의 일반적인 측면을 보여 주는 실제 사례로서만 의미를 갖는다. 물론 얼마 되지는 않지만 초기에 있었던 일부 수정들은 분명히 특정한 주장들을 강화하고 보완하는 역할을 했다. [예를 들어] 정치에 대한 나의 엄밀하고 가치 판단적인 관점들이 아주 별난 것이 아니라 한때 — 모든 정부가 스스로를 민주적이라고 주장하도록 만든 매우 근대적인 수사가 나타나기 전까지는 — 잘 이해되었고 광범위하게 사용되었던 [정치와 정치가 아닌 것들 사이의] 구분을 담고 있다는 점을 보여 주기 위해서, 나는 인용구들을 추가했다. (비록 충분히 민주적이지는 않더라도) 합법적인 공적 토론과 평화적인 경쟁을 통해 통치되는 사회들이 있는 반면, 지금도 정치에 반하는 입법을 하고 강권을 통해 정치를 억압하는 정부들이 많다. 그러나 학생들과의 많은 토론 속에서 내가 찾고자 했던 기준은 이런 것이었다. 스탈린의 크렘린이나 셰이크'의 궁전에는 정치가 존재하지 않는다고 말하는 것과, 그런 체계는 정치적이지 않다고 말하는 것은 다르다는 것이다. 여기서 그 단어[정치]의 함의는 분명히 다르다.

이 책에 대한 수요가 매우 오랫동안 전 세계적으로 유지되는 것을 보면서 나는 새로 무엇을 쓰기보다는 각각의 판본에 ― 아이러니하게도 "부록"이라는 세목을 단 ― 무엇인가를 추가할 필요를 느꼈다." [이렇게 해서] 내가 이전에 자랑스러워했던 그 간결성이 지장을 받긴 했지만, 이는 논지가 분명한 단일 논문보다는 실험적인 에세이를 쓰는 것이 주는 기쁨 때문이었다.

이 책은 일반 독자들을 위해 쓴 책이기는 하지만 학생들이 ― 지금 당장은 연구자가 아니더라도 ― 더 많이 읽기를 바랐기 때문에 「정치학 연구자들을 위해 쓴 부록」A Footnote to Rally the Academic Professors of Politics (나는 여기서 Rally가 주는 말장난이 통하기를 기대한다)이 추가되었다." 한때 (실은 어제도) [정치학] 연구 방법의 본질을 둘러싸고 터무니없는 이분법적 논쟁 ― 정치학이 과학적이고 중립적인지, 아니면 신념과 행동인지 하는 ― 이 있었다! 나는 『미국의 정치학』과 『정치학의 이론과 실제』*Political Theory and Practice*(1973)에서 이것을 "중간을 배제하는 오류"라고 진단했

I 셰이크Sheik는 아랍어로 '연장자'라는 뜻으로 대개 이슬람 세계에서 통치자에게 수여되는 칭호다.

II 이 번역본에서는 오늘날 시사하는 바가 크지 않다고 생각해 제외했다.

III 여기서 rally는 특정 정당에 대한 지지를 보여 주기 위한 대규모 집회라는 뜻과 사람들을 단결시킨다는 뜻, 그리고 용기를 불어넣는다, 야유를 보낸다는 뜻이 있다.

는데, 여전히 확실한 대안은 존재하지 않는다. 나는 정치학이란 불가피하게 정치의 한 부분이며, 그것은 자유 정치의 보존에 기여하는 것이지 특정한 정치와 교리에 공헌하는 것은 아니라고 주장했다. 그렇다. 우리가 모두 자유 시장을 믿기는 하지만, 그것은 대체 어떤 형태의 법적 틀 속에서 어떤 유형의 통제와 조세제도와 관련된 것이란 말인가? 정치학자들은 정치학이란 (사소한 문제를 복잡하게 풀어내는 비용을 치르기만 한다면) 과학이 될 수 있다고 그들 자신을(그리고 다른 이들을) 기만하지만, 정치학이나 정치철학 모두 정치와 간접적으로라도 연관되는 것을 피할 수는 없다. 만약 정치적 주체가 하나의 진정한 원인이나 교리, 심지어 방법론을 신봉하게 되면 자유와 정치적 지배에 대한 약속은 형해화된다.

내 입장은 종종 곡해되곤 한다. 나는 [정치학이] 정치적 삶에 대한 관심을 줄여야 한다고 말하려는 게 아니었다(실제로 나는 영국에서의 정치 교육에 대해 쓰면서 적극적인 시민성을 강조했다). 다만 학문적 권위라는 것이 [이데올로기처럼] 광범위한 수준의 약속을 뒷받침하는 데 이용되어서는 안 되며, 모든 약속은 정치적 형태를 취해야 한다는 것이었다. 이 책의 어떤 장[6장]은 세 가지 전형적 위험을 다루고 있다. 첫째는 비정치적 보수주의(정치에 굴하지 말자는 식), 둘째는 정치에 무관심한 자유주의(정치를 정치 밖으로 몰아내자는 식), 셋째는 반정치적 사회주의(정치가 진보를 방해한다는 식)다. 아마도 반정치적 사회주의에 대한 비판은 (골육상쟁처럼) 너무 강렬해서 어떤 독자들은 나를 버크류의 보수주의자로 생각할지도 모르겠다. 사실 나는 유럽적 맥락에서 말하면, 사민주의자나 민주적 사회주의자다. 나는 그 장에서 (임시 수용소와 기아에 대한 만큼이나 실업과 빈곤에 대해 생각하면서) "사람들이 겪는 고통이 불평등하면 자유로운 정부에 위협이 된다"라고 썼다. 나는 또한 내가 속한 집단에 대해 불평하면서 "영국 노동당의 성장과 생존을 생각할 때 감명을 받게 되는 부분은 하나의 단일한 신조가 가진 효율성이 아니라 정치의 경이로움이다"라고 썼다(이것은 그들의 말이 아니라 그들의 실제 행동을 토대로 판단했을 때 그렇다는 것이다. 영국 노동당은 다른 유럽의 사민주의 정당들과 마찬가지로 보수주의 정당이나 자유주의 정당들만큼 항상 의회정치를 견지하고 그것을 통해 실천했다).

나는 또한 「동료 사회주의자들을 위한 부록」을 추가했는데(이 내용은 점점 커져서 1987년에 『사회주의』라는 작은 책이 되었다), 그것은 민주적 사회주의라는 것이 완전히 정치적인 것이 될 수 있다는 점을 보여 주려는 시도였다.[1] 아마도 이것은 어떤 독자들, 특히 북아메리카의 독자들이 보기에는 그들과 전혀 상관이 없거나 단지 불평이나 늘어놓는 것처럼 보여서, 이 이슈에 전혀 무관심해질 위험을 안고 다소 만용을 부린 것이기는 하다. 어쨌든 보편적 메시지는 분명하다. 나는 유럽 정치의 맥락에서 볼 때, 일단의 동료 사회주의자들에게 이제 더 이상은 자신들이 모든 것을 아우를 수 있으며 자기 완결적인 이론과 실천을 담지하고 있는 척해서는 안 된다고 말하는 것이 중요하다고 생각했다. 정말로 그래야 한다. 그들이 가진 것 중에 가장 작은 사례야말로 가장 강력한 것이다. 그러나 동시에 미국과 영국의 일부 보수주의자들이 모든 사회주의가 낡은 공산주의나 그것의 좌절된 형태 사이에서 어중간하게 방황하는 탕아에 지나지 않

---

[1] 1982년에 추가된 이 부록은 유럽 전체에서 사민주의 정당들이 침체에 빠졌을 때 문제점을 지적하고자 한 것이다. 이 번역본에서는 분량에 비해 오늘날에 시사하는 바가 크지 않다고 생각해 제외했다.

는다고 주장한다면, 그들은 자신들이 정치적 논쟁의 가치를 떨어뜨리고 있음을 깨달아야 한다. 나는 이 부록을 통해 그들에게 따끔한 자극을 주고 싶었다. 한 사려 깊은 더비셔의 광부가 어떤 비정규 강의에서 이 책을 읽은 후 내게 이렇게 물었다. "아이구, 무슨 말인지 다 알겠는데요, 근데 실은 당신은 아무것도 믿지 않는 것 아니오, 교수 양반?" 그는 참으로 진지한 답변을 들을 자격이 있다.

마지막으로 말하고 싶은 것은, 이 책이 냉전이 깊어 가던 시기에 쓰였다는 것이다. 대부분의 다른 사람들처럼 나 역시 소비에트 사회주의가 쇠퇴하거나 무너지리라고는 생각하지 못했다. 그러나 내 친구들이나 일부 학생들과 달리, 내게는 제3차 세계대전에 대한 공포도 없었다. 핵무기란 사용될 수 없는데, 핵 억지력이 작동할 것이기 때문이다. 그러나 가장 거대한 비극은 그 억지력이 도리어 철의 장막을 파괴되기 어려운 견고한 것으로 만들었다는 데 있다. 우리는 모종의 평화를 향유할 수 있겠지만, 그것은 조지 오웰이 『1984』에서 풍자했듯이 냉전적 사고라는 비용을 치른 결과다. 1956년 부다페스트와 1968년 프라하에 [소련의] 탱크가 진입했을 때처럼, 공포가 비인간적으로 오용되고 타인의 자유가 항구적으로 박탈되는 것을 [서유럽이] 지켜보기만 했던 사례를 보라. 한나 아렌트의 『전체주의의 기원』의 영향을 받아, 나는 인간이란 한번 그런 조건에 빠지면 그것을 바꿀 수 있는 가능성은 없다고 믿었다. 그래서 그것의 불가피성을 증명하기보다는 정치를 옹호하려 했다. 그러나 지금 과거 공산주의 제국에 무슨 일이 일어났든 간에, 20세기 중반의 전체주의는 사라져 가는 과거의 유물이자 근대주의의 실패한 왜곡으로서 엄청난 피해만 입히고 여전히 잔존해 있는 것처럼 보인다. 그 낡은 체계의 날들은 이제 중국에서조차 시효를 다해 가고 있다. 1989년 11월에 동유럽에서 일어난 사건들은 아마도 제2차 세계대전, 아니 프랑스혁명이나 미국 혁명 이래로, 시민들의 용기야말로 가장 위대하다는 것을 보여 준 것이었다. 그러나 다른 모든 혁명들과 마찬가지로, 아무것도 계획되지 않은 채로 기대하지 않았던 결과가 나타났고, 충족될 수 없는 기대들이 부풀어 올랐다. 세계의 다른 곳들은 그 사건들의 엄청난 중요성과 기회를 잡기에는 너무 느렸고, [전체주의에서 벗어난 동유럽 사람들이] 경제적 붕괴와 무정부 상태에 가까운 내전, "인종 청소"를 수반한 민족주의라는 절망을 피할 수 있도록 도움을 주는 데도 미적거렸다. 그 결과 사람들이 치러야 하는 고통의 비용은 과거의 압제에 비해 너무나 컸다. 그래서 나는 「비용을 아까워하는 사람들을 위한 마지막 부록」을 추가했다. 이는 「정치를 찬미함」[이 책 7장]이라는 과거의 결론에 비하면 다소 비관적인 측면이 있다.[1]

마지막 부록의 어조에는 또한 내가 이 책을 처음 썼을 때 너무 많은 쉬운 사례들만 인용한 것은 아니었나 하는 느낌이 반영되어 있다. 그러나 선택할 수 있다면, 누구든 전체주의적 정권보다는 불완전하더라도 정치적 정부를 선택하지 않겠는가? 1970년부터 나는 일반적인 정치적 타협이 작동하지 않는 내 나라의 일부인 북아일랜드와 보다 최근에는 이스라엘-팔레스타인 지역, 그리고 남아프리카공화국을 방문해 연구를 해오고 있다. 이들 지역들은 모두 보통의 정치적 타협이 — "공동체"와 개인에게

---

[1] 이 부록은 1992년에 추가되었는데, 동구권 붕괴 이후 혼란 상황을 맞아 쓴 것이다. 역시 앞의 부록과 마찬가지로 내용이 비해 오늘날 시사성이 높지 않다고 생각되어 번역본에서는 제외했다.

모두 — 무조건 항복처럼 보이는 그런 정체성을 가진 사람들 사이의 갈등을 겪고 있다. 그러나 어둠이 깊은 시기에도 희망을 찾아야 한다면, 보다 희망적인 시기의 정치학자에게는 우리가 원하고 원해야 하는 무엇을 위해 여전히 비용을 치를 수 있어야 한다고 주장해야 할 의무가 있을 것이다.

이 책이 처음 나왔을 때, 명망 있는 프랑스 정치학자인 베르트랑 드 주브넬(1903~87)은 선배 학자가 젊은이에게 보낼 수 있는 어마어마한 호평을 보내 주었다. 그러나 그는 내가 "현실주의"라고 본 것을 "이상주의"라고 보았다. 내가 주브넬처럼 제2차 세계대전 이전 시기와 전쟁을 경험했더라면, "냉정한 상식"이라는 내 어조와 "정치적 민주주의"에 대한 내 낙관주의는 아마도 더 설득력이 있었을 것이다. 그래서 이 [비관주의가 섞인] 마지막 부록은 아마도 [사망한] 그의 온화한 영혼이 깃든 주장이거나, 아니면 [이전의 결론에 대한] 균형을 맞추려는 시도일 것이다. 물론 나는 이것을 확신할 수 없다.

버나드 크릭
1993년 2월 14일
에든버러에서

1

정치적 지배의
본질

[포르투갈의 독재자] 살라자르가 자신은 "요란하고 일관성 없는 약속들, 실현 불가능한 요구들, 근거 없는 생각들의 잡탕, 현실성 없는 계획들 …… 진리나 정의라고는 전혀 괘념치 않는 기회주의, 분에 넘치는 명성을 뻔뻔하게 추구하는 것, 통제 불가능한 욕망의 부추김, 가장 저급한 본능의 이용, 사실의 왜곡 …… 이 모든 과열되고 무익한 호들갑들로 이루어진 정치를 가슴 깊은 곳에서부터 혐오한다"라고 말했을 때, 그가 말하는 민주적 정치에 대해 역겨움을 느끼지 않을 사람이 누가 있겠는가?

『더 타임스』(1961/11/16) 머리기사

진리라고 굳어진 것들에 대한 태만이야말로 자유로운 인간의 가장 큰 적이다. 그것은 어지러운 시대에 현명하고 창의적인 방식으로 무언가를 다시 정의해 보려 하거나, 과거의 어떤 생각들을 다시 풍요롭게 되살려 보려는 노력에 대한 학문적 무관심이나 과학적 초연함을 가장한 변명일 것이다. 이 글은 위대하고 개명된 인간의 행위로서 정치가 갖고 있는 덕에 대한 신뢰를 회복해 보려는 소박한 목적을 갖고 있다. 정치란, 그리스신화의 거인 안타에우스처럼, 어머니 대지 위에 군건하게 두 발을 딛고 있는 한, 영원토록 젊고 강하며 생동감을 유지할 수 있는 어떤 것이다. 우리는 인간이라는 한계 속에서 살아간다. 따라서 플라톤이 황홀한 외골수에 빠져 설파했던 것처럼 절대적 이상을 통해서 정치를 이해할 수는 없다. 물론 대지의 표면은 격변하고 있어서 인간인 우리가 한가로이 쉴 틈이라곤 없다. 또한 우리는 서로 다른 수많은 이상을 품고 있으며, 과거의 과실을 잘 향유하는 것뿐만 아니라 미래에 대한 계획도 세워야 한다. 한치 앞도 내다보지 못하는 사람들이 스스로 자화자찬에 빠지는 것처럼, 정치 역시 "순전히 실천적이거나 즉자적인" 행위일 수는 없다.

정치는 본질적으로 열등한 것으로, 곧 종속적이거나 부수적인 것으로 간주되는 경우가 많다. 반대로 정치가 그 자체로 생명력과 독자적 특성을 가진 어떤 것으로 칭송받는 경우는 드물다. 정치는 종교, 윤리학, 법, 과학, 역사나 경제가 아니다. 정치는 모든 문제를 해결할 수도 없으며, 어디에나 존재하는 것도 아니다. 정치란, 보수주의, 자유주의, 사회주의, 공산주의, 민족주의와 같은 단일한 정치적 교리가 아니다. 비록 이런 교리들이 가진 요소들을 대부분 자기 것으로 끌어들일 수 있다 하더라도, 정치란 결국 정치다. 정치란 그것보다 더 소중하거나 특별한 어떤 것과 "같기" 때문에 혹은 "실제로" 그것이기 때문이 아니라, 그 자체로 가치를 가진 그 무엇이다. 정치는 정치다. 정치 때문에 문제를 겪고 싶지 않아서 그것을 도외시하는 사람이야말로, 실은 모든 일을 선의善意로만 대하다가 정치 때문에 어려움을 겪게 되는 사람들과 마찬가지 상황에 처하기 마련이다.

누군가에게 이것[정치를 그 자체로 가치를 갖는 어떤 것으로 보는 것]은 너무나 당연한 일일 것이다. 그러나 그렇게 생각하는 사람들이 얼마나 소수인지를 환기하는 것도 해로운 일은 아닐 것이다. 세상 어느 곳에든 권력을 열망하는 사람들이 존재한다. 그들의 이름은 다를 수 있지만, 정치를 거부한다는 점에서 공통점을 가진 통치자들이 실제로 존재한다. 1958년에 열렬한 공화주의자들이었던 많은 프랑스인들은 드 골 장군이 정치인들로부터 프랑스를 구했다고 주장했다. 반면 1961년 알제리에서 [알제리의 독립에 반대하는 프랑스군의] 군사 반란 일어났을 때는, 그가 이 문제에 대해 "순전히 정치적인 해결책"만을 찾는다고 비난했다. 심지어 당시 반란을 일으킨 장군들조차 자신들에게는 그 어떤 "정치적 야심"도 없다고 지속적으로 천명했다. 1961년 피델 카스트로는 한 기자에게 이렇게 말했다. "우리는 정치인들이 아닙니다. 우리는 혁명을 통해 정치인들을 몰아냈습니다. 우리는 사회적 인민들입니다. 이것은 사회혁명입니다." 수없이 많은 곳에서 바로 이런 지도자들과 정당들은 자신들이 정치인들로부터 인민들을 지키고 있다고 열렬히 주장한다. 아이작 디즈레일리는 이렇게 썼다. "정치란 사람들을 속여서 통치하는 기예인 것으로 잘못 이해되고 정의돼 왔다."[1] 물론 상당수의 사람들, 심지어 명백히 정치적인 체제에 살고 있는 이들조차 자신들이 정치에 별 관심이 없다고 생각하고, 심지어 정말로 그런 것처럼 행동하기도 할 것이다. 그러나 이런 사람들 역시 정치란 혼란스럽고, 모순적이며, 문제를 반복해서 악화시키고, 반동적이며, 비애국적이고, 비효율적이며, 단지 타협에 불과한 또는 특정한 정치적 정파가 불가피한 미래의 변화를 회피하기 위해 현재의 특정하고 특수한 사회 체계를 유지하려고 만들어 내는 속임수나 음모에 불과하다고 생각하는 다수의 사람들에 비하면 소수일 것이다. 정치적 마인드를 가진 사람들이나 정치라는 이 기이한 일을 실천하는 사람들이 일반적으로 생각하는 것에 비해서, 반정치적인 사람들은 정치라는 것이 시공간의 제약을 매우 많이 받기 때문에 할 수 있는 것이 별로 없는 일이라고 여긴다.

---

[1] 벤저민 디즈레일리 수상의 아버지로 그가 1791년에 발표한 에세이집 *Curiosities of Literature*에 나오는 구절이다.

서구 문명의 많은 정치인들, 언론인들, 학자들은 "자유", "민주주의", "자유 정부"¹ 같은 단어들을 옹호하거나 확산시키려고 노력한다. 그런데 그들의 목소리가 다른 곳에서도 확인되는 상황, 곧 이런 좋은 것들이 "나의 소련, 나의 중국, 나의 스페인, 나의 이집트, 나의 쿠바, 나의 가나, 나의 북아일랜드, 나의 남아프리카공화국"과 같은 다양한 정치체제에도 존재하고 존중받고 있다는 자부심 넘치고 신실한 확신들을 접하게 되면, 이들은 혼란에 빠지고 심란해진다. 설령 이런 단어들에 정확한 의미가 실려 있다고 하더라도, 그 단어들이 가진 영예의 상징성에 비추어 볼 때 이것은 쉽게 인정되기 어려운 일이다. 언론인들은 아마도 행위로서의 정치 그 자체를 옹호하는 편이 나을 것이다. 왜냐하면 정치란 일반적으로 생각하는 것보다 훨씬 분명한 어떤 것이고, 진정한 자유를 위해 필수적이며, 진일보하고 다층적인 사회들에서만 확인되고, 오로지 유럽의 역사에서만 발견되는 특별한 기원을 갖고 있기 때문이다. 정치를 과대평가하다 보면 오히려 그것을 완전히 파괴할 수도 있겠지만, 사실 정치란 인간의 역사에서 값을 매길 수 없는 진주처럼 소중한 것이다.

아마도 너무나 평범해 보이는 나머지, 어떤 특정 집단이나 특정한 정부 프로그램의 소유물처럼, 그것을 전유하거나 국유화하고 싶은 강렬할 열정을 느끼는 사람들이 거의 없는 그런 행위를 찬미하는 글을 쓰고자 하는 데는 이유가 있다.

ı 이 책에서 '자유 정부'free régimes는 사회적으로 자유가 보장된 상황에서 탄생할 수 있는 정부, 가능한 어떤 상황에서도 시민들의 자유를 보장하는 정부라는 의미로 '자유주의적' 정부와는 다르다. 자세한 내용은 이 책 「옮긴이의 글」을 참조.

정치[학]에서 가장 근본적이고 기초적인 문제로 인식돼야 하는 것이 무엇인지에 대해 처음 밝힌 사람은 아리스토텔레스다. 말하자면 그는 여전히 그리스 세계에서 발견 혹은 발명되었다고 여겨지는 특별한 어떤 것에 대해 처음으로 그것을 구별해 내고 그 성격을 규정한 인류학자다. 그는 『정치학』[천병희 옮김, 숲, 2013] 2권에서 이상 국가를 고찰하면서, 플라톤이 자신의 『국가정체』[이하 『정체』. 박종현 옮김, 서광사, 2005]에서 폴리스(또는 정치적 유형의 공동체) 안의 모든 것을 통일성으로 환원하려는 오류를 범했다고 비판한다. 플라톤이 저지른 실수는 요컨대 이런 것이다. "계속해서 통일성을 추구하다 보면 폴리스는 곧 폴리스가 아니게 된다. 달리 말해, 그것은 여전히 폴리스일지 모르지만, 그렇다 하더라도 폴리스의 핵심을 점점 잃어버리고 점점 나쁜 상태의 폴리스가 되는 것이다. 그것은 조화를 일치로, 화음和音을 동음同音으로 바꿔 버리는 것과 같다. 진실은, 폴리스가 본질적으로 다수의 집합체라는 것이다."[1] 위대한 아리스토텔레스에 따르면 정치는, 체계화된 국가가 단일한 종족, 종교, 이해관계 혹은 전통이 아니라 다양한 사람들에 의해 구성된 집합체라는 사실을 깨닫고 있는 곳에서 나타난다. 정치란, 공통의 지배를 받는 하나의 영토 단위 내에 서로 다른 이해관계와 전통을 가진 다양한 집단들이 공존한다는 사실을 받아들이는 데서 시작하는 것이다. 그런 집단들이 문화나 정복 혹은 지리적 조건 등 어떤 방식으로 통합되었는지는 중요하지 않다. 핵심은 원시사회와는 달리 정치가 그 사회의 통치, 곧 체제를 유지하는 과정에서 발생하는 문제를 해결하는 데 타당한 대안이 될 수 있을 만큼 사회구조가 충분히 다원적이며 분화돼 있는가 하는 것이다. 그런데 정치적 질서가 수립되는 원리는 다른 질서들의 그것과는 상이하다. 그것은 자유의 탄생 또는 승인을 뜻한다. 정치란 서로 다른 진실들을 어느 정도 관용해야 한다는 것, 곧 통치란 서로 경쟁하는 이해관계들이 공개적인 각축을 벌이는 가운데 가능하다는 것, 실로 그래야 통치가 가장 잘 이루어진다는 것에 대한 인식을 의미하기 때문이다. 정치란 자유로운 인간의 공적 행위이며, 자유는 공적인 행위와 구별되는 사적인 일이다.

정치라는 용어의 일반적 용례는 사람들로 하여금 정치가 모든 조직된 국가에 실재하는 힘이라고 생각하게 한다. 하지만 조금만 생각해 보면, 이런 용례가 매우 잘못된 것임을 알 수 있다. 아리스토텔레스가 지적했듯이, 정치란 질서라는 문제에 대한 하나의 해결책일 뿐이기 때문이다. 더구나 가장 통상적인 해결책도 아니다. 자신의 이익만을 추구하는 강력한 한 사람의 통치인 참주정은 가장 확실한 대안이며, 한 집단이 자신들만의 이해를 추구하는 과두정이 두 번째 확실한 대안이다. 참주정이나 과두정의 통치 방식이란 간단히 말해 자신들의 이익을 위해 모든 또는 대부분의 다른 집단들을 폭력적으로 제압하고, 강압하며, 억누르는 것이다. 그러나 정치적인 통치 방식은 다른 집단의 사람들이 하는 이야기를 듣고 가능한 한 달래어 설득하는 것이고, 그들에게 법적 지위를 부여하며, 안전을 제공하고, 자유롭게 발언할 수 있도록 의사 표현의 수단을 충분히 보장하는 것이다. 이상적인 정치란 이런 모든 집단들이 서로를 만나서 개별적으로나 함께 통치의 일반적인 임무, 곧 질서의 유지에 긍정적으로 기여하는 것이다. 이것을 가능케 하는 방법은 분명 다양하며, 심지어 사회적 이해관계가 상충하는 상황에서도 그러하다. 서로 다른 많은 국가들과 변화하는 상황들을 생각해 보면, 과거에도 존재했고, 현재는 물론 미래에도 가능한 정치적 지배의 방식이 가진 다양성은 무한한 것처럼 보인다.

물론 대화를 통한 의견 조정conciliation이라는 방식은 완전하지 않을 수 있다. 그럼에도 불구하고 그것은 분명히 참주정, 과두정, 왕정, 독재정, 전제정, 그리고 아마도 다른 모든 근대적인 통치 형태와 확연히 구분되는 전체주의와는 근본적으로 다른 어떤 것이다.

오늘날의 용례에서 보면, 전체주의적이거나 폭압적인 체제[정권]에는 정치가 존재하는 않는다고 말하는 것이 확실히 좀 이상해 보일 것이다. 어떤 이들에게는 이렇게 말하는 편이 더 이해가 쉬울지 모른다. 어떤 종류의 정부에도 일정 부분 정치가 존재하지만, 어떤 경우에는 정부 그 자체가 정치 체계를 의미한다고 말이다. 즉, 정부가 하는 모든 행위가 정치 자체이거나 정치를 위한 것인 셈이다. 하지만 우리가 정치라는 말을 어떻게 사용하느냐가 [진짜 정치와 그렇지 않은 것의] 구분을 없애 버릴 수는 없다. 그리고 이런 구분에는 유구한 전통이 자리 잡고 있다. 15세기 중엽, 대법원장이었던 존 포테스큐 경은¹ 잉글랜드가 정치적 왕정[국체로서 왕정이면서 정체로서 공화정]dominium politicum et regale의 특성을 갖고 있다고 말했는데, 이는 왕이 법을 집행하고 영토를 수호하는 과정에서 절대적 권력을 누리고 있다 해도, 왕이 법을 공포할 때에는 분명히 의회와의 협의와 동의의 과정을 거쳐야 한다는 점을 언급한 것이다. 물론 순수한 왕정regale or royal은 정치politicum가 될 수 없다. 근대 초기에는 일반적으로 "정체"polity 혹은 귀족정과 민주정의 아리스토텔레스식 결합물인 "혼합정체"라는 개념이 참주정이나 전제정, 그리고 "민주주의" —

▎ 왕이 신과 법률에 복종해야 한다고 주장한 15세기 법률가로 영국의 입헌주의 원리에 큰 영향을 미쳤다.

민주주의에 대한 염려는 그것에 대한 막연한 공포에서부터, 만약 모든 사람이 재세례파나 수평파들처럼 행동하면 무슨 일이 벌어질지 모른다는 식의 이론적 차원에 이르기까지 다양했다 — 에 대비되는 용어로 사용되었다.[1] 18세기 잉글랜드에서 "정치"는 일반적으로 "기득권"에 대항하는 용어였다. 정치인들이란 왕가, 법조계, 교회의 기득권 질서에 도전하는 사람들이었다. 그들의 도전 방식은 다소 특이했는데, 전제정에서 흔한 궁정의 음모가 아니라 분명한 정책 이슈를 만들어 내고 그것을 공중에 알리는 방식이었다. 정치인들은 대大 피트[2]처럼 고결한 사람일 수도, 존 윌크스[3]처럼 경박해 보이는 인물일 수도 있지만, 여하간 그들은 존슨 박사

---

[1] 재세례파는 비자각적인 상태에서의 유아 세례를 인정하지 않고 스스로 신앙심을 가진 후 세례를 받아야 한다고 주장한 교파다. 종교개혁 당시 스위스 등에서 일부 종교 개혁가들에 의해 탄생했으며, 국가나 교회 체계가 신앙을 관리할 수 없다고 주장했다. 이런 급진적 입장으로 인해 가톨릭교회와 루터파 프로테스탄트 양측 모두에게 공격받았다. 수평파는 영국 내전 당시 토지의 균등 분배, 성인 남자의 보통선거권, 주권의 실질적인 하원 이양 등 급진적 주장을 펼친 의회군의 일부다.

[2] 18세기 두 차례에 걸쳐 수상을 지낸 휘그당 정치인. 이름이 같으며 역시 수상을 지낸 둘째 아들 소 피트와 구분하기 위해 '대'大자를 붙인다. 젊은 시절 월폴 수상의 부패를 공격해 이름을 떨쳤고, 7년전쟁 기간 동안 수상을 지내면서 탁월한 리더십을 발휘해 찬사를 받았다. 대중 연설과 정치력이 특히 탁월했고, 빅토리아 시대 영연방의 토대를 닦은 정치가로 평가된다.

[3] 휘그 계열의 급진주의 정치인이었으며, 정치에 대중 선동을 적극적으로 활용했다. 1763년 파리 평화조약에 대한 국왕 조지 3세의 의회 연설을 맹렬히 비난해 불경죄로 기소되었으며 하원에서 제명당하고 파리로 망명했다. 1768년 귀국 후 유죄판결을 받아 투옥되자 런던에 "자유 없이는 왕도 없다"라는 구호를 외치며 그를 지지하는 군중이 나타났고, 군대가 발포하면서 7명이 사망했다. 성 조지 광장의 학살로 불리는 이 사건은 명예혁명 이후 19세기의 선거권 확립으로 이어지는 영국 정치사에서 중요한 위치를 차지한다. 그에 대해서는 대중의 정치 참여를 독려하고, 왕권을 견제했으며, 미국 독립을 지지하는 급진주의적 휘그라는 평가와 더불어, 선동가이

[세뮤얼 존슨]가¹ "합법적인 기득권"이라고 부른 것에 대항해 "공중"the public과 "인민"the people의(물론 현실에서는 항상 추상적인 공중들과 인민들에 불과했지만) 권력을 주창한 사람들이었다. 그래서 정치라는 용어는 경멸의 대상이 되었다. 토리의 대지주들은 휘그의 거물들을 "정치인들"politicians이라고 불렀는데, 이들이 윌크스 같은 사람들의 도움을 얻었기 때문이다. 그런데 바로 그 "휘그의 거물들"은 또한 윌크스 같은 사람이야말로 정치인이라고 여겼다. 윌크스가 군중의 무리, 좀 더 적절하게 말하자면 도시의 숙련 노동자들을 정치에 동원했기 때문이다. 그래서 사실 정치적이라는 말은 보통 당대의 기득권 세력보다 넓은 의미의 "유권자들"을 인정한다는 것을 의미했다. 이 유권자들은 과거가 아니라, 다가오는 미래인 현재에 통치가 효율적으로 이루어지기 위해 반드시 협의할 필요가 있는 사람들이다.

수사修辭를 이론으로 오해하기 쉬운 예로, 다양한 형태의 정부가 존재하지만 그 가운데 정치적 지배는 오직 하나뿐이라는 생각을 들 수 있다. 그러나 모든 통치가 정치를 수반한다고 말하는 것은 수사이거나 혼란일 뿐이다. 예를 들어, 권력투쟁이 벌어질 때 왜 그것을 권력 투쟁이라고 부르지 않고 "정치"라고 불러야 하는가? 한 정당에서 둘이나 그 이상의 정파 혹은 두 정치적 거물의 추종자들이 권력 독점을 위해 격돌할 때가 있다. 그리고 여기에 이런 대결을 제어할 만큼 충분한 힘을 가진 정치적·

나 난봉꾼libertine이라는 평이 공존한다.

ㅣ 대大피트에 대해 "월폴은 왕이 임명해서 국민에게 내보인 수상이었지만, 피트는 국민이 임명해서 왕에게 소개한 수상이었다"라는 평을 남겼다.

제도적 절차가 존재하지 않을 수 있다. 이런 상황에서 경쟁자들은 그 어떤 종류의 타협도 순전한 책략 혹은 상대를 압도해 완전한 승리를 가져가기 위해 잠시 숨 돌릴 기회를 갖는 것으로밖에 여기지 않는다. 물론 참주정이나 전체주의 체제에서도, 지배자가 제 마음대로 행동할 수 있다고 스스로 생각하게 되기 전까지는 정치가 존재한다고 생각할 수 있다. 필요에 의한 것이든, 그들이 실제로 가진 힘을 일시적으로 잘못 판단해서든 간에 통치자가 제 마음대로 못하는 일이 생길 경우, 곧 그가 적으로 간주하는 사람들과의 대화를 강요받는 경우야말로, 그는 어떤 종류의 정치적 관계에 놓였다고 할 수 있다. 그러나 이런 상태는 본질적으로 취약한, 마지못해 하는 그런 상황이다. 설령 이 상황이 지속적으로 반복된다고 해도, 통치자든 어느 누구든 간에 이를 정상적 상황이라고 여기지는 않을 것이다. 이렇게 되면 정치란 그저 장애물로 여겨질 뿐이다. 전혀 안전하지도 효율적이지도 않은 장애물일 뿐인 것이다. 정치란 때로 자유가 없는 정체régimes에서도 존재할 수 있지만, 그런 곳에서 정치는 달갑지 않은 무엇이다. 통치자들에게 이것은 통합성을 저해하는 부적절한 진보다. 통치자들은 피지배자들이 그런 분란을 알지 못하도록, 그리고 "공중"이 형성되지 않도록 모든 노력을 다할 것이다. 따라서 궁정 정치는 사적인 정치라는 말은 용어 그 자체로 모순적이다. 정치적 행위의 독특한 성격은 문자 그대로 그것의 공개성publicity에 있기 때문이다.

물론 정치적 요소가 참주정이나 다른 정체에도 존재할 수 있다는 것을 부정할 필요는 전혀 없을 것이다. 오히려 그 반대다. 소포클레스는 이 점을 『안티고네』[천병희 옮김, 문예출판사, 2013, 362쪽]에서 명확히 보여주고 있다.¹

크레온	그렇다면 안티고네가 법을 어기지 않았다는 말이냐?
하에몬	시민들은 그렇지 않다고 말하고 있습니다.
크레온	내가 어떻게 통치해야 하는지에 대해 시민들에게 가르침을 받아야 하는가?
하에몬	오, 누가 이런 어린아이 같은 질문을 하십니까?
크레온	나 말고 누구의 뜻에 따라 이 폴리스를 다스려야 한단 말이냐?
하에몬	한 사람의 뜻에 따라 통치되는 폴리스란 없습니다.
크레온	하지만 우리의 관습에 따르면 그 권리가 통치자에게 주어지지 않았는가?
하에몬	사막에서는 홀로 멋지게 통치를 할 수 있으시겠지요

여기서 폴리스를 그저 "도시"로 바꿔서 논지를 좀 약화시켜도 문제는 달라지지 않는다. 우리는 여전히 그 단어 ― 그것을 "시민사회"로 부르든, 아니면 "정치사회"로 부르든 ― 를 두고 서로 다른 두 개의 통치 이론들이 경합하는 것을 보게 될 것이다. 두 이론들은 모두 군주권이 우선한다든지 시민권이 우선한다는 식으로, 각자 자신들의 이론이 그 개념[폴리스]에 더 적합한 것이라고 주장한다. 둘 중 어느 편이 더 사실적일까? 하에몬의 정치적 방식이 희망적인 이유는, 장기적 관점에서 볼 때 그

▮ 테베의 왕 크레온이 자신의 명령을 어기고 오빠의 장례를 치른 안티고네를 가둔 후, 안티고네의 연인이자 크레온의 아들 하에몬이 아버지와 논쟁하는 대목이다. 정치철학에서 개인의 양심에 기반을 둔 자연법과 국가의 실정법이 충돌하는 상황을 논할 때 그 기원으로서 자주 언급된다.

것이 크레온이 선택하거나 고집하는 방식에 비해 질서를 유지하는 데 더 효율적이기 때문이다. 그래서 정치는 제약들에 대한 인식[인정]으로부터 출현한다. 이런 인식은 아마도 도덕에 기반을 둔 것일 테지만, 그것은 더 자주 분별력 있는 신중함을 의미한다. 그것은 다양한 사회집단들과 이해 관계들이 가진 힘, 그리고 더 많은 폭력이나 한 인간이 감당할 수 있는 수준 이상의 위험 없이는 누구도 홀로 통치할 수 없다는 점에 대한 인식이다(안티고네 같은 반정치적인 도덕적 영웅이 폴리스를 일깨울 수는 있지만, 중요한 것은 결국 도시[폴리스]의 힘이다. 크레온은 안티고네가 반역자였던 오빠의 시신을 수습하는 것을 거절했다는 점에서 나쁜 인간인 동시에, 지금 여기서 다투고 있는 쟁점과 관련해 폴리스의 권력을 허용하지 않았다는 점에서 나쁜 통치자이기도 하다). 물론 홀로 통치하는 것이 가능할 때도 있다. 하지만 그것은 언제나 대단히 어렵거니와 몹시 위험한 일이다. "불모지를 만들어 놓고 그것을 평화라고 부르는 것"은 불가능하지도 않고 드문 일도 아니다. 하지만 다행스럽게도 대부분의 보통 정치인들은 폭력의 예측 불가능성을 인식하고 있기 때문에 그것을 알기 위해서 매번 국가를 파괴해 볼 필요는 없다.

그래서 정치란 간단히 다음과 같은 활동으로 정의될 수 있다. 정치는 주어진 통치 단위에서 전체 공동체의 복지와 생존에 기여하는 각각의 중요성에 비례해 권력의 몫을 부여함으로써 서로 상이한 이해관계들을 조정하는 활동이다. 이런 형식적 정의를 만족시키는 정치 체계는, 정치가 합리적 수준의 안정성과 질서를 성공적으로 보장하는 통치의 유형이다. 아리스토텔레스는 정치에서 나타나는 이 같은 타협들이 결과적으로는 향후의 이익 ─ 더 먼 미래의 목표에 존재하는 ─ 을 창출할 수 있다고 했다. 물론 우리가 방어하고자 하는 바를 최대한 단순화해서, 모든 조정이나 타협의 행위에 목적이 있는 것은 아니라고 말하는 것이 보다 현명한 표현일 것이다. 그리고 각각의 타협들이, 목적론적이든 아니든 간에 질서 있는 정부를 가능하게 했다면, 그것은 적어도 어떤 목적에는 분명히 이바지한 것이다. 질서 있는 통치는 무정부적 상태나 자의적 통치에 비해서는 개명된 가치를 갖고 있다. 다른 조건이 같은 상황에서 사람들에게 기회나 선택이 주어진다면, 정치적 통치는 분명히 더 많은 이들에게 받아들여질 것이다. 앞으로 보게 되겠지만, 특정한 정치적 신조를 옹호하는 사람들은 그들의 신조가 정치적으로 작동할 수 있는 맥락을 부정하지 않도록 유의해야 한다. 그들 각각의 주장은 결코 배타적일 수 없기 때문이다. 정치적 과정은 특정한 정치적 신조에 얽매이지 않는다. 진정한 정치적 신조는 오히려 조정이라는, 끝도 없고 어렵기 짝이 없는 문제들에 대해 구체적이고 실현 가능한 해결책을 찾아내려는 시도다.

그래서 항상 제기되는 질문은, 왜 그토록 많은 혼란과 정치적 불확정성uncertainty¹ 없이 이런 일을 할 수 있는 좋은 통치자는 없는가 하는 것이다. 보통 사람들로부터 이런 긴요하거나 천진한 질문을 받으면 학자들은 헛기침을 하고 얼굴을 붉히면서 적당히 얼버무리기를, 모든 권력은

Ⅰ 불확실성이라고도 번역된다. 그런데 불확실하다는 것은, 가령 정보가 부족해 어떤 상황인지 파악이 불가능하거나 행위 결과를 예측하기 어렵다는 뜻이다. 하지만 정치에서는 질과 양에서 상당한 정보를 습득해 상황을 비교적 정확히 파악하고, 행위 결과를 어느 정도 예측할 수 있는 상황에서조차 무엇이 올바른 결정인지를 확정하기 어려운 순간들이 많다. 이것은 정치가 본질적으로 "가치"에 따른 선택과 관련돼 있고, 많은 경우 그 가치들은 서로 상충하기 때문이다. 이런 맥락에서 여기서는 "불확정성"이라 옮겼다.

부패한다는 액튼 경의 말을 인용할 것이다. 하지만 아리스토텔레스는 이를 하나의 원리에 대한 질문으로 대단히 진지하게 받아들였다. 그에 따르면, 만약 "완전하게 정의로운 사람"이 있다면 그가 왕이 돼야 하는 권리와 이유는 충분하다(향후 우리가 얻게 될 이익을 위해 역사의 철칙이 어떤 방향으로 전개되는지 알고 있음을 증명할 수 있는 정당이 있다면, 우리가 그 당을 따르는 것이 지극히 **당연한** 것처럼 말이다). 어떤 사람들에게 이것은 적어도 이론적으로 가능하고 관심을 끌 만한 주장일 것이다. 그리고 이 경우를 제외하면, 정치적 지배를 절대적으로 정당화할 수 있다는 희망을 갖기란 어렵다. 이 질문에 대한 답은 현실적인 것이다. 놀라운 일도 아니지만, 아리스토텔레스는, 그런 사람을 발견하기 어렵다고 생각했다. 현대의 도덕적 전제군주, 뜬구름 잡는 소리를 하는 독재자, "인민의 아버지들"[소위 "건국의 아버지들"]에게 아리스토텔레스의 말을 적용해야 할 필요는 없을 것이다. 이들 가운데 많은 사람들은 일반적인 의미에서 악한 사람들이 아니다. 그러나 너그럽게 보더라도 "완전히 선한 사람"으로 묘사될 수 있는 경우를 찾기란 거의 불가능하다. 아리스토텔레스의 기준에 따르면 아주 작은 흠결도 문제가 되기 때문에 그렇다. 동료 시민들의 말을 듣지 않아도 되는 사람은 **완전히** 선한 사람뿐이다. 그런 사람에게는 그가 이야기를 들어야 할 만한 경쟁적 권력이 존재하지 않는다. 그래서 아리스토텔레스는 폴리스 밖에서 살 수 있는 사람은 야수가 아니면 신뿐이라고 말했던 것이다. 신은 다른 사람의 조언이 필요하지 않은 유일한 존재이고 그에게는 동료도 없다. 다시 말해, 신은 그의 명령이 곧 법이자 정의일 수 있는 유일한 존재다. 한때 아리스토텔레스의 제자였던 알렉산더는 단순히 정복하는 것이 아니라, 다양한 유형의 폴리스들, 곧 정치를 전혀 알지 못했던 전체로서의 제국을 통치할 수 있는 권위 — 곧 권력 — 의 원천이라는 문제를 풀기 위해 신이 되려 했다. 플라톤의 『정체』에 나오는 비유에서, 철인왕은 치열하고 체계적인 훈련을 모두 받은 후에도 이상 국가를 통치하기 전에 반드시 신비한 깨달음이나 전환, 곧 질적 차원에서의 근본적 변화를 거쳐야 한다. 로마 황제들은 정복으로 이룩한 제국을 단합시킬 수 있는 권위의 문제에 대한 현실적 해결책으로 신격화라는 방법을 찾아냈다. 신의 자손이라는 관념은 전형적으로 동양과 고대 남미 제국의 것이었다(서로 다른 역사와 문화를 가진 사람들을 지배하고자 했던 "황제권" 또는 제국에서의 왕권은 관습을 넘어서는 좀 더 위대한 권위를 필요로 했다). 통치자들이 이런 관념이 유용하다고 생각한 것은, 오늘날에도 자신들의 지도자를 법의 선포자이며, 비판의 대상을 넘어서고, 조언을 필요로 하지 않으며, 진실로 자기 완결적인 단 하나의 존재, 곧 신처럼 대하는 추종자들의 자발성에 비하면 별로 놀랄 만한 일도 아니다.

아리스토텔레스에게 정치란 신성한 기원을 가진 무엇이 아니라 자연적인 어떤 것, 말 그대로 인간들 사이에 존재하는 "최고의 학문"이었다. 정치가 최고의 학문인 이유는 그것이 다른 모든 "학문"(모든 기술, 사회적 활동, 집단의 이해 등)을 포괄하거나 설명해서가 아니다. 그것이 개별 공동체에서 희소한 자원들을 둘러싸고 벌어지는 상시적 경쟁들 사이에서 우선순위와 질서를 정해 주기 때문이다. 이런 방식을 통해 우선순위를 매기는 것은, 생존이라는 공통의 목표 속에서 다양한 "학문들"이 자신들의 실제적 중요성을 드러낼 수 있게 하는 적절한 제도의 발전을 의미한다. 정치란 말하자면 모든 사회적 요구들이 거래되는 시장이자 가격 결정 메커니즘 — 물론 정당한 가격이 매겨진다는 보장은 없다 — 이다. 정치에서 자연발생적인 것은 존재하지 않으며 — 그것은 신중하고 지속적인 개인들의 행동에 의존한다.

이쯤 되고 나면 "최고의 학문"이 가진 기능과 관련해, "공동선"이나 모종의 "합의" 또는 **법적 합의** 같은 것이 이미 존재하고 있음에 틀림없다는 생각이 들기 마련이다. 하지만 공동선은 다양한 "학문들", 그것들 전체 또는 한 국가를 구성하고 있는 집단들 사이의 이해관계를 실질적으로 조정하는 과정 그 자체다. 그것은 어떤 외부적인 무형의 정신적 접합제 혹은 "일반의지"나 "공공 이익"으로 알려진 그런 실체가 아니다. 그런 식의 설명은 공동체가 어떻게 유지되는지에 대한 피상적이고 잘못된 이해다. 더 나쁜 상황은, "일반의지를 가로막을 수는 없다"는 식으로 공동체에서 한 부분을 위해 다른 부분을 파괴하는 것에 대한 정당화 논리로 공동선이나 합의 등을 활용하는 것이다. 다양한 집단들은 함께 공존할 수 있는데, 이는 첫째, 그들이 생존에 대한 공동의 이해관계를 공유하고 있기 때문이며, 둘째, "근본 원칙" 혹은 지극히 모호하고 개인적인 개념에 대해 합의하거나 정치 행위를 대단히 신성시하기 때문이 아니라, 그들이 정치를 실천하기 때문이다. 자유로운 국가에 대한 도덕적 합의는 정치에 우선하거나 그것을 뛰어넘는 신비로운 어떤 것이 아니다. 그것은 정치 행위(문명화 활동) 그 자체다.

우리의 열망과 행위가 정치란 무엇인가에 대한 이해에서 멈추고 만다면, 그것은 육신을 떠난 영혼처럼 허망할 것이다. 우리에게는 정치를 통해 실현하고자 하는 바가 있기 때문이다. 어제 조난을 면하게 해준 주문이나 다시 외우며 마냥 표류하는 대로 고집스럽게 주저앉아 있는 사람들은 결국 황량한 해변에 내던져질 뿐이다. 우리에게 주어진 임무는 당장

배를 떠있게 하는 것뿐이라고 말하는 사람들은 배의 목적에 대해 독특한 관점을 갖고 있는 사람들이다. 설령 사전에 정해진 목적지가 없는 경우라 해도 아무 데로나 가서는 안 된다. "정치란 무엇인가"라는 질문이 "이것을 통해 무엇을 얻고자 하는가"라는 질문을 훼손하거나 무기력하게 만드는 것은 아니다. 하지만 전자에서 멈춘다면, 정치적 방식을 통해 우리가 원하는 것을 얻기는 어려울 것이다.

정치란 가까운 장래에 실현될 수 있는 일련의 고정적 원칙들이나 보존돼야 할 전통적 관습들로 간주될 수 없다. 그것은 부당한 강제력을 행사하지 않은 채, 전통이나 자의적 통치에만 의존하기에는 너무나 복잡할 정도로 성장한 공동체의 유지라는 인류학적 기능을 가진 사회학적 행위, 간단히 말해 행위로 간주돼야 한다. 보수하고자 한다면 개혁해야 한다는 버크의 격언은, 정치란 단순히 전통으로부터 무언가를 전수받는 의사소통이라고 생각하는 보수주의자들에 비해 훨씬 근본적인 수준에서 통치에 필요한 정치적 방법론을 규정하고 있다.

그래서 정치란 **행위**다. 이 진부한 정의야말로 주목할 필요가 있다. 그것은 자연적 사물이나 인간이 활동을 멈추어도 계속해서 존재하는 예술 작품 같은 물체가 아니다. 그것은 **복합적 행위**다. 그것은 단순히 이상을 향한 아집이 아니다. 그렇게 될 경우 그것은 다른 사람들의 이상을 위협할 수 있다. 그것은 또한 순전히 자기 이익을 위한 행위도 아니다. 왜냐하면 자신의 이익을 현실적으로 이해하는 사람일수록 다른 사람과 더 많은 관계를 맺기 마련이며, 대개의 경우는 어떤 사람들이든 각각의 상황에 항상 딱 들어맞지는 않는 행위의 기준을 갖고 있기 때문이다. 한 개인이 더 많은 관계를 맺을수록 이해관계, 성격, 상황을 둘러싼 갈등은 더 많아

지게 된다. 이런 갈등은 사적인 차원에서 우리가 "윤리"라고 부르는 행위 (또는 "이기적"이라고 부르는 무책임하고 자의적인 행위)를 발생시키며, 공적인 차원에서는 정치적 행위(또는 단일한 집단의 이기적 이익만을 위한 통치)를 만들어 낸다.

정치만큼이나 유명한 인간의 또 다른 **행위 ― 이 역시 원칙의 수행도 순수한 편의의 문제도 아닌 어떤 것이다 ―** 를 검토해 보자. 섹슈얼리티가 바로 그것이다. 정치와 성적 행위는 모두 그 필요성을 암묵적으로 이해하기 때문에 별도의 공식적 전제가 필요하지 않은 활동들이다. 경험의 산물인 연민이 책에서 배운 신조보다 더 나은 것처럼 말이다. 우리가 알다시피, 성적 행위는 정치보다 더 보편적 활동이며, 그것 없이 살 수 있는 인간이 야수일지 아니면 신일지는 알 수 없다.[1] 둘 다 본질적으로 필요하지만 그 형태는 예측 불가능하다는 점에서 공통점이 있다. 둘 다 한 공동체의 존속이라는 넓은 차원의 목표에서 볼 때 필수적인 행위이지만, 동시에 두 행위 모두 누구나 향유하고자 하는 목표가 될 수도 있다. 두 행위는 다양한 환경에서 무한히 변화하는 형태로 되풀이되어 나타날 수 있는데, 개인적인 차원에서는 종종 대단히 임의적이고 우연적 방식의 애착으로 나타나기도 한다. 가령 우리는 그 또는 그녀, 조국이나 모국을 우리가 그 모든 위대한 모험적 행위[성적 행위나 정치적 행위]를 하는 가운데 발견한 가장 완벽한 경우인 것처럼 여기기도 한다. 그러나 두 가지 모두 그것이 가능한 행위의 범위는 실제로 우리가 바람직하다고 생각하는 행위

---

[1] 폴리스 밖에 사는 인간은 신이거나 야수일 수밖에 없다는 아리스토텔레스의 말을 변용한 것이다.

의 범주보다 훨씬 넓다. 두 활동 모두 인간의 집단을 유지시키며, 여기서 행위자들은 성공과 실패, 비극과 기쁨, 열정과 신중함 같은 극심한 변화를 경험하는데, 그것들의 변증법적 통합은 가족적이고 친밀한 사이에서 더 자주 나타난다. 그래서 정치란 성적 행위와 마찬가지로 지속되어야만 하는 활동이다. 누구도 그것을 새롭게 창조한다든지, 그에 대한 참여 여부를 결정한다든지 할 수는 없다. 우리는 인간의 조건을 이루는 한 부분으로서 그 행위들에 연루될 수밖에 없음을 점차 깨닫게 된다. 사람은 고의적으로 자신에게 상처를 입힘으로써 그것을 포기하거나 단념하든지 또는 그것을 하지 않고 살아갈 수 있다(이것은 그렇게 어렵지 않은 일이며 숭고한 원칙을 위한 것일 수도 있다). 그러나 정치를 포기하거나 파괴하는 것은, 다원주의와 다양성에 기반을 둔 문명사회에 질서를 부여하는 바로 그것을 파괴하는 행위다. 정치는 우리가 무정부 상태나 단일한 진리를 추구하는 폭정에 고통받지 않고 다양성을 향유할 수 있게 한다. 물론 과도하게 욕정적인 심리상태에 대한 해결책으로 결혼에 대한 혐오나 독신주의가 제시되기도 하는 것처럼, 단일 진리의 폭정이 무정부 상태로부터의 필사적인 탈출의 수단이 될 수도 있지만 말이다.

사랑이 사회적 관계를 따르고 사회적 관습에 제한되듯이, 정치적 지배도 공공의 질서가 있어야 가능하다. 정치와 사랑은 자유로운 인간들을 제한할 수 있는 유일한 형태들이다. 지배 혹은 통치는 공동체를 유지시키고, 때로 그것을 창조하기도 한다. "선거에 의한 대표제", "자유", "권리", 그리고 심지어 앞으로 각별히 살펴보게 될 "민주주의" 역시 일정한 영토 내에서 기존에 확립된 질서와 일정한 규제를 갖춘 문명이 추구해 온 결과물 가운데 하나다. 마치 다음과 같이 말하는 것이 어떤 문제를 해결하는 것처럼, 모든 정부는 동의에 기반하고 있다고 주장하는 사람들은, 모든 사랑은 상대방에게 완전한 자유를 허용한다고 말하는 이들처럼 대단히 모호한 주장을 하고 있을 뿐이다. 만약 두 사람이 서로에게 완전히 자유로운 관계라면, 사랑은 존재하지 않을 것이다. 만약 완전한 동의라는 것이 존재한다면, 정부란 존재하지 않을 것이다. 물론 누구에게나 모든 정부는 동의에 근거해 있다고 말할 권리가 있으며, "모든"이라는 작은 단어가 진지하게만 고려된다면, 그들이 그렇게 말한다고 해서 특별히 어떤 해로움이 발생하지도 않을 것이다. 다만 이런 주장은 자유와 압제를 구분하는 데 별 도움이 되지 않는다. 가장 사악한 폭군들은 신실한 충견들에 둘러싸여 있기 마련이기 때문이다.

마찬가지로 "정부"라는 단어도 그것이 무엇을 의미하는지 진지하게 돌아볼 필요가 있다. 그것은 공동체의 생존에 필요해서 만든 사람들의 조직일 뿐이다. 그토록 많은 시간을 들여서 홉스가 도달한 주장도, 인간이란 결국 살아남지 못하면 그의 선택이 옳은 것이었는지조차 알 수 없다는, 너무나 간단한 것이었다. 그러나 생존을 확보하는 데 리바이어던의 절대적 통치보다는 정치가 더 효과적이라고 생각할 만한 충분한 근거가 있다. 리바이어던이 군주든, 독재자든, 파당이든, "무장한 국가"nation of arms든 간에, 그들은 실제로 사람들이 무엇을 원하는지 잘 알지 못하기 십상이다(반면, 대표제 선거제도는 매우 괜찮은 것처럼 보인다. 왜냐하면 선거를 통해서 정부는 사람들이 무엇을 하고자 하는지, 사람들이 대표를 통해 말하고자 하는 바가 무엇인지를 알 수 있기 때문이다). 전제정에서 이 같은 무지가 발생하는 까닭은, 생존이라는 것이 복잡한 사회적·경제적·기술적 변화에 적응해 가는 지속적 과정이기 때문이다. 협의의 필요성이 군사적 혹은 호전적 수단에 의한 생존 방식이나 홍수, 기근, 전염병 혹은 진쟁 상황과 같은 비상시에 타협이나 일상적인 협의 없이도 행동할 수 있는 권한을 배제하는 것은 아니다. 리바이어던은 이미 그곳[정치적인 통치 방식]에 존재한다. 그것은 급작스럽게 만들어질 수 있는 것이 아니다. 리바이어던은 단한 사람의 지도자나 그의 적이 아니라, 정치를 보증하는 역할을 한다. 리바이어던이 누리는 비상 권력으로서의 권위는 로마공화정에서의 두 독재관들처럼 비상 상황의 종료와 함께 사라진다. **누가 감시자를 감시할 것인가?**Quis custodiet custodes?[1] 누가 수호자들을 수호할 것인가? 이 질문에 대한 보편적 해답은 존재하지 않을 것이다. 역사는 이에 대한 실험과 사례로 가득 차 있으며, 그중 어떤 것들은 상대적으로 좀 더 성공적이고, 어떤 것들은 완전히 실패로 돌아갔다. 오로지 문제만이 명확하다. 링컨이 내전의 고통 속에서 말했듯이, "국민들의 자유를 억압할 정도로 너무 강하지 않으면서도 중대한 위기 상황에서는 그 자유를 지킬 수 있을 정도로 충분히 강력한 정부란 과연 어떤 정부인가, 라는 중요한 질문이 오랫동안 존재해 왔다."[2]

사실 그 수호자들은 비상 상황이 종료된 다음에도 국가에 대한 지배권을 놓지 않으려고 한다. 더 흔하게는 비상 상황을 해소할 수 있음에도, 권력의 지속을 위해 그 상황 자체를 연장시키기도 한다. 이런 상황을 견제할 수 있는 혁명의 "권리"란 존재하지 않는다. 로크가 주장하려고 했던 것처럼, 혁명이란 권리를 보장하는 특정 질서의 붕괴를 의미하기 때문이

---

[1] 로마의 풍자시인 유베날리스의 표현이다.
[2] 남북전쟁 와중인 1864년 11월 10일, 대통령 선거운동 중에 한 연설의 일부다.

다.' 그러나 로크가 명확히 지적했듯이, 법적인 차원이 아니라 사회학적 관점에서 생각해 본다면 정부가 정치적으로 통치하는 데 실패해 인민이 반란으로 치닫는 때가 올 수 있다. 이 비상 상황이란 주권의 시간이다. 이 때에 모든 권력은 공동체의 생존을 위한 유일한 근원으로 되돌아갔다 와야 한다. 마키아벨리는 "위험 상황에서 독재에 의존할 줄 모르는 공화국들은 어려운 상황이 닥쳤을 때 멸망할 수밖에 없다"라고 썼다.**" 하지만 평온한 시기를 보내는 운 좋은 국가들에서, 정부의 "주권"이란 실제의 정치 현실에 비교해 볼 때 대단히 형식적이고 추상적인 것이다. 홉스의 『리바이어던』은 통치를 영속적인 비상 상태로 보고 있다. 홉스는 아마도 어머니의 뱃속에서부터 스페인 무적함대의 대포에 겁을 먹었을 것이고, 60년 뒤의 그에게는 영국인이 영국인을 죽이는 내전만큼 참혹한 것도 없었을 것이다. 하지만 이것이, 마키아벨리가 했던 것처럼, 어떻게 오랜 시간 동안 국가를 지속시킬 수 있을 것인가(권력 분산의 문제), 그리고 위기 상황에 어떻게 국가를 보존할 것인가(권력 집중의 문제)에 대해 고민하지 않은 것에 대한 변명이 되지는 못한다. 우리에게는 더욱 변명의 여지가 없다. 근대의 몇몇 국가들은, 심각한 위협 속에서도 정치를 잘 보존

▌ 로크는 입법자들이 인민의 재산을 침해함으로써 신탁에 반하는 행동을 할 때, 인민이 새로운 입법부를 세우는 것이야말로 (입법자들의) 반란에 대한 최선의 방책이 된다고 주장한다. 반면 그처럼 신탁을 위배한 것이 아닌 상황에서 무력을 통해 기존의 제도와 법률을 붕괴시키는 것, 그리고 무력으로 입법부를 제거하는 것은 반란이라고 규정한다. 왕이 왕으로 남아 있는 한, 왕이 스스로 더 이상 왕으로서의 지위를 실격시키는 일을 저지르지 않는 한, 왕에 대해 정당하게 무기를 들고 봉기하는 권력이란 있을 수 없다. 로크, 『통치론』(강정인 외 옮김, 까치, 1996) 19장 참조.

▌▌ 마키아벨리, 『로마사논고』(강정안·김경희 옮김, 한길사, 2018) 1권 34장의 주제다.

해 왔고, 심지어 복원하기도 했다. 한 세대에 걸쳐 대단히 독특하고 계획적인 분노에 의해 그것이 사라져 버린 독일에서조차 그것은 가능했다. 페리클레스가 말한 바대로 "자유의 비밀은 용기에 있다."[1] 어쨌든 이 세계는 그다지 안전하지 않으며, 자유로운 인간은 위험을 무릅쓸 줄도 알아야 하는 법이다.

행운을 빌고 용기도 내야겠지만, 그럼에도 정치에 과도한 희망을 건다든지, 우리가 정치를 어디에서나 볼 수 있을 것이라 믿어서는 안 된다. 정치는 주권에 의해 인도되거나 주권의 발휘가 필요한 경우에 신속히 출현할 수 있는 곳에서만 존재한다. 따라서 정치가 안정적이고 실현 가능한 통치 방식이 되기 위해 관용이나 다양성뿐만 아니라 모종의 안정적 질서를 필요로 한다면, 국가들 사이의 관계는 기껏해야 정치의 아류로 간주될 수 있을 뿐이다. 조정하고 타협하고자 하는 의지는 국제 관계에서 실제로 더 강하게 나타날 가능성이 크다. 왜냐하면 한 국가가 외교를 무시해도 될 정도로 그렇게 강력한가를 계산하는 것은, 어떤 안정된 국가에서 한 사람이 비정치적으로 통치할 수 있을지를 확신하는 것보다 더 어렵기 때문이다. 그러나 국제 관계에는 확고하게 수립된 질서라는 것이 없기 때문에, 국제 질서를 정치화할 수 있는 가능성도 별로 크지 않다. 평화라는 단지 추정에 근거한 모호한 공통의 이익이나, 존재 여부는 확실하지만 내용은 불명확한 인류애라는 도덕적 요인 정도가 있을 뿐이다. 국제 관계에서 대단히 곤혹스러운 점은, 정치적 질서에 필요한 기본적인 요건조차 갖춰

ㅣ 투퀴디데스, 『펠로폰네소스 전쟁사』(천병희 옮김, 숲, 2011), 174쪽.

지지 않은 상황에서 정치를 해야 하는 어려움에 있다. 홉스는 기본적으로 "전쟁"을 "두려워할 공동의 권력이 없는 상황"에서 사람들이 살아가는 때라고 정의했기 때문에, "냉전" 상황에 대해 전혀 놀라지 않았을 것이다. 국제사회란 결코 사회가 아니다. 그것은 단지 자연 상태, 곧 전쟁 상태일 뿐이다. "전쟁 상태란 실제 전투가 지속되는 상황이 아니라, 상대에 대한 확신이 없는 모든 시간 동안의 상태를 의미"하기 때문이다.^{II} 또한 특정한 주권이나 "공동의 권력"의 통치 영역 밖에서 상대에 대한 확신이란 존재할 수 없다. 이것이 내가 소위 "국제정치"에 대해 갖고 있는 생각이다.^{III} 어떤 사람은 그렇지 않기를 바라겠지만, 실제의 현실은 그렇지 못하다. 물론 외교와 정치는 많은 공통점이 있다. 즉, 상대를 회유하려고 설

I 공동의 권력common power은 종종 '공동의 힘', '공통의 힘'으로도 번역된다(예를 들어, 김용환). 홉스는 "자연 상태란 인간 본성을 제어할 수 있는 정부도, 문명도, 법도, 공통의 권력도 없는 상황이 인류가 놓여 있는 자연적 상황"이라고 정의했다. 홉스적 맥락에서 자연 상태란 계약에 의해 합의된 권력이 부재한 상태를 의미한다. 여기서는 그런 의미를 좀 더 분명히 하기 위해 '공동의 권력'으로 번역했다.

사실 이 부분에서 홉스를 인용한 크릭의 표현은 원문을 혼동한 부분이 있는 것으로 보인다. 크릭이 출처를 밝히지 않아 판본을 확인하기 어려운데, 크릭의 표현을 그대로 따르면 "홉스는 기본적으로 '전쟁'을 '두려움으로부터 그들을 지켜 줄 공동의 권력이 없는 상황'이라고 정의했기 때문에"가 되지만, 『리바이어던』의 케임브리지 판본의 영어 표현을 따르면 본래의 의미는 본문에 옮긴 것에 가깝다. 이에 대한 국역본(진석용 옮김, 나남, 2008)의 표현은 "두려워할 권력이 없는"(1권 229쪽)이다.

II 홉스, 『리바이어던 1』 13장에 나오는 문장이다. 전체 문장은 다음과 같다. "전쟁이란 '시간'에 관한 개념으로서 일정한 기간에 걸쳐 전투의 의지가 존재하는 것이 확실하다면, 그 기간 동안은 전쟁 상태에 놓여 있는 것이다"(171쪽).

III 버나드 크릭은 국제 관계에서 정치란 존재하기 어렵다고 보기 때문에 '국제정치'란 용어 자체를 용인하지 않는다. 여기서 국제정치를 따옴표 안에 넣은 것은 다른 사람들이 '국제정치'라고 부르는 것을 지칭하기 위함이다.

득하거나 신중하게 행동해야 한다는 점에서 둘은 닮아 있으며, 그와 같은 경향은 사실 외교가 더 강하다고도 말할 수 있다. 그러나 외교에는 기본적인 질서가 결여돼 있다. 국제 질서 자체가 위협받는 비상 상황에서조차 어떤 우월하고 효과적인 권력이 존재하는 것 같지는 않다. 일국 내에서는 정부가 정치를 가능하게 한다. 하지만 국제 "사회"에서는 아주 최소한의 통치나 질서를 구축하는 데도 정치(혹은 외교)가 많은 노력을 기울여야 한다. 정치의 격언들과 경험은 (비록 실제 행동으로 옮겨지지 못하고 열망에 그치는 경우에도) 국제 문제에서 모종의 도움이 될 수는 있다. 예를 들어, 세계 평화를 위협할 수 있는 충분한 힘을 가진 국가를, 세계 질서를 구축할 수 있는 분명한 어떤 제도로부터 영구적으로 배제하는 것은 불가능할 것이다.[1] 하지만 진정한 의미의 정치란 국제 관계에서는 이상으로 남아 있다. 그런 구분은 실제로 가능하다. 예를 들어, 유엔은 주권 기구가 아니기 때문에 정치적 결사라고 할 수 없다. 좀 더 분명히 말한다면, 유엔에는 정치인이 존재하지 않는다. 거기에는 주권국가들로부터 단지 위임을 받은 "정치적 명망가"나 "대사들"이 있을 뿐이다. 정치인들과 달리, 그들은 스스로 쟁점을 해결하지 못한다. 그들은 지시에 따를 뿐이다. 반면 정치인들은 단순 대리인이 아니다. 그들은 다른 정치인들과 함께 특정한 행동을 취할 수 있는 권한을 갖고 있다. 그들의 권력은 주기적 선거에 의해 제한되지만, 그때그때의 지시에 의존하지는 않는다. 통치가 불가능한 상황

---

[1] 국내 정치의 격언이나 경험에서 볼 때, 정치적 질서를 위협하기에 충분한 주체는 배제할 것이 아니라, 그 질서를 유지하기 위한 논의의 장에 오히려 반드시 포함시켜야 한다는 교훈이 '국제정치'에서도 동일하게 적용될 수 있다는 의미로 보인다.

에서는 정치도 불가능하다. 다시 말하지만, 그런 구분은 현실에서 확인될 수 있다. 모든 것이 다 정치는 아니다. 권력투쟁은 권력투쟁일 뿐이다. 또한 외교의 목적은 정치의 목적과 다르다. 확실히 외교는 국가들 간에 이루어지는 보편적 행위다. 반면 정치는 일국 내에서조차 보편적이지 않다. 소위 국제정치라고 불리는 것이 이처럼 잘 해봐야 정치의 아류에 불과하다는 점을 생각하면, 정치야말로 진정으로 실질적인 활동인 것이다.

"국제정치"라는 말과 비슷하게, 우리는 정치라는 말을 노조나 사무실, 심지어 가정에서 일상적으로 사용하기도 한다. 또한 인류학자들은 많은 부족사회가 그들이 상상했던 것보다 더 "정치적"이거나 덜 "전제적"이라고 말하기도 한다. 세상만사를 모두 이론적으로 규명하려 드는 일부 사회과학자들은 "소집단에서의 정치"라는 식의 그럴싸한 거짓말을 만들어 내기도 한다. 이 사람들은 작은 것을 연구함으로써 더 큰 것을 이해할 수 있다고 생각한다. 그러나 차이는 단순히 크기만이 아니다. 그들은 중요한 질적 차이를 놓치고 있다. 만약 온갖 토론, 갈등, 경쟁, 투쟁, 타협을 모두 정치라고 부른다면, 다시 한 번 강조하지만, 이것은 정치가 모종의 안정적 질서 위에서만 가능하다는 점을 간과하는 것이다. 소집단들은 그런 질서의 하위에 존재하는 하나의 부분일 뿐이다. 그들이 정치를 만들어 나가는 데 도움을 줄 수는 있지만, 그들의 내부적 행위가 곧 정치는 아니다. 그들의 개별적 기능은 국가가 하는 일과 너무나 동떨어진 것이기 때문이다. 국가와 달리 그들에게는 다른 수단들이 모두 실패했을 경우 무력을 행사할 수 있는 법적 권리가 결여돼 있다.

한마디로, 정치를 한 정치 공동체에서 통제돼야 할 서로 다른 이해관계들이 점점 강력해져 조정이 필요할 때 통치가 가능하도록 하는 행위라고 정의한다면, 이에 대해서는 다음과 같은 분명한 비판이 제기될 수 있다. 왜 그런 특정 이해관계들이 조정돼야 하는가? 이에 대한 답은 물론, 반드시 그럴 필요는 없다는 것이다. 다른 가능성들은 항상 열려 있다. 정치란 간단히 말해 그런 상황에서 — 질서의 문제에 대한 해결책으로서 — 폭력이나 강압이 아니라 조정하는 방식을 택하는 것이다. 정치란 생존에 필요한 공동의 이해관계에서 가장 적절한 수준의 타협점을 발견하기 위해 그런 이해관계들을 다양화하는 효과적인 방식을 선택하는 것이다. 정치는 한 공동체 내에 존재하는 다양한 형태의 힘들이 합리적 수준에서 서로 관용하고 도움을 줄 수 있는 방법을 찾아내도록 돕는다. 강압(혹은 독립이나 이주)은 하나의 집단이나 이해관계가 다른 집단들과 공유할 수 있는 공동의 이익이 전혀 존재하지 않는다고 여겨지는 상황에서만 필요하다. 좀 더 분명하게 말한다면, 대부분의 사람들은 강압이 정당화를 필요로 한다는 데 동의할 것이다. 반면 조정은 작동하기만 하면 그 자체로 정당화된다. 정치만큼 확실한 정당화는 아마도 없을 것이다. 조금 노골적으로 명료하게 말하자면, "우리는 정치를 선호한다." 겸손을 떨기보다는 더 분명하게 말하는 편이 좋겠다. 요컨대, 정치가 가능한 상황에서도 정치적으로 행동하기를 거부하는 사람의 도덕이나 지혜를 존중하는 것은 대단히 어려운 (실로 적절치 않은) 일이다.

정치적 지배는 다양성의 문제에서 발생하고 또한 모든 것을 획일화하려고 하지 않기 때문에, 그것은 필연적으로 자유를 낳고 유지시킨다. 정치적 자유는 통치의 필요에 대한 응답이다 — 통치란 많은 이들이 감상적으로 생각하는 것처럼, 사람들이 관용적으로 행동하도록 일정하게 강요하거나 설득하거나 통제하는 외부적 기제가 아니다. 한 집단의 자유는,

그들의 힘과 존재가 부인되지 않고 실제로 그들이 가진 힘과 존재만큼 그들이 국가 안에서 인정받을 때에만 성립하는 것이다. 예를 들어, 미국 혁명은 식민지 사람들이 어느 날 갑자기 권리에 고도로 민감해지거나 — 이론적으로 훨씬 설명력이 떨어지지만 — 그들이 돌연 민족주의자가 되었기 때문이 아니라, 기존의 통치가 붕괴했기 때문에 시작된 것이다. 영국 정부는 식민지의 고유한 이해관계나 특수한 상황을 전혀 인식하지 못하고 1765년에 인지조례를 통해 이들을 다스리려 했다. 버크가 "현명하고 유익한 방치"라고 불렀던, 한 세기 이상 지속된 정책을 중단한 것이다. 식민지인들은 대표되지 못했고, 정부는 그들이 가진 이해관계를 인식하지 못했다. 설령 식민지인들이 의회에서 "사실상의 대표"를 가졌다 하더라도, 그들이 가진 실제적 힘과 상업적 중요성에 비하면 너무나 적은 수의 대표를 가졌다고 말할 수밖에 없다. 그리고 이 점이 심각하게 고려되기 시작했을 때는 이미 너무 늦었는데, 그때는 식민지인들이 혁명이라는 폭력적 방식에 이미 호소하기 시작한 뒤였다. 정치적 대표란 피통치자의 "권리"이기 이전에 하나의 통치 방법이다. 그것이 작동하지 않을 때, 정부는 강압적인 방식을 사용하거나 피통치자들의 이익을 완전히 무시해 버려도 좋을 만큼의 공포를 동원하지 않고서는 통치를 전혀 할 수 없게 될 것이다. 금방이라도 쓰러질 것처럼 불안하고 불완전한데다 자주 부패

▎ 자신들이 직접 선출한 대표가 없음에도 다른 대표들에 의해 그들의 의지나 이익이 대표될 수 있다는 에드먼드 버크의 대표제 이론에서 나온 개념이다. 버크는 영국 내에서 이 이론을 주장해 투표권이 없는 지역의 시민들도 대표되고 있다고 주장했다. 하지만 그는 미국의 경우 식민지인들의 이익이 의회에서 전혀 대표되지 않았기 때문에 사실상의 대표에 해당하지 않는다고 보고 미국 혁명을 지지했다.

하는 대표제라고 할지라도 아예 없는 것보다는 낫다. 그리고 그것은 피통치자들의 단일한 이해를 대변한다고 주장하는 그 어떤 체제보다도 낫다. 1832년과 1867년에 있었던 영국의 선거법 개혁은 웨스트민스터에 있는 휘그파 노老정객들이 추상적 이념에 기초한 운동의 결과에 대해 갑자기 확신하게 되거나 급진주의자들이 도덕적으로 옳았기 때문에 성공한 것이 아니다. 그것은 처음에는 기업가들, 그리고 나중에는 숙련 노동자들의 힘과 존재가 인정되고 대표되지 않으면 산업사회에서 통치가 더 이상 지속될 수 없다는 사실이 점점 더 명확해졌기 때문에 나타난 결과다.

그래서 "정치"란 간단히 말해 우연과 의도된 성취가 뒤섞여 있는 역사를 가진 행위이며, 그것의 사회적 기반은 오로지 대단히 복잡한 사회들에서만 발견된다. 정치란 가능하다면 강압을 거부한다는 것을 제외하면 특징한 원칙에 따르는 것이 아니며, 쉽게 말하자면 분별력의 문제다(동일한 행위를 가져오는 서로 다른 동기들 가운데 무엇이 더 완전한 설명을 제공하는지에 대해 과도하게 토론하는 것은, 정치적 판단력이 부족하거나 기존의 정치적 질서를 옹호하려는 탁상공론에 불과하다). 정치적 원칙이란 그것이 무엇이든 간에 정치에서 통용될 수 있는 것들이어야 한다. 그래서 야수나 신과 같은 [그것을 무시하고도 살 수 있는] 존재가 아니라면, 정치적 원칙이나 신조를 지키는 것은 적절한 수준이나 정도에서 그쳐야 한다 ― 왜 그렇지 않겠는가? [다른 한편에는] 모든 정치적 신조가 교조화될 수밖에 없다고 주장하는 보수주의자들의 교조적인 억지도 존재한다. 물론 첫째로, 어떤 정치적 신조가 정치 질서 내에 존재하는 다른 세력이나 이념이 가진 힘과 존재를 인정하지 않는 경우, 둘째로 좀 더 분명하게, 더 큰 다른 이익을 위해 이런 집단들 가운데 일부가 즉각적·불법적·비정치적 방식으로 제거돼야 한다고 주장하는 경우라면, 그것은 단지 교조주의일 뿐이다. 정치적 신조란 실로 정치적이어야 하기 때문이다(예를 들어, 우리가 앞으로 살펴볼 마르크스주의는 분명히 반反정치적인 이념이다).

　내가 생각하는 정치적 신조란, 희소한 자원들을 두고 벌어지는 실제의 사회적 요구들을 조정하기 위해 정연하게 조합된 제안들의 체계 정도일 것이다. 그런 정치적 신조는 "사실"과 "가치"를 둘러싼 낡고 무용한 고답적 논쟁을 재빨리 넘어선다 — 정치적 신조는 가치를 평가하고 미래를 예견하는 데 필수적이기 때문이다. 그리고 정치적 신조는 언제나 실제의 혹은 실현 가능한 정치사회의 본질에 대해 모종의 일반 이론들을 제공하며, 항상 그런 가능성들을 바람직한 것으로 여길 수 있도록 하는 근거도 제시한다. 물론 그 근거들은 논쟁적이다. 여기서 예견한다는 것이 마치 자연과학에서처럼 측정 가능한 어떤 것을 주장한다는 뜻은 아니다. 그것은 단지, 미래에 일어날 어떤 일에 대한 기대에 따라서 현재 우리가 무엇을 해야 할지를 안내해 주는 역할을 할 뿐이다(물론, 우리는 지금 무엇을 해야 할지에 대한 근거를 과거에 일어났던 일에서 발견할 수도 있다). 또한 여기서 평가란, 그것이 잠재적으로 무한한 범주의 가능성에서 나오는 모든 생각들 가운데 선택한 행위로서가 아니라, 우리가 중요하다고 생각하는 어떤 기준들에 따른 특정한 선택적 행위를 정당화하는 과정으로서 이루어지는 것이다. 하나의 정치적 신조는 특정한 목표를 천명하기 마련인데, 그것은 실현 가능한 목표로 혹은 어떤 사회학적 일반화의 형식으로 선포된다. 하지만 이것은 분석이 아니라 주장이기 때문에, 그것이 사실로 확인되는 과정에서는 언제나 윤리적 측면이 중요하게 부각된다. 정치적 신조란 실제의 정치에 나타나는 조화를 파괴하려는 시도다. 그러나 이 조화야말로 한 사회 내에 깊게 뿌리 내리고 있는 복잡한 사회적 이해관계들 간의 갈등 속에서 통합성과 다양성을 보장해야 한다는 근본적 문제를 해결하기 위해 가능한 다양한 (잠정적) 해결책을 모색한 결과다. 그리고 이것이야말로 정치와 자유의 기원인 것이다.

　　정치적 통치가 존재하는 곳에는 반드시 모종의 자유도 존재해야 한다. 정치란 대화의 과정이며, 그리스적인 의미에서 대화란 본래 변증법적 논증을 요구하기 때문이다. 대화가 진실되고 유익하기 위해서는 무엇인가를 주장할 때 그것과 상반되는 경우를 고려해야 한다. 그리고 그보다 나은 방법은 그와 반대되는 주장을 펴는 사람들로부터 직접 그것을 듣는 것이다. 자유로운 정부가 존재하는지의 여부를 알아보는 것으로, 오래됐지만 확실한 테스트가 있다. 그곳에서 가능한 효과적인 방식으로 공개적 비판이 허용되는지, 곧 반대가 허용되는지의 여부를 보면 알 수 있다. 정치란 자유롭게 행위하는 사람들을 필요로 한다. 그리고 사람들은 정치 없이 자유롭게 행동할 수 없다. 대부분의 사회는 분열돼 있고, 정치란 분열된 사회를 과도한 폭력 없이 통치하는 방법이다. 물론 이런 시도야말로 오히려 문제라고 생각하는 사람들도 있다. 우리는 "정치 따위"를 존중하는 것보다 훨씬 나쁜 선택을 할 수도 있는데, 더 나은 세상을 만들겠다는 사람들의 주장을 매우 주의 깊게 살펴봐야 하는 이유가 여기에 있다.

이데올로기로부터
정치를 옹호함

모든 유형의 정부가 다 정치적이지는 않다는 것, 그리고 정치라는 것이 우리가 혼히 생각하는 것보다 더 정밀한 개념이라는 점은 전체주의적 지배, 그리고 그것을 뒷받침하는 이데올로기 이론과 비교해 볼 때 대단히 명확한 진실로 드러난다. 전체주의적 지배는 정치적 지배에 대해 우리가 상상할 수 있는 것과 가장 명확한 대조를 보여 주며, 이데올로기적 사고는 정치적 사고에 대한 명백하고도 직접적인 도전이다. 전체주의자들은 모든 것이 통치와 관련돼 있으며, 정부의 책무는 사회를 그들의 이데올로기에 맞춰 완전히 재구축하는 것이라고 믿는다. 이 이데올로기는 현존하는 사회에 대한 비판, 그리고 완전히 정의롭고 더없이 안정적인 최종적 사회 단계에 대한 — 단일한 "역사의 열쇠"에 기반을 둔 — 예언을 제공한다. 따라서 전체주의적 지배가 가진 독특한 성격과 전체주의 이데올로기의 독특한 열망들을 제대로 파악하는 것은, 정치의 몇몇 측면이 가진 고유한 중요성을 더욱 온전히 이해하는 데 도움이 된다. 이를 통해 우리는 [전체주의적 지배가] 사회의 준독립적 집단들이 다양성을 가져야 한다는 생각과 개인을 긍정적으로 바라보는 관념을 직접적으로 공격했음을 발견하게 될 것이다. 그리고 그 공격의 강도는, 전체주의자들이 적어도 이 두 가지가 정치를 가능하게 하는 핵심이라는 사실을 알고 있었다는 점에 대해 우리가 확신할 수 있을 정도로 강력했다. 또한 우리는 다른 중요한 것들에 대해 우리가 잘못 생각하고 있던 점들을 바로잡게 될 것이다.

[전체주의적 지배와 정치적 지배를] 이처럼 비교해 보는 것은 우리가 "민주주의"를 정치적 자유와 쉽게 동일시하는 경향을 방지한다. 민주적 정권과 비민주적 정권을 비교하면서, 자유 정부를 그저 자발적이고 능동적인 동의에 기초를 둔 정부로만 보는 관점은 전체주의 정권 앞에서 완전히 무색해진다. 한나 아렌트가 『전체주의의 기원』에서 썼듯이, "전체주의자들이 언제나 대중 운동에 의해 인도되고, 그들의 목적을 위해 '대중을 통솔하고 대중의 지지에 의존한다는 것'을 깨닫는 것은 고통스러운 일이다."[1] 소련과 공산화된 중국에 대한 대중의 광범한 지지가 있었다는 사실을 부정하는 것은, 한때 나치 독일을 부정했던 것처럼 우리의 마음을 편하게 만드는 믿음일 것이다. 하지만 그것은 선량한 자유주의자인 우리 가운데 얼마나 많은 수가 통치에 대해 완전히 기만적인 이론, 곧 인민의 합의가 필연적으로 자유를 창출한다는 생각에 빠질 수 있는 있는지를 보여 주는 잘못되고 위험한 징후다. 밀의 『자유론』은 민주주의로부터 자유를 보호하기 위해서는 민주주의자들이 자유를 존중하도록 만들 필요가 있다는 점을 강조한다. 밀은 모두 같은 생각을 가진 사람들로만 대표제 정부가 구성된다면, 이 정부는 자유를 보장하지 못한다고 보았다. 그런데 이 주장의 핵심은 자주 오해되곤 했다. 사람들은 "자유 정치"의 특징을 민주주의의 측면에서 지속적으로 규정하려 했는데, 이들은 민주주의 제도의 발전사(이것은 관용의 역사와는 다른 것이다)에서 공산주의자들이

| 아렌트, 『전체주의의 기원 2』(박미애·이진우 옮김, 한길사, 2006), 17쪽.

스스로 민주적임을 표방하는 것이 어찌하여 그토록 그럴듯해 보였는지를 전혀 이해하지 못했다. 전체주의 정권들은 실로 민주주의 시대의 산물이다. 그 정권들은 대중의 지지에 기반을 두고 있는데, 전체주의자들은 사회를 마치 단일한 하나의 대중이나 그것과 가까운 어떤 것처럼 다루는 방법을 알아냈다. 여기서는 물지 않고 짖기만 하는 반대자들조차 제거될 것인데, 그들이 독재 정권의 자긍심에 상처를 주기 때문이 아니라, 그들의 존재 자체가 전체주의 이데올로기 이론들에 대한 도전이기 때문이다. 독재 정부에서는 잠자는 개조차 가만히 누워 있어서는 안 된다. 그들은 꼬리를 흔들며 반길 때까지 채찍질을 당해야 하는 것이다.

전체주의라는 용어를 사용하는 것이, 과거의 권위주의적 통치가 근대적 기술을 통해 "새롭게 대대적으로 확대된" 상황을 압축적으로 표현하기 위한 것은 아니다. 근대 기술은 [전체주의 정권이] 정부를 악용할 수 있는 기회를 확대했을 뿐만 아니라, 새로운 유형의 이데올로기적 발상을 창조하는 데도 일조했다. 그것은 과거 대부분의 독재자들이 활용했던 수동적 복종을 넘어 능동적이고 지속적인 열광이라는 새로운 방식을 개척해 낸 원대한 야심의 결과물이었다. 독재자들은 행복과 평화 속에서 통치하기를 원했다 ─ 정복욕을 가질 수도 있지만, 이 역시 자신의 생애에 얻을 수 있다고 생각한 행복의 한 부분에 지나지 않는다. 반면 전체주의적 지도자는 이처럼 "변변찮은 우주의 전 체계를" 새롭게 하고,' 그것을 단

| 11세기 페르시아의 천문학자이자 시인이었던 오마르 하이얌Omar Khayyam이 남긴 시를 19세기 영국 시인 에드워드 피츠제럴드가 영어로 번역해 『루바이야트』(이상옥 옮김, 민음사, 2006)로 펴낼 때 쓴 표현이다. 루바이야트는 '루바이'의 복수형으로, 루바이는 페르시아의 전통적 사행시를 뜻한다. 사행시 전체는 다음과 같다(98쪽).

지 인간의 몇 세대가 아니라 모든 시대에 걸쳐 구현하고자 한다. 하인리히 히믈러가 주장했듯, 그의 나치 친위대SS는 "일상적인 문제들"이 아니라 오로지 "수십 년이나 수백 년을 넘어서는 중요한 이데올로기적 질문들……"에만 관심이 있었다. 정권이나 왕조를 유지하고 지속시키는 것은, 하나의 정당을 통해 이데올로기적 목표를 달성하는 것에 비하면 부차적인 것이었다. 이로써 그토록 오랫동안 적절한 것으로 생각되었던 정부 형태에 대한 그리스적 분류의 기준들, 곧 정부란 제한적인 목적을 갖고 있으며, 국가가 압도적인 사회제도이기는 해도 전능한 것은 아니라는 가정은 삽시간에 무너졌다.

전체주의적 통치의 목적은 단순히 독재정치의 강화가 아니다. 일단 국가가 크고 복잡해져서 친위대가 모든 집단의 이해를 제압할 수 없을 정도가 되면, 독재자들조차 권력의 공유를 통해서만 권력의 문제를 풀 수 있다. 제한 정부(얼마나 제한적이든)와 협의에 의한 정부(얼마나 일방적이든)는 어느 정도(제아무리 낮은 수준에서라도)의 행정적 필요를 위해 요청되는 것이다. 도시가 발전하고 산업이 성장함에 따라 대중의 존재가 중요해졌을 때, 그들의 동의는 오로지 정치 참여를 통해서만 획득될 수 있었다. 루소가 다른 무엇과도 비견될 수 없이 경험적으로 명료하게 말했던 것처럼, "힘을 권리로, 복종을 의무로 변형시키지 않는다면, 가장 강한 자라도 언제까지나 지배자일 수는 없"는 것이다.[1] 반면 전체주의 이데올

> 아! 사랑이여, 그대와 내가 천사와 힘을 합해
> 변변찮은 우주의 전 체계를 움켜쥘 수 있다면야
> 조각조각 산산조각 송두리째 부서서
> 이 마음에 꼭 들도록 다시 고쳐 지으련만!

로기는 그럴싸하고, 지적이며, 혁명적인 형식으로, 강함을 권리로, 복종을 의무로 바꿀 수 있는 기반을 제공했다. 전체주의 이데올로기는 나폴레옹이 미래의 정치가 될 것이라고 말한 것, 곧 "이상을 위해 기꺼이 희생을 감수하는 대중적 조직"을 제공했던 것이다. 그래서 전체주의 정권에게는 통치와 관련되지 않은 것이 아무것도 없다. 모든 것이 통치에 활용 가능하다. 대중은 미래에 나타날 하나의 조화로운 공동체를 위해 반드시 변화하거나 재편돼야 한다. 분명한 것 하나는, 그런 유형의 생각을 반反정치적이라고 부르는 것에 이데올로기의 신봉자들이나 정치인들 모두 동의할 것이라는 점이다.

나치즘과 공산주의 모두 단기적인 현실적 타협책으로 그들이 무엇을 주장하든 간에 궁극적으로는 천년왕국에 대한 주장을 해왔다. 현세에서 성인聖人들의 신성한 통치를 달성하기 위해 한때 종교적 이단의 형태로 등장했던 것이, 우리 시대에는 종교적인 강렬함을 수반한 세속적 교리로 나타났다.∎ 나치들은 "정치" 따위에 의한 타협을 광신적으로 거부하고 관료제에 대한 전통적 신뢰를 부정했다. 정치와 인접해 있으면서도 그것을 거부할 수 있는 장교들이야말로 어느 정도 냉정하면서도 동시에 순종적인 초당파주의를 견지할 수 있었다. 인종이, 그리고 인종만이 사회적 행위의 유일한 척도라는 믿음은 나치 엘리트들 사이에서 "최종 해결책"[유태인 절멸 계획]에 대한 믿음을 낳았다. 이 계획이 독일에서 널리 알

∎ 루소, 『사회계약론』(김영욱 옮김, 후마니타스, 2018), 15쪽.

∎∎ '천년왕국설이 중세에는 지상에서 신성한 통치가 이루어지는 것을 설명하기 위한 수단으로 활용되었는데, 현대의 전체주의가 종교성을 띠는 것이 유사하다는 뜻이다.

려졌을 때, "최종 해결책"이 유태인 문제에 대한 책임 있는 정치적 대안이 될 수 없다고 지적한 사람은 거의 없었다. 그 체제는 정치 따위를 이미 쓸어 내버렸던 것이다. 대중들에게는 인종적 순수성이 고전적 자유주의 체제의 거대한 두 **악마**를 완전히 통제하거나 변화시킬 수 있는 것으로 받아들여졌다. 1914년[제1차 세계대전의 발발] 이후, 전쟁과 대량 실업이라는 거대한 두 가지 위협은 외견상 합리적 자유주의의 세계에서 통제 불가능한 것으로 증명되었다. 전쟁은 정치적인 불가피함에서 발생하는 어떤 것이 아니라 인종적 영광을 위한 것으로 바뀌었고, 모든 경제를 영구적인 전시체제로 전환하자 실업이 사라졌다. 히틀러가 다음과 같이 썼을 때, 정치는 반反정치가 되었다. "정치란 한 국가가 세상에 존재하기 위해 벌이는 생존 투쟁을 수행하는 기예다. 국제정치란 한 국가가 언제든 그리고 어떻게든 생존할 수 있는 공간으로서 규모와 부를 확보하기 위한 기예다. 국내 정치란 한 국가가 인종적 평등과 인구의 규모를 갖춘 상태에서 이상의 목적에 필요한 권력을 유지하는 기예다."[1]

만약 사회적 행위를 결정하는 단일한 요인이 계급투쟁이라고 보는 발상이, 그 요인을 인종적 투쟁이라고 여기는 생각보다는 타당해 보인다고 하더라도, 그 역시 대량 살상과 잔혹 행위를 낳았다는 점에서 비인도적인 것은 매한가지다. [두 체제에서] 죽은 사람의 숫자를 비교해 보든지, 아니면 나치의 "비합리적" 공포정치와 공산주의의 "합리적" 공포정치를 어떤 식으로든 구분하는 것이 — 낯설고 고통스럽기는 해도 — 둘 중 하나를 반드시 용서해야만 하는 심판자 개인들에게 도움이 될 것이라고 생각하는 사람을 보면 누구든 아연실색할 수밖에 없을 것이다. 공산주의자들 역시 공포정치와 "대규모 이주"를 역사의 최종 단계로 가는 진보의 이름으로 자행했다. 공산당의 진정한 이해는 1920년대 중국, 1930년대 비이마르 시대의 독일과 프랑스, 영국 등 각각의 정치적 상황에서 늘 전체이데올로기의 필요를 위해 희생되었다(설령 이런 전체 이데올로기의 필요가 때때로 러시아인들의 전통적인 이해관계에 가까운 것처럼 의심스러워 보였다 할지라도, 러시아 밖의 공산주의자들이 기꺼이 그에 대한 신뢰를 품고 자신들의 명확한 당면의 이익을 희생했다는 사실은 여전히 남는다). 나치와 공산주의의 정치적 신조 모두에서 정치적 활동 그 자체는 이행기적인 역사 단계에 잠시 필요한 것에 지나지 않는다. 국제 관계에서 외교라는 수단은 그 자체로는 귀찮고 번거로운 것에 불과하며, 이데올로기의 보편주의와 세계를 새로 개조하려는 열망을 강화할 뿐이다. 공산주의자와 나치 추종자 모두 고귀한 — 또한 항구적인 — 목표를 위해 그저 임시적 방편으로 정치에 참여하는 것이다.

전체주의 정권에서 신조가 독특한 중요성을 차지하고 있다고만 말하는 것은, 정확히 어떻게, 그리고 얼마나 독특한 방식을 통해 신조가 이데올로기로 나타나는지를 제대로 이해하지 못한 것이다. 이제 이데올로기는 권력과 관련된 용어들 가운데 가장 불분명하게 사용되는 단어 가운데 하나가 되었다. 언론인들과 기자들은 그것을 단지 극단적인 비현실성의 동의어 또는 우리는 결여하고 있지만 **다른 편**은 가지고 있는 유용한 도덕적 무기를 뜻하는 용어로 오용하면서 더욱 자주 평가절하하려고 한다. 우리는 인간 행위에 대한 이론으로서 이데올로기가 갖는 명확한 중요성을 망각하는 위험에 빠진 것이다. 1795년에 철학자 데스튀트 드 트라시가 이 용어를 "과학"의 이름으로 처음 만들어 냈을 때, 그것은 감각과 관념의 관계를 설명할 수 있고, 언어에서 기인하는 모든 모호함을 제거할 수 있으리라 여겨졌다. 이것은 혁명정부의 국립과학예술학교Institut National des Sciences et Arts를 통해 공식적 프로젝트가 되었다.' 얼마 뒤에 나폴레옹이 그 용어를 철학자들이나 언론인들이 지어낸 모든 추상적이고 수사적인 책략들을 조롱하기 위해 사용하면서," 이 단어는 대단히 일상적으로 쓰이기 시작했다. 동일한 방식으로 이 용어는 프랑스와 영국의 보수주의자들이 쓴 저작을 통해 상대의 심기를 불편하게 만드는 뜻으로 자리 잡게 되었다. 반면 마르크스는 『독일 이데올로기』에서 처음에는 기존의 용법대로 이데올로기라는 용어를 사용했지만, 마지막에 가서는 새롭고 명료한 이론적 의미를 만들어 내기 위해 그 용어를 일반화했다. 그리하여 이 용어는 새로 등장하자마자 대단히 영향력 있는 개념이 되었다. 이 개념은 전체주의에 대한 지적 정당화와 근대 사회학이라는 두 자식을 낳은 하나의 모태였다. 마르크스의 이데올로기 이론에 따르면 모든 신조는 사회적 조건의 부산물이었다. 그것이 무엇이든지, 모든 사상은 이데올로기적인 것이다. 그의 책을 읽지 않은 많은 사람들의 믿음과 달리, 마르크스는 독일 철학자들이 정확히 어떻게 국가에 길들여진 하인처럼 봉사하고 있는지, 또한 헤겔학파의 "관념론자들"이 사실 어떻게 유산계급의 이해에 봉사하는 도구가 되었는지를 설명하는 데 책의 많은 부분

▎ 1699년 루이 14세가 왕립과학아카데미를 루브르박물관에 설치했는데, 프랑스혁명 이후인 1793년 국민공회가 이를 폐지했다가 1795년에 국립과학예술학교가 다시 신설되었다. 여기서 공식적 프로젝트가 되었다는 것은 이 학교가 혁명의 이데올로기를 생성하고 확산시키는 역할을 했다는 뜻으로 보인다.

▊ 나폴레옹은 그들을 '이데올로그'라고 부르며 조롱했는데, 이것이 이데올로기의 신봉자들을 비하하는 뜻으로 처음 쓰인 경우다.

을 낭비하지 않았다. 그의 주장은 지극히 일반적인 것이었다. 즉, **어떤** 철학자라도 생산수단을 통제하고 있는 계급의 이익에 봉사하게 될 수밖에 없다는 것이다. "물적 생산수단을 소유한 계급은 동시에 정신적인 생산수단도 통제하게 된다." 이데올로기 이론은 윤리와 관습은 말할 것도 없고, 심지어 "지식"과 "이성"조차도 사회의 총체적 구조의 반영물, 곧 특정 사회 체계에 따라 상대적이며 기능적인 것으로 보았다.

사회적 생산물로서의 관념이 어떤 역할을 할 수 있는지 검증하는 것은 (그것이 진실이냐 거짓이냐의 여부를 떠나서) 분명히 적절하고 흥미로우며 사람들을 일깨우는 탐구 주제일 것이다. 그것은 적어도 인간 사회를 이해하는 하나의 방법이다. 마르크스야말로 그런 목적을 달성하기 위해 발전된 이론으로서 사회학이라는 학문을 사실상 창시한 사람이다. 낡고 강압적이며 "자기 모순적인" 정치 질서는 고도로 통합된 새로운 사회질서에 의해 대체돼야 했다(정치학과 철학은 사회학에 의해 비로소 등장하고 발전할 수 있었다). 마르크스는 실로 현대 "지식 사회학" 연구의 선도자였던 것이다. 지식 사회학적 연구가 모든 관념을 항상 이데올로기로 가정하는 것은 아니다. 특정 관념을 이데올로기로 가정하는 경우에도, 그 가정은 연구 과정에서 흔히 추상적인 추정이나 과학적 가설의 수준에 머물렀다. 즉, 그런 관점이 진실이라고 가정한다면, 여기서 무엇이 설명될 수 있는가를 살펴보는 것이다. 물론 여기에도 고유한 위험이 존재한다(고상한 체하는 사회학의 비판자들이 그런 위험을 경고하더라도, 위험 그 자체가 배움을 포기하는 변명이 될 수는 없다). 그 위험이란 인간이라는 존재가 자신이 속한 사회적 조건으로 해체되어 버린다는 것이다. 강렬한 인간의 의지, 그리고 인간 이성의 창의성은 상황적 구체성이라는 늪에 빠져 사라져 버린다

(안타까우면서도 흥미로운 사실은 막스 베버의 저작들이 자유 정치의 안정성과 생존에 관해, 근대의 가장 심오한 학문적 성취와 더불어 가장 깊은 비관주의를 동시에 담고 있다는 점이다).[1] 하지만 마르크스에게 이데올로기 이론이란 애초부터 사회의 전면적 변화를 목표로 하는 실천 계획에 이바지하기 위한 것이었지, 단순히 기존에 존재하는 사회를 이해하기 위한 학문적 도구가 아니었다. 만약 모든 사상이 이데올로기라면, 단 하나의 최종적이고 안정적 이데올로기는 생산수단을 통제하는 최종적 계급의 이데올로기일 수밖에 없었다.

따라서 나치와 공산주의 이데올로기는 그저 예외적으로 효과적이며 거대한 몸체를 가진 [정치적] 신조의 집합체가 아니라, 기존에 존재했던 정치적 신조들과는 수준을 달리하는 것이다. 이 이데올로기들은 각각 자신들이 사회의 모든 측면에 존재하는 총체적 관계의 필연적이고 배타적인 산물이라고 ― 그래서 적어도 이론적으로는 모든 것을 예측하고 설명할 수 있다고 ― 명확히 주장하고 있다. 따라서 전체로서의 사회가 그 자체로 자유로울 때에만, 아니면 사적 소유권이 지닌 분열적 요소로부터 또는 가능한 최대한의 일관성과 일반성, 통일성을 방해하는 인종적 이질성으로부터 자유로울 때에만, 이데올로기는 모든 내적 모순들로부터 안정적이고 최종적이며 자유로울 수 있다. 전체주의자들이 보기에, 정치 "따위"가 가진 제한적인 역할은 오류투성이의 기만적인 술책이자 "사회"의

---

[1] 막스 베버는 지배의 정당성에 대한 원천으로 전통적 지배, 합리적 지배, 카리스마적 지배를 제시한 후에, 근대에도 카리스마적 지배가 사라지지 않을 것이라는 전망을 내놓았다.

지배를 방해하는 "국가"의 눈속임일 뿐이다. 『공산당선언』이야말로 "공적 권력"에서 "그것의 정치적 성격"을 제거하자고 주장한 책이었다. 공적 사안의 영역과 ─ 항상 얼마간 존재하는 ─ 몇몇 프라이버시의 영역들(여기서의 프라이버시란 "개별성"personality이라고 불리는 다소 강한 의미에서부터 그저 정치와 무관함을 가리키는 소극적 의미에 이르기까지 다양하다)에 대해 모든 정치적 신조들이 그어 놓았던 구분선들은 이데올로기 이론가들에 의해 의도적으로 말소되었다. 이런 프라이버시 또는 무관함의 영역을 어느 정도 인정하고 있었다는 사실이야말로, 홉스와 헤겔, 그리고 일단의 가톨릭 이론가들처럼, 상상할 수 있는 최고의 수준으로 국가권력을 높이 밀어 올렸던 사람들조차도 전체주의자로는 분류될 수 없도록 하는 근거 가운데 하나다. 전체주의는 독재정을 넘어선다. 전체주의자들에게는 단지 정부 기구들이나 사회의 경제 제도뿐만 아니라 교육, 산업, 예술, 심지어 가족이나 사적인 애정 관계, 일과 여가 등의 모든 것들이 완전히 내적으로 연결된 사회체제의 일부이며, 이 모든 것들은 이데올로기에 기반을 두고 있다. 이것들 가운데 그 어느 것도 그냥 방치하게 되면, 이것은 실제적 의미에서 자유라는 위험한 빈틈과, 공적 목표에 대한 완전한 헌신으로부터 사적으로 도피할 수 있는 수단을 방치하는 꼴이 된다. 또한 과학적 의미에서는, 사상 그 자체를 비롯해 사회의 모든 측면들 사이의 상호 의존을 설명하고, 제시된 방향으로 사회의 모든 부분들을 움직이게 하거나 그것들 사이의 관계를 해체할 수 있는 이데올로기 이론의 주장들을 반박하는 것이다. 전체주의 이론에 따르면, 전통적인 폭군이나 정치인들에게는 정치적 질서의 필요성과 하등 관련이 없던 것들 ─ 그림을 어떻게 그리고 어떤 음악을 만들며 지붕을 어떤 모양으로 올릴지 하는 것들 ─

조차 정치와 관련이 있다. 그것이 진보적이든 퇴폐적이든 통치자나 집권 정당에게 중요하지 않은 것이란 아무것도 없는 것이다.

그래서 소련의 비평가 유리 올레샤는 쇼스타코비치의 "형식주의" 음악에 대해 자신이 과거에 보냈던 찬양을 공개적으로 철회하면서, 참으로 현명하게도 다음과 같이 이 부분을 짚어 냈던 것이다.[1] "동무들, 우리의 사회적 삶의 전체 구조는 대단히 긴밀하게 연결돼 있습니다. 우리의 조국에서 독립적으로 실현되고 발전될 수 있는 삶이나 행위란 없습니다. …… 내가 당에 대해 어느 한 부분이라도 동의하지 않는다면 내 삶이라는 그림 전체가 불명확해질 것입니다. 왜냐하면 모든 부분, 그 그림의 모든 세부 사항들은 한데 엉켜 있으며 상호 의존적이기 때문에 어디에서든 단 하나의 잘못도 있을 수 없기 때문입니다."[2] 이처럼 모든 인간과 모든 사물이 완전히 연관돼 있다는 그럴듯한 생각은, 인간의 조건을 독특하게 규정한 인류학적 의의를 갖는 동시에 영적인 의미 ― "네 몸을 상하지 말라,

---

[1] 여기서 '형식주의'란 특정한 예술 사조를 가리키는 용어라기보다는, 스탈린 당시 소련 공산당이 예술가들을 제약하기 위해 만들어 낸 정치적 용어다. 1940년대 후반 공산당은 스탈린에 비판적인 예술들을 상연 금지하면서 이 작품들이 내용을 무시하고 형식에만 치중한 '형식주의'에 빠졌다고 비판했다. 쇼스타코비치 역시 검열을 피하지 못했는데, 공산당 기관지 『프라우다』에는 그가 작곡한 오페라 <므첸스크의 맥베스 부인>이 형식주의에 빠졌다는 비판글이 게재되었으며, 1948년 2월 10일, 당은 쇼스타코비치를 비롯한 일부 작곡가들이 소련 민중과 예술 취향에 낯선 반민주적 성향과 형식주의의 일탈을 보여 주고 있다고 공개적으로 명시한다. 스탈린 사망 후, 1958년에 공산당은 스탈린의 명령으로 예술 작품에 대해 일부 잘못 내린 판단들이 있었다고 인정했다. 여기 언급된 인용문을 쓴 우크라이나 태생의 소설가이자 비평가였던 유리 올레샤는 20세기 러시아 최고의 작가 중 한 사람으로 스탈린 시기에 형식주의를 옹호했다는 비판을 받았다. 크릭이 인용한 이 구절은 올레샤가 공격당할 당시 일종의 자아비판을 하면서 쓴 글이다.

우리가 모두 여기에 있노라"라는 ─ 도 갖는 것으로 보이는데, 그런 발상이 정치적 용어로 변환되는 순간 곧 전체주의적인 것이 된다. 진정한 정치는 **모든 것**을 정치적 용어로 변환시키려고 하지 않는다. 모든 사회적 관계를 정치화하려고 했던 마르크스주의자들의 시도는 실제로는 정치를 말살하려는 시도였다. 정치란 제한적인 목적에만 관련돼 있기 때문이다. 예를 들어, 예술이 정치화되면 그것은 더 이상 예술이 아니다. 사랑이 정치화되면 그것은 더 이상 사랑이 아니다. 만일 누군가 우리에게 조국이나 정당을 가족이나 친구보다 더 사랑하느냐고 묻는다면(그래서 우리가 더 사랑하는 쪽을 위해 필요하다면 목숨이라도 내놓을 것이냐고 묻는다면), 우리는 지금 이 질문이 이데올로기를 위해 목숨을 버릴 수 있느냐는 물음이라는 것을 알아야 한다. 그리고 그처럼 극단적인 행위들이 요구되는 상황은 오로지 정치적 해결책에 실패하거나 그것을 무시한 경우에만 발생한다.

전체주의의 독특함(그것이 가진 무제한적 열망에서 대단히 분명하게 드러나는 전체주의 정치의 독특함)은 그것이 "사회"라는 이름으로 "국가"라는 개념에 가하는 공격에서 매우 분명하게 드러난다. 나치와 공산주의 이론가 및 선전가들은 모두 이 테마를 공유하고 있었다. 마르크스가 『고타강령 비판』에서 "자유국가"에 가하는 공격을 보자. 그는 "자유란 사회 위에 군림하는 기관인 국가를 완전히 사회에 종속시킬 때 가능하다"라면서

Ⅰ 「사도행전」 16장 28절에 나오는 표현이다. 바울이 감옥에 갇혀 기도하자 지진이 일어나 감옥의 문이 모두 열린다. 그러자 죄수가 도망갔으리라 생각한 간수가 자살하려 하는데 바울이 이를 만류하며 하는 말이다. 여기서는 간수와 바울이 하나의 운명 공동체라는 종교적 맥락이 정치적으로 활용되기에 적절하지 않다는 비유로 사용하고 있다.

사회민주주의자들을 비판했다. 히틀러는 『나의 투쟁』에서 다음과 같이 썼다. "국가란 특정한 목적을 위한 수단이다. 그것의 목적은 하나의 공동체를 살아 있는 존재들과 마찬가지로 물리적·심리적으로 유지하고 발전시키는 것이다. …… 우리는 그릇으로서의 국가와 그것의 내용으로서의 인종을 잘 구분해야 한다. 만약 사회가 다양한 요소들의 혼합이 아닌 순수한 것들로 이루어지거나 아주 안정된 상태라면 강압적 권력을 가진 국가란 전혀 필요치 않을 것이다."

근대의 전체주의자들은 전통적인 부르주아국가를, 한 영토 안에 매우 다양한 이데올로기들이 존재한다는 사실을 인정하고 그것들이 서로 타협하게 하는 정치적 기능을 가졌다는 바로 그 이유로 인해, 특정한 정당이 최종적으로 해소하고 제거해야 하는 덧없는 역사적 수단에 불과한 것으로 이해한다. 마르크스는 부르주아국가에 "내적 모순들"이 존재하며(사실 그런 내적 모순들이 국가의 전부이며), 그 모순들이 결코 용납될 수 없다고 여러 과장된 이유들을 제시하면서 말한다. 나치들에게 이런 모순들은 문명이 아니라 타락의 상징이며, 명료한 사고에 실패하고, 우선해야 할 것들을 우선하지 못하며, 용기가 없고 의지가 박약하다는 증거다. 따라서 최종적인 정의를 달성하기 위해서는 통일성이 확보된 사회 전체가 국가를 대체해야 한다. 타락한 사회에서 분열적인 요소들이 제거되면, 모든 것을 포괄하는 이데올로기만 존재할 뿐이며, 국가와 사회는 하나가 되고, 정치체의 모든 고역도 끝나게 되는 것이다. 가장 낮은 계급이 승리

▌ 맑스·엥겔스, 「고타강령 초안 비판」, 『칼 맑스·프리드리히 엥겔스 저작선집 IV』(최인호 외 옮김, 박종철출판사, 1995), 383쪽.

하고 나면 계급 전쟁은 더 이상 필요하지 않으며, 이데올로기는 확고헤지고 모호성은 사라진다. 국가가 모든 생물학적으로 열등하고 오염된 혈통들을 완전히 제거할 수 있게 되면, 이 공동체Volksgemeinschaft가 승리하는 길에는 더 이상 거칠 것이 없으며, 사회는 탁월한 아버지와 지도자 아래에서 하나의 가족, 하나의 형제가 된다. 사회주의와 나치즘이라는 두 가지 경우 모두에서 국가에 대한 사회의 승리는 과거에 완전히 사라져 버렸던 소속감을 재구축하게 된다. 대중들은 (하나의 무리가 같은 유니폼을 입듯이 바로 그렇게 이행의 단계를 통해) 하나의 공동체가 되는 것이다.[3]

나치즘과 공산주의 사상에서 찾을 수 있는 또 다른 유사성은 폭력에 대한 강조다. 폭력과 전체주의의 관계는 조정과 정치적 정부의 관계와 같다. 사상과 행위는 기존 사회의 상부구조에 의해 결정되기 때문에, 그리고 이 구조의 요소들은 대단히 상호 의존적이며 상호 결속적이기 때문에, 사회는 (그렇게 될 가능성은 거의 없지만 순전히 전략적인 수사로서) 뭉개지고, 부서지고, 전복되고, 산산이 부서질지언정, 평화적인 방식으로 변화되거나 설득되는 것은 거의 불가능하다. 부르주아국가의 타성은 매우 뿌리 깊은 것이어서 그것을 제거하려면 계급 간 전쟁이나 국가 간 전쟁이 필요하다. 사회의 오래된 계급 구조를 부수고, "모순"과 "부르주아적 일탈"이 새로운 시대에도 살아남아 지속되지 않도록 하기 위해서는, 단지 권력을 획득하는 것이 아니라 혁명이 필요하다. 마키아벨리가 본 것이 바로 이 논리 구조 혹은 사회학이라 할 수 있다. 정복에 의한 것이든 세습에 의한 것이든, 새로 획득한 영토의 사람들이 자신들의 법에 따라 살아온 곳에서는, 권력을 가진 군주에게 두 가지 선택만이 존재한다.[1] 하나는 기존의 법에 따라 통치하는 것이다. 다른 하나는 단 하룻밤 새 이루어지는 암살을 통해서라도 모든 잠재적인 반대 세력들까지도 압도적인 폭력으로 **철저하게** 부수고 짓밟아 파괴해 버리는 것이다. 물론 이것은 단지 개인들에 대한 협박의 차원이 아니다. 마키아벨리는 사회구조 자체, 곧 반대파의 존재를 가능하게 하는 상이한 법률이나 관습들에 영향을 미치기를 원했다. 하지만 마키아벨리에게 이것은 실로 순전히 이론적으로나 가능한 것이었다. 마키아벨리의 군주는 권력을 분산하고 공유하는 것 외에는 그의 통치를 영속화할 수 있는 해결책을 찾을 수 없었다. 국가를 방어하거나 창조하는 것은 군주지만, 그것을 유지하는 것은 공화국이다. 마키아벨리의 군주는 현대 정당처럼 권력에 공적인 목적성을 부여하거나 또는 독재정의 골칫거리였던 권력 승계의 문제라도 해결할 수 있는 것처럼 보이는 이데올로기를 갖추지 못했던 것이다. [반면 오늘날] 재탄생한 군주는 더 이상 외로운 영웅이 아니라, 현대의 전투적 정당이 가진 대중적 역량을 배후에 거느리고 있다. 설령 [마키아벨리의] 군주가 반신반인半神半人임에 틀림없다 할지라도, 그의 아들은 어쩔 수 없이 인간일 것이다. 그러나 오늘날의 시대에는 정당이 이데올로기의 사제단으로서 항구적 역할을 담당하고 있다. 사람들이 어떤 한 사람 혹은 한 집단의 사람들을 특정 이데올로기의 권위 있는 창조자로 생각하는 한(리바이어던이 한 개인이든 혹은 몇 사람이든 우리가 별로 개의치 않을 것이라고 한 홉스의 말대로), 그들은 계속해서 자발

❙ 마키아벨리, 『군주론』 5장에서 실제로는 세 가지 방법이 제안되었다. 하나는 정치제도를 파괴하는 것, 둘째는 직접 통치를 실시하는 것, 세 번째는 기존의 법과 제도를 용인하면서 과두 정부를 수립하는 것이다. 그러나 마키아벨리는 기존의 제도에 자유의 정신이 깃들어 있다면, 기존의 도시를 완전히 파괴하지 않고서는 지배를 확보할 수 없다고 말한다.

적으로 복종할 것이다.

전체주의 이데올로기는 모든 것을 설명한다고 주장할 뿐만 아니라 진보의 필연에 대한 믿음 역시 제공한다. 이런 믿음은 진보에 대한 자유주의적 신념을 약화시키는 것 정도로 보인다. 하지만 달갑지 않은 정치적 문제에 대한 최종 해결책으로서 역사 발전의 철칙을 확실히 알고 있다고 주장하는 엄밀성과 열정에서 볼 때 그것을 훨씬 뛰어넘는다. 이데올로기와 예언의 결합은 확실히 가공할 만한 문제를 일으킨다. 만약 모든 사상이 환경의 산물이자 이데올로기라고 한다면, 사회의 최종적 상태에서 나타나는 이데올로기는 과연 어떤 비전을 갖고 있을 것인지 (전체주의 정부에서 작동하는 이데올로기의 "비전"이 과연 무엇일지) 어떻게 알 수 있을까? 이에 대한 현실적인 답은 물론 히틀러와 스탈린과 같은 특별한 지위를 차지했던 지도자들, 곧 유일하게 눈앞의 필요를 넘어설 수 있었던 마키아벨리적인 반인반신의 군주들에게서 나왔다. 지도자가 탁월하다는 사실은 부정될 수 없다. 그가 신이 아니라면, 그는 적어도 당신이나 나와는 다른 종류의 사람이다. 이 새로운 유형의 리더는 실로 그저 타협이나 하는 정치인 또는 말초적인 감각적 쾌락이나 제공하는 독재자가 아니다. 그는 헌신적이며 탁월한 건축가다. 야수파 화가와 사회과학자가 최선의, 그리고 가장 효율적인 최종 사회를 창조하기 위해 변증법적으로 결합한 것이다. 그의 권위는 주로 그가 역사적 진보의 법칙을 가장 잘 이해하고 있다는 열광적인 대중적 미신에서 나온다. 전체로서의 사회라는 이데올로기, 그리고 드러난 역사법칙의 전략적 필연성에 대해 어느 누가 저항할 권리를 가질 수 있단 말인가?

물론 이런 역사법칙이 어떻게 발견되었는지에 대한 정확한 지식은 이데올로기의 다양한 목표들과는 달리 공중에게는 절대 공개되는 않는다. 정말로 중요한 것은 믿음에 의해서만 가능하다. 르네상스 시대에는 실로 "통치의 비밀"arcana imperii로서 오직 지도자들에게만 알려졌던 비밀스런 지배의 기법으로서의 기교craft와 기술skill, "기예"art와 "신비"mystery가 우리 시대에 실제로 되살아나는 것이 목격된다. 국가의 생존이라는 목표는 인류의 개조라는 거대한 목표와 비교해 보면, 공공 정책을 판단하는 데 제법 분명한 기준이라고 할 수 있다. "국가이성"이 "정당 이성"보다야 훨씬 분명한 것이다. 그래서 정당 지도자의 행위들은 겉으로 대단히 모순되더라도, 그들이 천명한 이데올로기의 실제 목표에는 부합하는 것으로 이해된다.

이렇게 보면 우리 시대의 거대한 두 전체주의 정권이 모두 한 개인을 국가의 지도자로 숭앙한 것은 우연이 아니다. 일단 국가가 사회에 **실제로 존재하는** 다양한 요소들을 단일한 형태로 압축하고자 하면, 그리고 사회가 일단 완전히 통합된 하나의 예술 작품처럼 보이고자 한다면, 그것이 바그너의 "종합예술"Gesamtkunstwerk이든, 아니면 홉스의 『리바이어던』에 나오는 "인공의 동물"이든 간에, 거기에는 어쨌든 예술가가 필요하다. 토마스 만의 파시즘에 관한 우화『마리오와 마술사』가 잘 보여 주듯이,[1] 국가를 운영하는 기술이 **신비로운 비밀**처럼 보이려면 가짜 마술사가 필요한 것이다. 여기에는 모든 생각과 행위를 규율하는 전통적인 제약이나 한계를 넘어서는 길을 분명하게 내다볼 수 있는 사람이 적어도 하나 이상

I 대중을 미혹에 빠뜨리는 최면술사의 이야기를 통해 히틀러의 독일을 풍자한다.

필요하다. 그는 매우 무질서하게 분산돼 있는 사회적 힘을 하나로 묶어 내는 데 필수적인 폭력에 대해 사람들이 갖고 있는 부정적 관점을 사기와 간계 혹은 마술로 대체할 수 있어야 한다. 이런 유형의 "지도자"는 국수주의에서 특히 전형적으로 나타나는 것으로 보인다. 국수주의는 전체주의 이데올로기의 두 가지 특징 가운데 하나인 민족주의가 역사적으로 사이비 인종주의에 빠진 곳이라면 어디서든 출현한다. 그런 이론들에서 나타나는 불합리성과 모순들은 소규모 엘리트 집단의 자유 토론에서조차 표출되거나 논의되는 일이 거의 없다. 그런 이론들은 현실적인 필요에 따라 권위의 원천에 대한 모종의 최종적이며 비합리적 요소들을 포함해야 한다. 만약 총통이 (필요에 의해) 어떤 유태인은 (유태 혈족의) 유태인이 아니라고 한다면, 그는 유태인이 아닌 것이다. 만약 흐루시초프가 마르크스주의는 공산주의의 승리가 필연적임과 **동시에** [자본주의와] 공존도 가능함을 보여 주었다고 말한다면, 신실한 사람들은 환호할 것이며 순진한 사람들은 안심할 것이다. 나세르 대통령은 "아랍이란 무엇인가?"라는 난해한 질문을 품고 있었는데, 이 물음에 대한 단 하나의 진실한 답은, 신이 그에게 함의 자손을 셈과 야벳의 자손들과¹ 구분할 수 있는 방법을 알려 주었다고 주장한 [남아프리카공화국의 인종격리정책을 시행한] 헨드릭 페르부르트 수상의 대답과 같은 종류일 것이다.

막스 베버나 칼 만하임처럼 저명한 지식사회학자들 역시 비슷한 어

---

¹ 노아의 세 아들이다. 창세기 9장에는 이들이 대홍수 이후 모든 인류의 선조가 되었다고 기록돼 있다. "노아의 이 세 아들로부터 사람들이 온 땅에 퍼지니라." 중세에는 이 세 아들이 각각 셈은 유태인을 비롯한 아시아, 함은 아프리카계, 야벳은 유럽 민족의 조상이 되었다는 인종적 견해가 등장했다.

려움에 직면했다. 이데올로기 이론을 사회 변화를 위한 무기가 아니라 사회를 설명하는 도구로만 활용한다고 해도 학자들은, 지극히 도덕적이었던 마르크스는 말할 것도 없고, 어떻게 그와 같은 "객관성"을 성취할 수 있을까? 나의 행위를 좌우하는 모든 이데올로기들을 나의 이데올로기로 해석한다면, 결국 나라는 것은 내가 가진 이데올로기의 산물인 것인가? 물론 그 답은, 어떤 학자들은 분명히 그럴 수 있다는 것이다. 왜냐하면 그들은 "어디에도 속해 있지 않은 지식인들"로서 — 지식인들에게 대단히 매혹적인 — "사심 없는 관점들"을 기르는 데 성공한 매우 특별한 유형의 사람들이기 때문이다.[I] 따라서 사상은 환경을 뛰어넘는 초월적 요소를 가질 수 있지만, "가치중립적"인 최초의 가정과 사회 이론의 전체적 기반을 제공할 수 있을 뿐이다. 모든 것을 완벽하게 설명하고자 하는 사회 이론에게, [보드게임에서처럼] 게임을 시작하기 전에 한 번의 비약과 한 번의 자유 이동이 허용된다고 가정해 보자.[II] [그런 조건에서] 지식사회학자들이 단지 [전체주의가 집권하기] 10년 전이 아니라 전체주의적 지배의 시기에 [실상을 눈으로 보고] 글을 쓸 수 있었다면, 그들은 이해를 위한 이론이 행동 계획으로 "변질"되는 것을 막기 위해 [중립성의 신화에 빠지는 대신] 우선 모종의 윤리적 전제부터 수립했을 것이다.[III] 따라서 이 같은 학

[I] 만하임은 『이데올로기와 유토피아』에서 지식인들이 물적 이해관계로부터 자유롭게 지적인 역량을 통해 자신과 사회에 대한 성찰을 할 수 있다고 보았으나 이는 많은 비판을 받았다.

[II] 사후적으로 일어난 일, 곧 전체주의 이론이 어떤 결과를 가져왔는지에 대해 베버나 만하임이 미리 알게 되었다고 가정해 보자는 뜻이다.

[III] 만약 사회학자들이 전체주의 이론이 사회에 미칠 영향을 미리 알았다면, 단지

문적 "윤리 상대주의"를 정치적 정부 **내부에 존재하는** 이데올로기에 적용해서, 전체주의 이론이 ─ 잔인성에서 비판받을 수 있지만 동시에 ─ 적극적인 이데올로기 이론으로서[행동 강령으로서는] 참신하다고 설명하면서 관용을 지렛대의 받침대처럼 [변명의 수단으로] 사용하는 것은 매우 부적절한 것으로 보인다.ⁱ 레오 스트라우스가 강제수용소에 관해 말한 것처럼, 어떤 것에 대한 순수하게 객관적인 묘사라는 말은 인류에 대한 풍자처럼 보일 뿐이다.ⁱⁱ

만하임은 자신의 "이데올로기 개념이 부정적 의미를 지닌 데 불과한 고의적인 정치적 허위성이라는 뜻이 아니라, 오히려 모든 역사 내지 사회

그것에 대한 이론적 설명뿐만 아니라 윤리적 차원의 검토를 우선했을 것이라는 뜻이다.

ⅰ 학문에서의 윤리적 상대주의와 관용의 정신을 전체주의 이론에 적용하는 것은 맞지 않는다는 주장이다.

ⅱ 크릭은 이 표현의 출처를 밝히고 있지는 않다. 여기서 레오 스트라우스는 강제 수용소에 대해 기능주의적으로만 묘사하는 것이 얼마나 위험하면서도 우스운 일인지를 풍자하는 것으로 보인다. 이와 같은 표현에 담긴 스트라우스의 입장은 『폭정론』 *On Tyranny*, 『마키아벨리』*Thoughts on Machiavelli*, 『자연권과 역사』*Natural Right and History*, 『정치철학이란 무엇인가』*What is Political Philosophy* 등 전후 미국에서 작업한 저작 앞부분에서 발견된다. 제2차 세계대전 이후에 나치즘이 종식되었지만 스탈린주의가 새롭게 부상했고 이른바 자유 진영에서는 매카시즘 광풍이 일어나는 상황에서, 스트라우스는 '포괄적인 의미에서' 정치사회에 대한 정치철학적 비판이 필요하다고 생각했다. 그가 보기에 당대 파시즘과 스탈린주의와 같이 새롭게 부상하는 전체주의 운동에 대한 진단과 처방이 시대적인 요청으로 부각되고 있음에도 불구하고, 전후 미국의 주류 사회과학 담론은 "가치중립성" 논의에 함몰돼 있었다. 이른바 '행태주의 혁명' 속에서 가치의 문제가 아닌 '사실'에 초점을 맞추는 실증주의 흐름이 강했는데, 이런 상황을 그는 '로마가 불타고 있는데 피리만 불고 있다'라고 풍자하기도 했다.

적 존재 여건에 필연적으로 부착된 국면, 그리고 여기에 결부된 세계관이나 사고방식을 지칭하는 말로 쓰이고 있으며, …… 이 용어의 의미는 …… 그 밖의 다른 용례들과 엄격히 구분돼야 한다"라고 강조했다.[4] 그러나 만하임이 알지 못한 것이 있다. 관념들의 논리와 명령을 순전히 이데올로기적인 것으로, 현존하는 사회질서를 거울처럼 그대로 반영한다거나 유지시키는 것으로 믿는다면, 그의 "이상주의자들"Utopians은 (이들은 매우 고집스러워서 자신들이 순전히 문화적 배경에 기초하고 있다는 점을 알아채지 못할 것이다 — 그렇지 않을 수도 있지만) 그 어떤 진보든 전체 사회 체계의 완전한 파괴와 총체적 변화를 통해서만 가능하다고 생각하게 될 것이라는 점이다. 즉, [이를 위해] "정치적 거짓말"로서 또는 완전히 새로운 미래를 위한 계획들로서의 이데올로기가 필수적인 요소가 된다.[1] 전체주의 이데올로기는 철학적 기반을 지식사회학에 두고 있다. 전체주의와 지식사회학은 모두 한 국가 내에서 몇몇의 또는 대단히 많은 상이한 이데올로기들이 공존, 충돌, 중첩되어 나타나는 발전된 산업사회들의 복잡성을 간과한다. 또한 모든 개인에게 영향을 미치는 다양한 "교차 문화적 영향" — 사람들은 이 같은 상황을 매우 정상적인 것으로 간주하며, 그것이 허용하는 다양한 경험 속에서 이 같은 상황을 즐겁게 받아들일 수 있다 — 을 저평가한다. 정치란 이처럼 복잡 다양한 상황에 대한 응답이다. 정치는 모든 정부가

I 만하임의 『이데올로기와 유토피아』에서 이데올로기는 기존 질서를 정당화하고 유지 및 은폐하려는 이념과 태도를, 유토피아는 기존 질서를 비판적으로 보고 자신의 이념에 따라 변혁하려는 태도를 의미한다. 여기서 만하임은 이데올로기와 유토피아를 상반되고 분리된 것으로 보고 있지만, 크릭은 유토피아 역시 이데올로기를 필요로 한다는 점을 주장하고 있다.

그 자체로 정당화될 수 있는 통합적 사회 이론 또는 그것을 가능하게 하는 하나의 방정식이나 환원적 이론을 만들어 내려는 불가능한 목표를 갖지 않는다. 그러나 정치는 또한 현 상태에 대한 단순한 재진술이 아니다. 현 상태는 결코 고정불변한 것이 아니기 때문이다. 보수주의자들은 토론을 통한 정치적 혁신과 발명, 합리적으로 잘 이해된 사회적 변화와 적용은 찾아보기 힘들다고 늘 평가절하하지만, 사실 그것들은 항상 작동해 왔다. 만하임이 그랬던 것처럼 베버조차도 정치의 창조성을 저평가하고, 그래서 "이데올로기"의 활용을 "정치적 거짓말"이라고 부르면서 전체주의의 그럴듯함plausibility과 일관성coherency을 철저히 간과한 경향이 있다. 확실히 전체주의는 단순히 "정치적 거짓말"이라 부를 수 있는 것들보다 훨씬 깊게 사회적 사상과 구조에 뿌리박고 있다. 그러나 정치 그 자체는 특정한 정치적 야심이나 신조에서 나타나는 분명한 상대적 한계를 넘어서서 존재하는 개념이며, 바로 그런 차원에서 자율적이고 창조적이다.

전체주의 이데올로기는 정치와 확연한 대조를 보여 준다. 이데올로기에 대한 학계의 이론들은 오류투성이며, 모든 정치 이론을 사회 이론으로 환원하려는 시도는 위험하기까지 하다. 선택은 내려지는 것이고, 내려져야 하는 것이다. 어느 누구도 그 결정이 필연적인 것이었다는 식으로 말할 수 없다. 그런 관점은 무엇보다 정치적 행위의 두 가지 특성과 모순된다. 하나는 지금까지의 주장에서 가장 명백하게 드러난 것처럼 집단적 이해관계의 다양성이 갖는 중요성이며, 다른 하나는 그 주장에 암묵적으로 내포된 개인 정체성에 대한 고려다.

나는 정치적 관계라는 것의 의미를, 우리가 알고 있는 모든 국가들 내에 자연스럽게 존재하는 의견과 이익의 차이들을 더욱 증진시키고 조화시켜야 하는 어떤 것으로 이해하는 것과 관련해, 저 위대한 아리스토텔레스에게 큰 신세를 지고 있다고 말해 왔다. 이것은 정치 이론의 기본적 전제다. 집단과 제도의 다양성에 대한 혐오보다 전체주의 원리를 더 잘 보여 주는 것도 없다. 전체주의의 첫 번째 이론적 기반은 처음으로 "무장한 보헤미안"이 만들어 낸 의도치 않은 산물이었던 것이다.[1] 루소는 이성을 의지로 대체하면서 "일반의지의 진술을 잘 포착하려면 국가 안에 부분 사회가 없는 것과 각 시민이 오직 자신의 생각에 따라 의견을 내는 것이 중요하다. …… 이것이 위대한 리쿠르고스의 유례없이 숭고한 제도였다"[『사회계약론』, 40쪽]라고 주장했다. 하지만 폴리스의 본질에 대한 루소의 낭만적 오해와 아테네에 대비한 스파르타에 대한 선호는, 살롱 리얼리즘에서는 유의미했지만 1789년의 프랑스 같은 거대한 규모의 근대 국가에 적용되었을 때는 전혀 다른 의미를 갖게 되었다. 일반의지의 무오류성에 대한 루소의 강조가, 그가 동등하게 강조했던 열정적 개인주의와

---

[1] "무장한 보헤미안"이라는 표현은 독일계 미국인 저널리스트 콘라드 하이든이 1944년에 출간한, 히틀러에 대한 평전 『총통』 Der Führer: Hitler's Rise to Power에서 사용되었고, 한나 아렌트가 1948년 『전체주의의 기원』에서 인용했다. 20세기 초반 독일에서 보헤미안은 특정한 직업도 없이 떠도는 잉여 인력들을 지칭하는 용어로 히틀러 역시 그중 하나였다. 이들에게 군대는 존재의 가치를 인정받고 돈을 벌 수 있는 유일한 집단이어서 군대에는 이런 부류의 젊은이들이 많았다. 이들이 "무장한 보헤미안"들이었는데, 히틀러의 지지 세력이 된다. 최종 계급이 상병이었던 히틀러는 종종 "보헤미안 상병"으로 불렸는데, 당시 히틀러의 나치당이 선거에서 승리하자 독일 대통령이었던 힌덴베르크는 "보헤미안 상병"을 수상으로 지명할 수 없다는 식으로 비하했고, 제2차 세계대전 당시 독일 원수 파울루스가 히틀러의 명령을 무시하고 소련에 항복하면서 "보헤미안 상병"의 지시를 따를 수 없다고 말한 것으로 알려진다.

일관되지 않느다는 비판은, 오래된 것이지만 여전히 유효하다. 물론 더 나은 해석은, 어떤 것을 전적으로 신뢰하는 것은 개인주의와 정치 모두에 위험하다는 것이다. 에드먼드 버크가 모든 권리는 반드시 특정한 제도에 기반을 둬야 한다고 보았을 때, 그의 "병적인 상상력"(루이스 나미에 경의 표현이다)은 정말로 옳았던 반면, 인간[의 권리]에 대한 루소의 견해는 모두 너무나 잘못된 것이었다. 참으로 영국인의 권리는 인간의 권리에 비해 훨씬 견고한 것이다.[I] 민주집중제 이론은 사람들이 그것을 알고, 활용하고, 또 사랑할 만큼 충분히 작은 제도들에 대한 친밀감을 점점 더 빼앗아 버렸다. 산업화는 버크가 "소小부대들"[II]이라고 부른 집단을 완전히 궤멸시키려 했다. 성장하고 있던 사회주의 운동은, 자유주의화된 보수주의가 온건하거나 강력한 형태의 국가사회주의에 거꾸러지기 전 무기력한 기간 동안에만 잠시 그 소집단들을 자연적인 단위로 간주했다.

중간 매개 집단들에 대한 전체주의의 파괴는, 이 집단들 가운데 일부가 상대적으로 자연발생적이라는 사실을 보여 줄 뿐이다. 또한 전체주

[I] 여기서 크릭은, 인권이 국가 있는 사람들의 시민권으로 축소되었으며 국가 없는 국민들에게 인권이란 단지 선언적이며 수사적인 표현에 불과한 것이라는 아렌트의 통찰과 같은 입장을 보여 주고 있다. 즉, 모든 권리는 특정한 제도(여기서는 국가)에 기반을 둬야 한다는 버크의 입장을 따라, 명예혁명 이후 영국에서 제도로 보장된 구체적 성격의 인권만이 의미가 있다는 뜻이다.

[II] 버크의 『프랑스혁명에 관한 고찰』에 나오는 표현으로, 한 개인이 사회에서 자연적으로 속하게 되는 집단이며, 국가나 정부의 개입 이전에 공동체에 애착을 갖게 하고 종래에서는 그 사회를 유지, 발전시키는 동력이 되는 소집단을 말한다. 전형적인 보수주의자의 견해라고 할 수 있다. 영국에서는 지금도 보수당 정치인들이 국가 개입을 통한 급격한 개혁에 반대할 때 종종 "사회의 동력은 소부대들에서 나온다" 같은 식으로 말하곤 한다.

의가 다수의 당 조직 또는 당 전위 조직들을 양산하는 것은, 공동체적 삶에서 기원하는 자연적 부[인간의 삶을 풍요하게 하는 다수의 중간 매개 집단들]를 통제된 대체물로 대신하는 일이 그들에게 왜 그토록 중요한지를 보여 줄 뿐이다. 하지만 이런 식으로 통제된 집단은 모조품ersatz에 불과하며 변변찮은 대체물에 지나지 않는다. 왜냐하면 그 집단들은 비정치적 기능과 유기적 관련성을 가능한 갖지 않도록 만들어졌기 때문이다. 여기서는 공적 사안에서 벗어나 순수하게 사적인 일에 심취할 수 있는 자유가 전혀 허용되지 않는다. 심지어 기존에 존재하는 집단들 역시 단지 반대파가 될 수 있다는 가능성만으로도 주기적으로 재편되고 검열당하거나 제거될 것이다. 전체주의적 일반의지의 주권은, 만약 그것이 실제로 존재한다면, 일체의 경쟁은 물론 대안적 활동조차 허용하지 않을 것이다. 여기서는 전통적 전제정에서의 관례들과 달리, 원칙적으로가 아니라 이론적으로, 잠자던 개들조차 활력을 가져야 한다. 왜냐하면 사회의 모든 것은, 실천적 이론에 따르면, 진보적이거나 퇴행적인 것이기 때문이다. 거기에는 사적인 영역이나 연방제를 통한 권위의 분할 같은 것은 **존재하지 않는다**. 물론 홉스의 이론 전체는 사실 어떤 집단이나 일반 이익으로부터 각 개인의 개성, 곧 모든 개인을 보호하려는 것이었다. 그러나 그가 모든 "단체들"corporations은 "정치체 내에 기생하는 벌레들"일 뿐이라고 비난했을 때, 그는 자신도 모르는 사이 전체주의가 어떻게 가능한지에 대한 기반을 제공했다.¹

I 홉스의 『리바이어던』 29장에 나오는 표현이다. 홉스는 29장의 "도시의 과대 성장 및 단체의 과다"라는 부분에서, 국가 내에 단체들이 지나치게 많을 경우에 이것

전체주의적 통치에 "필요"한 그림에는, 유감스럽게도, 선량한 자유주의자들의 수많은 덧칠이 가해졌다. 이 자유주의자들은 개인을 국가로부터 분리하고, 사회에서 비합리적인 불평등을 조장하거나 방치하는 것처럼 보이는 "특정 제도들"에 대한 반감에 **지나치게** 사로잡혀 있다. 정치적 의무에 대한 이론들은 과거에 그것이 유행했던 때 이상으로 [지금 다시] 권위의 다원주의적이고 연방주의적인 성격을 더욱 강조함으로써 전체주의 이데올로기에 대응할 수 있어야 한다. 어쨌거나 정치에는 해럴드 라스키가 젊은 시절 다음과 같이 말한 것처럼, 지속적으로 존중받을 만한, 진부하지만 위대한 무엇인가가 있기 때문이다. 즉, "우리는 우리 국가의 토대를 불일치에 대한 동의에 둘 것이다. 그럼으로써 우리는 가장 높은 차원의 조화에 다가갈 수 있게 된다."[1]

전체주의적 지배와 대조되는 정치적 행위의 두 번째 특징은, 내가 이미 주장한 대로, 개인적 정체성에 대한 모종의 고려 ─ 그것에 대한 확신과 보존 ─ 이다. 이렇게 말하는 것이 이상할 수도 있겠지만, 개인의 정체성에 대한 고려는 전체주의가 폭력을 강조하는 것에 대비되는 정도가 아니라 그것에 대한 안티테제다. 여기서 명백히 드러나는 문제점은, 전

은 "큰 국가의 복부에 작은 국가들이 들어앉은 꼴"이며, 그것들은 의사들이 기생충이라고 부르는 벌레들처럼 국가를 괴롭힌다고 비판한다(『리바이어던 1』, 427-28쪽 참조). 진석용을 비롯한 국역본에는 'Corporations'을 대부분 '조합'이라고 번역했으며, 일본 번역판에서는 '결사'라고 옮겼다. 일반적으로는 결사체, 조합, 법인 등으로도 옮길 수 있으나 여기서는 가장 포괄적인 의미를 택해 '단체'로 옮겼다.

▍의견의 불일치와 반대의 자유를 허용하는 것을 정치의 기반으로 삼는다는 뜻이다. Harold Laski, *Studies in the Problem of Sovereignty*(London: Oxford University Press, 1917), p. 25에 나오는 표현이다.

체주의 정권이 적과 자국의 인민들을 가리지 않고 인간의 생명을 지나치게 경시한다는 것이다. 다른 어떤 정치체제와 비교해 봐도, 그들은 생명을 너무 쉽게 취하거나 낭비한다. 사실 더 깊은 차이가 존재한다. 우리가 주장한 바와 같이, 폭력은 기존의 사회구조를 무너뜨림으로써 전체주의 정권을 위한 창조적 역할을 수행한다. 그러나 이것은 동시에 개인의 자기 학대나 자기희생을 또한 지속적으로 요구하는 것이다.

매우 분명하게 말할 수 있는 것은, 전체주의 정권들은 아주 일반적인 목표에서조차 목숨까지 내놓는 수준의 자발적 희생을 국민들에게서 끌어내려고 대단히 노력한다는 점이다. 브레히트 희곡의 [세 아들을 전쟁으로 잃은] 주인공 "억척 어멈"은 오직 나쁜 장군들만이 용감한 병사를 필요로 한다고 말하는데, 이런 휴머니즘을 공유하고 있는 공산주의자는 거의 없다. 그들이 생각하는 이상적인 인간은 전장에서든 공장에서든 대의명분을 위해 자신을 희생할 수 있는 사람이다(1930년대 러시아에서 벌어진 거대한 "대숙청 재판"이 보여 주듯 정치적 전선에서도 이런 희생이 일정하게 요구된다).¹ 정치적인 정부에서도 이런 요구가 없을 수는 없다. 그러나 정치적인 정부에서 이 같은 요구는, 전쟁 시기를 제외한다면, 유효한 정책이라기보다는 그저 허풍인 경우가 많다. [스코틀랜드 하일랜드 주의 척박한] 로스크로머티의 주정부로 가는 도로를 만드는 데 목숨까지 바쳐 일하

▎ 1930년대 소련에서 '대숙청'Great Purge으로 불리는 정치적 탄압을 이끌어 낸 정치범 재판인 '모스크바 재판'을 말한다. 스탈린이 주도했으며 '소련 대학살'이라고도 불린다. 공식적으로 총살된 인원이 68만 명, 비공식적으로 200만 명 이상의 희생자를 낸 것으로 알려지고 있다. 1937~38년 사이 공식적으로 하루 평균 1000명 이상이 총살당했으며, 주요한 정치적 반대자인 트로츠키는 망명했다.

는 사람에게 박수를 보낼 정도로 어리석은 사람은 없다. 그것이 아무리 필요하다 해도 말이다. [인적이 드문] 스코틀랜드 하일랜드 지방에 전기를 공급하는 국가적인 사업에서조차 목표를 초과 달성하기 위해 크고 치명적인 위험을 감수하는 사람들을 칭찬하지는 않는다. 그러나 전체주의 체제는 그처럼 터무니없는 자기희생의 윤리가 모든 시기에 걸쳐 — 반복적으로 — 장려된다. 모든 시기가 곧 비상 상황인 셈이다. 그러나 자유로운 인간에게 이것은 실로 부조리한 일이다. 광신자는 대의명분에 입각한 미래를 위해 희생하는 것을 — 또는 적어도 어떤 위험을 감수하는 것을 — 행복으로 여긴다. 그는 자신이 자유를 희생한다고 생각하지 않는다. 그는 희생이 곧 자유라고 생각하게 된다. "오, 주여. …… 당신에 대한 섬김이야말로 완전한 자유입니다"[1] — 이런 식의 정서는 사실 익숙한 것이지만, 이 같은 섬김이 천상과 지상 중 어디에 적용돼야 하는지 혼동하는 것은 매우 새로운 현상이다. 영적 진리라는 것이 있다고 해도, 그것이 정치적 진리처럼 다루어지는 순간 그것은 순전히 왜곡에 불과하다. 만약 우리가 자유롭지 않다고, 아마도 전혀 자유롭지 않다고 느끼는 마음의 상태에 있다가 "해방되었다"라고 느낀다면, 우리는 이것을 사회 전체로 확장시켜서 상상해 볼 수는 있을 것이다 — 만약 사회가 정말로 하나의 마음이라면 말이다. 물론, 그리스도교의 "섬김"[희생]은 전혀 다른 세계의 차원이고, 전체주의의 광신자들이 보기에는 매우 보잘것없는 것이다. 니체는 그리스도교를 "노예의 도덕"이라고 보았는데, 같은 이유로 그리스도

| 영국에서 잘 알려진 아침 기도문의 일부다.

교는 대규모의 진정한 희생을 요구할 수 없다. 희생은 노예의 본성에서 나올 수 없기 때문이다. 노예는 희생당할 뿐이다. 오직 자유인만이 스스로를 희생할 수 있다. 따라서 진정한 자유를 향유할 수 없는 사람이야말로 자신이 자유롭다는 사실을 증명하기 위해 스스로를 희생하거나 위대하고 최종적인 대의명분을 위해 — 최후의 (그러나 실제로는 영원히 지속되는) 싸움에서 — 다른 사람에게 희생을 강요하려 한다. 대의명분을 위한 폭력은 그래서 자기해방적이다. 즉, 그것은 개인을 자아로부터 해방[분리]시켜, 개인을 거대한 집단성에 결합시킨다.

매장된 인간들은
사람들의 마음으로 다시 되돌아올 뿐.
"오 주여, 우리 시대에 전쟁을 보내소서!"
미첼의 기도를 들었던 그대는 안다,
모든 것들이 말해지고,
한 인간이 광기에 싸여 싸울 때,
오랫동안 멀었던 눈에서 무언가가 떨어지며,
그는 자신의 불완전한 마음을 정돈하고,
잠시 편안히 서서,
큰 소리로 웃으니 마음이 평안해지네.[1]

---

1 예이츠의 <불벤 산 기슭에서>Under Ben Bulben라는 시의 일부다. 이 구절에서 '미첼의 기도'는 19세기 아일랜드의 전투적 독립운동의 지도자였던 존 미첼John Mitchel(아일랜드어로는 Seán Mistéil)이 체포되었을 때 했던 옥중 기도를 말한다. 여기서 크릭은 죽음을 불사하며 전쟁을 갈구하는 아일랜드 민족주의의 '광기'를

예이츠는 분명히 공산주의보다는 파시즘이나 나치즘의 심리학에 보다 깊이 도달했다. 그러나 인간의 본성에 대한 그처럼 심각한 왜곡은 미래의 문제를 해결하기 위해 현존하는 세대를 희생시키려는 모든 시도와 나란히 행진한다. 그런 광신주의의 종착점은 모호하다. 물론 광신주의자들은 그 행진 자체만으로도 큰 기쁨을 누릴 수 있을 것이다. 그러나 올리버 크롬웰은 "자신이 어디로 가고 있는지 알지 못하는 사람은 결코 앞으로 나아갈 수 없다"라고 말했다!["이와 달리" 정치란 지각과 신중함을 분명히 요구한다. 정치적인 국가는 위급한 상황에서 영토를 수호하기 위한 경우가 아니라면 시민들에게 죽음을 무릅쓰라는 요구를 하지 않는다. 물론 이보다 더 대조적인 것들도 있다. 전체주의 체제는 정치에서 반드시 필요한 신뢰를 합리적으로 파괴하기 위해 비합리적으로 보이는 폭력을 활용한다는 점이다.

가장 낯설고 특징적인 전체주의 체제의 사례, 아마도 인간의 역사에서 가장 끔찍한 발명품 가운데 하나일 유태인 수용소를 생각해 보자. "그들을 기억하는 것은 우리에게 너무나 비통한 일이다. 그들에게 가해진 고

예시하기 위해 이 시를 인용하고 있다. 예이츠는 1939년 1월 28일 프랑스 남부에서 사망했으나 유언을 통해 고향인 아일랜드의 불벤 산 아래로 매장해 줄 것을 요청했다. 죽기 몇 개월 전인 1938년 9월 4일 병상에서 완성된 이 시는 예이츠의 마지막 작품으로 추정되며, 마지막 3행이 묘비명에도 기록된 '절명시'로 알려져 있다. 여기서의 번역은 이경수(2005), 「벤 불벤과 검은 탑: 예이츠의 절명시 두 편 연구」, 『한국예이츠 저널』. 24. 109-132를 참조해 일부 수정했다.

❙ 크롬웰은 영국 내전 당시 의회파의 지도자로 신형군을 이끌고 내전을 승리로 이끌었다. 호국경에 올라 공화정을 이끌었다. 영국 공화정의 아버지로 불리며, 현재 영국 의사당 내에 그의 동상이 서있다.

통은 용납될 수 없는 것이다."[1] 그러나 어쨌든, 대규모의 학살과 감금이
정치적 다원성에서 기인한 국가 운영상의 문제들에 대한 매우 분명하고
실용적인 해결책이 될 수 있다고 여겨졌다 ─ 이를 부인할 수는 없다. 수
용소의 실제 운영 방식은 권력이 행사될 수 있는 모든 기준을 넘어섰다는
것이 명백했기 때문에, 사람들은 보다 극적인 언어를 찾았다. 증언자들은
나치 수용소가 수용자들을 효율적으로 죽이려고 했을 뿐 아니라, 수용자
들을 죽이기 전에 그들의 영혼을 철저하게 파괴하려고 애썼다는 점을 반
복해서 말하고 있다. 수용자들은 죽임을 당해야 하는 존재일 뿐만 아니
라, 모멸 받아 마땅한 존재들이었다. 유태인들이 열등한 인간으로 불리는
순간, 그들은 실제로 열등한 인간이 돼야 했다. 다비드 루세는『우리 죽음
의 날』에서 다음과 같이 썼다.[II] "나치 친위대의 승리는 고통을 받는 희생
자가 일체의 저항 없이 자기 자신을 교수대에 세우고자 할 때, 그리고 그
가 자신의 정체성을 잃어버리고 스스로를 포기하는 순간에 달성된다."[5]
수용소의 경비병들은 맹목적이지만 분명히 많은 사람들이 자기 자신에게
발견하리라고 미처 생각지 못했던 인격의 본성을 까발림으로써 그것을
죽음 앞에서 타락시키고 무기력한 것으로 만들어 버리려고 했던 것 같다.
그들은 "몸은 죽여도 영혼은 능히 죽이지 못하는 자들을 두려워하지 말

---

  [1] 가톨릭 성사에서 사용되는 「고백의 기도」의 한 구절이다.

  [II] 프랑스의 작가이자 정치인으로 프랑스 4대 문학상 중 하나인 르노도상 수상자
  다. 제2차 세계대전 중 노이엔감메 강제수용소 경험을 토대로 작품을 썼고, 제2차
  세계대전 이후 소련의 강제 노동 수용소인 굴라크를 비판했다. 사르트르, 카뮈와 사
  민주의 단체 '혁명민주연합'을 결성하고, 1968년에는 드골주의 좌파로서 프랑스
  국민의회 의원을 지냈다.

라"는 [「마태복음」 10장 28절의] 말이 주는 위안의 공허함을 증명하려고 했던 것처럼 보인다.

이런 지독한 잔혹함은 전체주의 정권에서 아주 일상적인 국가 행정의 일부였다. 그것은 드물게 나타나는 사디스트들의 황홀감을 훨씬 뛰어넘는 것이다. 이런 행위는 전체주의적 통제 방식에서 대단히 중요하다. 루세가 수용자들의 이 같은 자기모멸 속에서 본 것은, 나치 친위대가 자신들이 정신적으로 우월하다는 믿음을 수용자들에게 주입시키려 했다는 점뿐만 아니라, 전체주의자들은 "무슨 일이든 저지를 수 있다"는 사실을 뒷받침하는 증거였다. 보통 사람들은 이 같은 사실을 모르거나 알려고 하지 않는데, 설령 알게 된다 하더라도 그것을 감당할 수 없기에 믿으려 하지 않을 수 있다. 인격에 대한 동일한 방식의 좀 더 세련된 공격이 소련의 수용소에서도 벌어졌다. 공산주의자들의 방식은 독일에 비해서 확실히 계획적이지는 않았다. 이 문제에 대한 심사숙고한 공산주의자들은 대체로 보다 조심스러웠고, 특별한 정치범에 대한 처벌이나 "정치범 재판"에서 시범 케이스에 해당하는 희생자들[의 정체성]을 "개조"하기 위한 경우에 한정해서 시행되곤 했다. 소련의 수용소에서 나타난 대규모 잔혹 행위와 죽음은 주로 수용소를 책임진 관료들의 인간 생명에 대한 타성과 무관심에서 비롯된 것이다. 나치가 인간을 죽이고 타락시키는 새로운 방식들을 개발했다면, 소련은 사람들이 서서히 부패하도록 내버려 두었다고 할 수 있다. 물론 타성과 무관심 그 자체가 직접적으로 이데올로기적 사고에 기인한 것일 수 있다. 이데올로기가 명하는 대로 행동하지 않거나 그것을 믿지 않는 사람은 더는 인간일 수 없기 때문이다.

이데올로기의 모든 주장을 증명하기 위해, 강제수용소의 수감자들은 시민으로서의 정체성을 상실함과 동시에 모든 인권을 박탈당했을 뿐만 아니라, 목숨과 정신적 강인함까지도 빼앗겨야 했다. 이데올로기의 완전성은, 그것에 반대하거나 무관심한 사람들이 한번 정상적인 사회적 관계에서 배제되고 나면 단 한 조각의 자긍심이나 자존감, 자기 정체성의 감정도 갖지 못하게 된다는 점을 통해 "증명"되는 것이다. 그러나 전체주의 이데올로기의 일반 이론은, 실질적 혹은 잠재적 반대자들 속에 살아 있는 절대적 개별성에서 발현되는 작은 불꽃만 남아 있어도 결코 진리로 판명될 수 없다. 개인들이 갖고 있던 기존의 모든 사회적 정체성이 완전히 탈각되고, 그것이 결코 되돌려질 수 없다는 사실이 확인되었을 때라야만 이데올로기의 일반 이론은 진리로 판명될 수 있다. 곧 **"세계에는 오로지 사회적 정체성만이 존재한다 — 개인은 무엇으로부터도 독립적일 수 없다"**라는 식으로 말이다. 하지만 이것은 또한 전체주의 이데올로기를 바라보는 우리에게, 인간에게는 사회적 조건으로부터 독립적인 어떤 측면이 반드시 존재하며, 개인의 정체성이란 사회적 의식에 완전히 종속적일수 없다는 점을 보여 준다. 전체주의자들이 이처럼 인간의 자율성을 파괴하려 드는 것만큼, 정치적 정부는 이 자율성을 인간의 존재 이유로 삼으려 한다. 전체주의가 학살이나 공포정치를 일상적인 통치 수단으로 활용한다는 사실을 밝힌 (우리가 — 보통 사람들이 — 이런저런 평계로 접해 보지못했다고 할 수 있는) 저명한 저작이나 보고서들을 읽어 본 사람이라면 누구든, 그 체제에 도전했던 고립된 개인들에 대한 동정심과 이해로 가득차지 않을 수 없을 것이다. 그들은 [오웰이 말한] 모순적 이중사고 속에서 살도록 강요받고, 끊임없이 입술로 자유를 배반하도록 종용받으며, 전체주의자들에 의해 자아가 파괴된 다음 "개조"되기도 한다. 물론 다시 태어난 인간이 자유롭게 태어난 경우란 거의 없다. 그러나 인간적인 가치를 추구하거나 이런 상황에 대해 핑곗거리를 찾는 자유 정부하의 사람들은, 전체주의 아래에서 고통받는 사람들에게 동정심을 느끼면서 동시에 혐오감도 갖게 된다.

집단의 다양성과 정치에 대해 긍정적 태도를 견지한 개인들의 중요성에 대해서는 두말할 나위가 없다. 다시 한 번 아리스토텔레스를 상기하자면, 참주가 성공적으로 통치하기 위해서는 모든 것을 금지시켜야 한다고 말했을 때, 그는 어떤 근대인보다도 더 정확히 이것을 꿰뚫어 보고 있었다. 참주가 원하는 것은 "……걸출한 자들을 제거하고, 사람들이 기를 펴지 못하게 하고, 공동 식사 제도와 정치 동아리와 교육 등을 금하고, 피치자들 사이에 자긍심과 상호 신뢰를 낳을 만한 모든 것을 감시하고, 학교나 토론회가 생겨나지 못하게 하는 것이다."6 상호 신뢰는 공동의 경험에서 나오기 때문에 그것이 정권의 당면한 목표에 부합하지 않는다면 반드시 파괴돼야 한다. 또한 그리스적인 "자긍심"이나 아레테arete가 현대 사회에서 거의(전혀)¹ 적용되기 어려운 특정한 맥락을 가진 도덕적 자질이라면, 그것은 전체주의자들에게 반드시 파괴해야 하는 대상이 된다. 물론 이런 도덕적 자질은, 정치적 인간이라면 반드시 보존해야 하는 개인적 경험과 정확히 동일한 속성을 지닌 인간적 활력을 의미한다. 물론 정치적 정부는 시민들을 억지로 공공의 영역으로 내몰아서는 안 된다. 그렇게 하지 않으면 그 시민들이 약해진다고 해도 그렇다. 어떤 정부가 시민

I 1962년 초판 펠리컨 북스 판본에는 'wholly'가, 같은 해 시카고 대학 출판부 판본에는 'hardly'가 사용되어 문맥이 조금 다르다.

들이 선택한 사적인 삶 혹은 공적 영역 바깥에서 살고자 하는 적극적 권리를 부정하려고 한다면, 그것은 전혀 정치적 정부라고 할 수 없다.

만약 우리가 우리의 **모든** 개성과 우리가 가진 **모든** 다양성을 매우 억지스럽게 하나의 단일한 조직체로 통합하고자 한다면, 그 조직은 극도로 비정상적이고 자기 파괴적인 것이 되고 말 것이다. 그것은 거대한 흰고래 모비딕을 좇는, 영웅적이지만 동시에 비인간적이고 파괴적인 그런 조직이 되는 것이다. "그들은 서른 명이 아니라 한 사람이었다. 그들을 모두 태우고 있는 한 척의 배는 온갖 잡다한 것 — 참나무, 단풍나무, 소나무, 쇠, 역청, 삼베 — 이 모인 것이고, 그것들이 복잡하게 서로 얽혀서 하나의 구체적인 배가 만들어지는 것이지만, 중간에 긴 용골이 배치되어 균형과 방향성을 부여해야만 물 위에 뜰 수 있게 된다. 이와 마찬가지로, 선원들의 다양한 개성 — 이 사람의 용기, 저 사람의 두려움, 죄와 결백 — 이 하나로 융합되어 그들의 주재자이자 용골인 에이해브 선장이 가리키는 대로 그 숙명의 목표를 향해 달려가는 것이다."[1]

정치란 지저분하고, 따분하며, 결론이 없고, 엉망으로 뒤엉키는 일이다. 거기에는 확실성을 추구하는 열정이나 전체주의적 지식인들을 괴롭혔던 전 세계를 뒤흔들어 놓을 매력적인 질문들은 존재하지 않는다. 하지만 그것은 적어도 최악의 정치적 상황에서도 한 인간에게 무엇인가를 할 수 있는 선택의 기회를 주고, 일단의 다양한 공동 경험과 그 자신의 영혼을 통해 무언가를 할 수 있는 능력을 제공한다. 정치에 대해 우리가 확

---

[1] 멜빌, 『모비딕』(김석희 옮김, 작가정신, 2001), 134쪽.

신할 수 있는 가장 분명한 점은, 어떤 정부든 아주 오랜 기간 동인 강압을 지속하지 않는 이상 정치를 피해 갈 수 없다는 것이다. 또한 하나의 정부가 이데올로기의 장기 지속을 생각하지 않는다면, 정치는 또한 제한적이다. 한 정치 공동체에서 "근본 원칙들"에 대한 합의는 결코 강압이나 기만을 통해 이루어질 수만은 없다. 정치적 정부에서 가장 기본적인 합의는 정치적 방식을 사용한다는 것이다. 정치란 행위이며, 신뢰의 체계나 고정된 목표들의 조합으로 환원될 수 없다. 정치적 사고는 이데올로기적 사고와 배치된다. 정치가 우리에게 이데올로기를 제공할 순 없다. 이데올로기란 정치의 종말을 의미한다. 만약 이데올로기들이 약하고 체제가 충분히 강하다면, 정치 체제 안에서 이데올로기들이 서로 각축을 벌일 수는 있을 것이다. 누군가 런던의 『타임스』에 이렇게 썼다. "우리 서구인들은 이제 이데올로기로서 이데올로기에 대항해야 한다는 것을 깨달았으며, 자유라는 우리의 이데올로기를 발견하고 그 안에서 살고 있지 않은가?" 아마도 이 저자는 이데올로기란 모종의 열정적 확신에 다름 아니라고 생각한 것 같다. 그러나 설령 그렇다 하더라도, 자유가 이데올로기라는 생각은 용어상 형용모순이다. 세상의 모든 것이 인식 가능하고 결정될 수 있다고 확신되는 곳에서 자유는 불가능하다. 엄밀히 말하면, 자유로운 행위란 항상 필연적이지 않은 행위다. 이데올로기란 정치인들이 취하거나 내려놓을 수 있는 무기가 아니다. 이데올로기는 그것을 활용하는 사람을 집어삼켜 버린다. 적어도 이데올로기의 신봉자들은 [공적인 일을 정치적으로 해결하려는] 정치적인 습관이야말로 그들의 진정한 적이라는 사실을 알고 있다. 그 신봉자들은 정치를 잠시 활용하지만, 이내 그것을 파괴하고야 만다. 가나의 수도 아크라에 있는 초대 대통령 은크루마의 동상

기단에는 다음과 같은 문구가 적혀 있다. "그런즉 너희는 먼저 정치적인 나라를 구하라. 그리하면 다른 모든 것이 너희에게 더하여지리라." [정치만 구하면 다른 것들이 자동적으로 더해지는 것처럼 들리는] 이 말은 사실 진정한 정치에 대한 위협이자 왜곡이다.

정치란 이념에 대한 이해나 전통을 고수하는 것이 아니다. 그것은 행위다. 그것은 생기 넘치고, 적응력 있는, 유연하고, 누군가를 달래는 행위다. 정치란 자유로운 사회가 통치되는 방식이다. 정치란 정치이며, 다른 방식의 통치는 다른 무엇이다.

ㅣ 「누가복음」 12장 31절, "다만 너희는 그의 나라를 구하라 그리하면 이런 것들을 너희에게 더하시리라"를 변형한 문구다. 「마태복음」 6장 33절에도 "그런즉 너희는 먼저 그의 나라와 그의 의를 구하라. 그리하면 이 모든 것을 너희에게 더하시리라"라는 유사한 표현이 있다.

민주주의로부터
정치를 옹호함

민주주의만이 **유일하게** 정치의 진정한 형식이라고 말하는 사람들이 있다. 어떤 사람들은 민수주의가 곧 정치라고 말하기도 한다. 민주주의는 명백히 그리고 언제나 정치보다 우월한 통치 형식이나 가치, 또는 행위라고 말하는 사람들도 있다. 하지만 정치는 민주주의로부터도 방어돼야 하는데, 모든 분명하고 실천적인 사상은 모호하고 불분명한 것으로부터 보호받을 필요가 있기 때문이다. 여기서 말하고자 하는 바는, 사회운동으로서의 민주주의는 현대의 거의 모든 정치적 지배의 형식 안에 존재해야 하지만, 만약 그것만을 유일한 원리로서 받아들인다면, 민주주의가 곧 정치를 파괴하고 말 것이라는 점이다.

민주주의는 아마도 공공의 영역에서 가장 문란한 단어일 것이다. 민주주의는 만인의 연인이다. 민주주의가 다른 많은 사람들과 허락되지 않은 사랑을 나누고 있는 것을 알게 된 연인에게조차 민주주의는 거부하기 힘든 매력이 있다. 민주주의가 지조를 지키지 않는 것 때문에 고통스러워하면서도 우리는 여전히 다양한 조건과 각양각색의 집단들 사이에서 빛나는 민주주의의 뛰어난 적응력을 정말 자랑스럽게 생각한다. 우리는 "심지어 공산주의자들조차 자기들이 민주적이라고 주장하지"라는 말을 실로 자주 듣지 않는가? 하지만 진짜 문제는, 그들이 민주적인 척하는 것이 아니라는 사실이다. 그들은 실제로 민주적이다. 적절한 역사적 관점에서 볼 때, 다수가 인민주의적 방식으로 통치 받기를 적극적으로 원한다는 점에서 그들은 민주주의자인 것이다.

민주주의는 "다수의 지배"(규모가 있는 국가에서는 단지 다수의 합의를 의미할 뿐이다)라는 의미로 가장 흔하게 쓰이지만(상당수 사람들은 이런 일반적 인식을 정교하게 다듬기보다는 반박하는 경우가 더 많았다), 다른 모든 특별한 의미들이 바로 여기서 생겨난다. 아마도 이 시점에서 대부분의 사람들이 가장 일반적으로 생각하는 민주주의의 의미는 "모든 것이 반짝반짝 빛나고 아름다운 상태" 또는 그런 일반적인 정서에 다름 아닐 것이다. 또한 놀라울 정도로 많은 사람들이 민주주의란 "실제로는" 자유, 심지어 자유주의나 개인주의를 의미한다고 생각한다. 게다가 적지 않은 사람들은 민주주의가 (민주적) 다수로부터 (민주적) 개인을 보호하는 것이라고 생각하기도 한다(물론 이것은 확실히 애호할 만한 관점이기는 하다). 만년의 어니스트 베빈은¹ 영국 노동조합총연맹TUC에서 다수의 결정에 대해 소수가 끊임없이 문제를 제기하는 것은 민주주의가 아니라고 말한 바 있다. 이에 대해 그는 역시 진지하고도 놀랄 만한 응답을 듣게 된다. 민주주의란, 설령 별로 마음에 들지 않는 동료라 할지라도, 그가 무엇을 좋아하는지, 언제 좋아하는지, 얼마나 좋아하는지, 누구를 싫어하는지, 심지어 운수노동조합TGWU의 다수를 싫어한다든지 하는 발언조차도 허용하는 것을 의미한다는 것이다. 민주주의라는 단어를 토크빌처럼 평등의 동의어

Ⅰ 영국의 노동당 정치인. 1937년 영국 노동조합총연맹 의장이 되었고, 1940년에 노동당 하원의원이 되었다. 제2차 세계대전 중에 처칠 수상의 연립내각에서 노동부장관을, 전후 애틀리 내각에서는 외무장관을 지냈다.

로 사용할 수도 있다. 허버트 스펜서'에게 민주주의는 지위나 부의 격차가 크지만 동시에 계층 이동성이 매우 높은 (다원주의적) 자유기업 사회를 의미할 수도 있다. 그것은 자유로운 선거에 의해 뽑힌 (민주적) 정부에 대해 헌법적 제한이 가해지는 정치체제를 의미할 수도 있고(가장 선호되지만 역사적으로는 가장 믿기 어려운 수사에 가깝다), 반대로 "인민의 의사" 혹은 "일반의지"가 헌정적 제도라는 "인위적" 제한을 넘어서는 상태를 의미할 수도 있다. 많은 사람들에게 민주주의는 단지 "1인 1표"를 의미하기도 하는데, 어떤 사람들은 거기에 "진정한 선택권"이라는 의미를 덧붙이려고도 한다. 그리고 이런 모든 용례를 모두 포괄한 형태로, 제도적 장치보다는 "민주주의의 정신"이 중요하다든지, 민주주의란 사람들이 민주적으로 말하고, 입고, 즐기는 등의 행위에서 비롯된다든지 하는 관점들에 따르면, 민주주의란 특정한 제도적 원리나 "삶의 방식", 특정한 유형의 정치나 통치 방식으로 이해될 수도 있다.

민주주의의 "의미"가 보다 분명했을 때가 있었다. 하지만 민주주의는 또한 그 시대에 가장 정치적으로 발전한 나라에서조차 작은 규모의 통치 단위에서만 실현 가능한 것으로 여겨졌다. 1788년, 연방헌법의 비준을 위해 소집된 버지니아 주회의에서 조지 메이슨은 이렇게 말했다. "인민의 자유를 파괴하지 않고 통치되는 거대한 규모의 국가는 역사상 존재한 적이 없다. 최고의 저술가들이 말했듯이, 큰 영토에는 왕정이, 그보다 더 거대한 국가에서는 전제정이 적절하며, 인민의 정부는 오로지 아주 작

▎ 사회진화론을 주장한 영국의 사회학자. 자유방임주의 경제 이론과 다원주의적인 자연도태설에 기반을 둔 경쟁 사회를 옹호했다.

은 규모의 국가에서만 가능하다는 것을 역사는 또한 보여 준다." 아주 작은 영토에서만, 사람들은 어떤 일이 일어나고 있고, 자신들이 무엇에 참여하고 있는지를 알 수 있다. 이런 이유로, 당시의 민주주의자들은 권력이 반드시 분할된 개별 주들에 있어야 한다고 강하게 주장했다. 연방주의자들 가운데 일부는 인민주의적 정부popular government와 민주적 경향성에 대해 정확히 동일한 논리로 거친 비판을 가했다. 이 같은 상황은 강력하고 과두제적인 연방 정부를 옹호할 것이냐, 아니면 인민주의적 정부들의 단순한 연합이냐 하는 양자택일밖에 없었던 것처럼 보일 위험이 있다.. 하지만 그 답은 이미 나와 있는 대로다. 정말로 민주적인 정부를 주장한 사람은 거의 없었다. 다시 말해, 관건은 민주적 요소가 얼마나 강하게 들어 있어야 하는가였다. 메이슨 그 자신이 했던 말의 의미는 [헌법 제정을 위해 열린 1787년] 필라델피아 회의에서 다음과 같이 보고되었다. "그는 우리가 지나치게 민주적이라는 점을 인정했지만, 동시에 우리가 맹목적으로 그 반대의 극단으로 치달을까를 우려하고 있었다." 이 같은 우려에 대한 해법, 곧 현대 정치의 저변에 자리 잡은 인식은, 펜실베이니아 대표였던 제임스 윌슨이 했던 다음과 같은 말에 이미 들어 있었다. "조지 메이슨은 연방이라는 피라미드를 가능한 높게 건설하려고 하는데, **바로 그 이유 때문에** 그 기단부가 가능한 넓게 구축되기를 바랐다." 강한 정부를 구성하고자 한다면, 그것은 결국 "인민의 신뢰"에 의존하지 않을 수 없다. 이것은 당시의 전前산업화 사회에서조차 진실이었다. 거기에는 이미 오랫동안 광역 및 지방의회에서, 그리고 정치적 시민으로서의 습관, 권리, 의무 속에서 단련돼 온 상당한 숫자의 "인민"이 존재하고 있었다. 그들은 결코 무시될 수 없었는데, 어떤 형태의 정부에서도 모든 행정은 반드시 인민에 기반을 둬야 하기 때문이다. 나폴레옹이 말했듯이, 잘 훈련된 군주의 군대[용병]에 맞서 국가의 명운을 걸고 싸워야 할 때, 징집된 병사들을 무시하는 것은 결코 있을 수 없는 일이다. 마찬가지로, 빅토리아 시대의 영국에서건, 스탈린 치하의 러시아에서건, 국가의 안녕과 번영이 신속한 산업화에 달려 있는 곳에서 숙련된 산업 노동자는 결코 무시될 수 없는 존재다. 강력한 근대 정당의 성격을 독창적으로 설명한 미헬스의 유명한 명제, "모든 정당 조직은 민주적 기반 위에서 과두제적 권력을 표상하게 된다"라는 말 역시 이런 맥락에서 이해돼야 한다.

문제는 이것[인민의 중요성]의 발견이나 발명이 대단히 보편적으로 나타난다는 점이다. 민주주의가 식민지 아메리카처럼 이미 자유로운 체제가 수립된 곳에서 나타났을 때, 그것은 정치적 자유를 확장하는 결과를 낳았다. 반면 그것이 혁명기 프랑스나 러시아에서 나타났을 때, 그 결과는 전혀 달랐다. 민주주의는 실제로 중앙집권화와 전제정치를 강화할 수도 있다. 통치의 수단으로서 민주주의에 대한 요구는, 대중적 인기를 불러일으키고, 그것을 유지하며, 기계적 합의를 이끌어 내고, 마침내 모든 반대파들을 파멸시켜야 할 필요를 만들어 낸다. 인민은 국가와 당을 파괴하려는 지속적인 음모(이 같은 음모는 잘해야 절반 정도만 진실이거나 전적으로 거짓이다)에 대한 소식 때문에 공포에 휩싸이게 되고, 미래의(그리고 항상 미래형인) 막대한 이익이라는 거창한 약속과 희망에 고무된다. 그래서 민주주의는 자유 정부를 안정화시킬 뿐 아니라, 비자유주의적인 정부를 강화하기도 하고, 실제로 전체주의를 실현시키기도 했다. 처음으로 사회의 모든 계층이 통치자에게 중요해졌지만, 동시에 도덕적으로든 경제적으로든 그들 모두가 착취의 대상이 되었다. 선한 사람이건 악한 사람이건

가리지 않고, 히틀러, 드 골, 볼드윈, 케네디처럼 서로 다른 사람들을 한 데 묶어서 그들 모두가 민주적 선거를 통해서만 권력을 획득할 수 있었다고 말하는 것은 아니다. 지나치게 회의적일 필요는 없다. [다만] 그 어떤 정치적 캠페인도 실제의 요구와 완전히 동떨어진 생각을 만들어 낼 수는 없다는 것이다. 빈곤과 전쟁에 대한 경험과 공포가 있는 곳이라면 어디에 서든, 인간은 그토록 잔혹한 재앙에서 (일시적으로나마) 벗어나게 해주겠다고 약속하는 정당이나 정부를 위해 일정 정도 자유를 포기할 의향을 갖기 마련이다(이 같은 자유를 안정적으로 누려 보지 못한 사람들은 더더욱 그러하다). 한발 더 나아가, "진정한 자유"란 곧 대의명분을 위한 희생이라고 믿게 된 사람들이, 전체주의적 정부에 대해 어느 정도의, 아니 상당하거나 엄청난 대중적 지지를 "진정으로" 보내면서 스스로 자유를 포기한 경우가 있다고 해보자(1933년 3월 독일에서 수많은 사람들이 실제로 그렇게 했다). 이 경우에도 펜실베이니아의 제임스 윌슨이 했던, 피라미드의 힘이 강해지려면 그 기반도 더 넓어져야 한다는 말의 요지는 여전히 타당하다. 그의 말은 모든 근대적 통치 형태에 적용될 수 있다. 다시 말해, 민주주의가 자유로운 시민권에 기초한 인민의 정부에만 필연적으로 결부될 필요는 없는 것이다. 현대의 미국처럼 민주주의가 자유 정치와 불가분의 친밀성을 가지고 공존하는 경우도 있지만, 그런 곳에서조차 조화 못지않게 긴장이 존재하기 마련이다. 민주주의와 자유 정치의 결합에서 정당들은 곧 민주주의는 자유를 시기하며 자유는 종종 민주주의를 두려워한다는 그 유명한 갈등에 휘말리게 된다. 미국인들에게 공포와 영광을 동시에 가져다준, "다수의 폭정"이라는 그 거대한 질문이 이처럼 논쟁거리가 된 곳은 없었다. 토크빌은 이에 대해 "만약 언젠가 아메리카에서 자유가 상실된

다면, 그것은 다수의 전지전능함 때문일 것이다"라고 썼다.[1]

다수제 민주주의는 "인민주권"이라는 유명한 원칙에서 가장 불충분하고 비정치적인 형태로 나타난다. (도대체 어떤 인민이란 말인가?) 1789년 8월 26일에 발표된 [프랑스] "인권선언"은 이렇게 말하고 있다. "모든 주권의 원천은 본질적으로 국민에게 있다. 어떤 단체나 개인도 명백히 그것으로부터 나오지 않은 권위를 행사할 수 없다." 이것은 한 개인이 자유에 어떤 의미를 부여하는지, 곧 자유로운 정치를 얼마나 진지하게 대하는지를 판단하는 기준이 되지만, 그 수사적 표현의 무용성을 인지한다면, 실로 슬프게도 공허한 교리에 지나지 않는다. 헌법은 "인민주권"에 기반을 두고 선포된다. 하지만 그것 자체가, 현재 논쟁이 되고 있는 사안들이 무엇을 의미하는지, 어떤 정책이 선택돼야 하는지를 결정하는 데 통치자, 판사, 정치인 등 어느 누구에게도 도움이 되지는 못한다. 프랑스에서처럼, "인민"은 개헌 과정에서 국민투표를 할 수도 있다. 하지만 그들의 역할은 복잡하고 압축적인 문서에 대해 "예", "아니오"라는 제한적 대답을 하는 것뿐이다. 또한 실제로 정부의 복잡한 결정이나 거대 정당들의 선택은 "인민"의 규모가 크고 모호한 만큼 결코 그들에 의해 내려지는 것이 아니다. "인민주권"이란 단지 정부가 모든 사람의 이해를 고려하고 그들 전체를 대표해야 한다는 선언에 다름 아니다. 게다가 실제로 대표제 기구는 거의 항상 특정한 유권자나 이해관계, 파당적인 정당의 이해만을 편파적으로 대변한다. 달리 말해, 대표제 기구는 실제의 정치적 상황을 반영

---

[1] 토크빌, 『아메리카의 민주주의 1』(이용재 옮김, 아카넷, 2018), 442쪽.

하는 것이지, 분할되지 않고 분할될 수도 없는 "인민"으로부터 모든 권력이 나온다는 이론적 차원에서 "주권자"의 지위를 반영하는 것이 아니다. 따라서 그런 선언은 단일 정당에 의해 인민이 대표되는 경우를 제외하는 편이 나을 것이고, 그렇다면 "인민이 그들이 원하는 정부를 선택할 권리(또는 필요?)" 정도로 이해돼야 한다. 인민주권을 그처럼 선언적인 것으로 이해한다 하더라도, 통치의 실질적 어려움이 해결되는 것은 아니다. 그것은 정부 형태가 정치적 정부든, 전체주의든, 아니면 훨씬 고대의 정부 형태에서든 마찬가지다. 사실 인민주권의 신조가 지나치게 진지하게 받아들여진다면, 그것은 곧 전체주의로 나아가게 된다. 그것은 그 어떤 피난처도, 모순[반대 주장]도, 심지어 사적인 무관심조차도 허용하지 않을 것이기 때문이다. 로베스피에르는 말했다. "애국자란 공화국을 전체로서 지지하는 사람이다. 세부 사항을 다투는 자는 반역자다. 인민과 여러분들 ― 국민공회¹ ― 을 존중하지 않는 행위들은 모두 범죄다." 물론 이 주장은 우리가 이미 살펴본 대로, 정치적 분별력과 절제를 '전체로서의 사회'의 군림[지배]으로 대체하고, 정치적인 것을 이데올로기적인 것에 매몰시켜 버리는 것이다. 만장일치를 지향하는 폭력과 공포정치를 인종적 순수성이나 경제적 평등에 대한 요구로 보기 어려운 것처럼, 이것을 민주주의에 대한 열망에서 나타나는 인간적인 실수로 볼 수도 없다. 로베스피에르는 이렇게도 말했다. "공포정치란 신속하고 단호하며 가차 없는

▎ 1792년 9월 20일부터 1795년 10월 26일까지 존속했던 단원제 입법 기구 겸 행정부. 1792년에 루이 16세의 왕정이 붕괴된 직후에 선출된 입법부로서, 국민공회라는 이름은 로베스피에르가 제안한 것이다. 회기 2일째에 공화정을 선포한 후 다음해 1월에 루이 16세를 처형했다. 로베스피에르, 마라, 당통 등이 주요 인물이다.

정의다. 그것은 덕의 발현이다. 그것은 특별한 원칙이라기보다는 국가 전체에 강력하게 적용될 필요가 있는 민주주의의 일반 원칙의 결과다."

심지어 "동료애"fraternity가 민주주의를 위한 순결한 원칙이라는 기만적인 "덕"이 될 수도 있다. 한때 나치에 가담했던 헤르만 라우슈닝[1]이 『니힐리즘 혁명』에 썼듯이, 사람들이 처음부터 동료애로 가득 차 있어서 [나치가 자주 과시했던] 끝없는 퍼레이드와 횃불 행진에 참여하는 것이 아니다. [그 반대로] 행진이 동료애를 가져오기 때문에 행진에 참여하는 것이다. 미국의 부두 노동자이자 철학자였던 에릭 호퍼는 이렇게 말했다. "집단적 통합성은 서로에 대한 신실한 형제애의 결과가 아니다. 신자의 진정한 충성심은 교회, 정당, 국가와 같은 전체를 향한 것이지, 그의 동료 신자들에 대한 것이 아니다. 개인들 간의 진정한 충성심은 오직 느슨하고 상대적으로 자유로운 사회에서만 가능하다."[1]

이에 대해서는 논제가 다소 벗어나는 것 같지만 이렇게 말할 수도 있다. "인민주권"이라는 개념뿐만 아니라 주권이라는 것 자체가 비정치적 또는 반정치적이라고 말이다. 물론 주권 개념은 다양한 의미를 가지고 있다. 내가 이야기하는 맥락은, 현대의 모든 조직된 사회에는 분명하게 인식되고 효과적인 일련의 제도를 통해 최종적인 결정을 내릴 수 있는 절대적 권력이 반드시 존재해야 한다는, 토머스 홉스나 영국 법실증주의자들의 주장을 염두에 둔 것이다. 주권에 대한 이 같은 교리는 역사적으로나 이론적으로 일반적인 정치적 조건과 모순될 경우에만 유의미했는데, 이

---

[1] 독일 단치히 주의 상원 의장을 지낸 보수파 정치인으로, 히틀러와의 막역한 대화를 통해 많은 저작을 남겼다.

것은 종종 필요한 모순이었다. 주권은 명백하고 현존하는 위험에 직면해서 질서를 유지해야 하는 비상한 상황에서 나타나는 것이다. 국가의 생존이 경각에 달려 있는 상황이라면 정치적 정부, 그리고 가능한 모든 의미에서의 민주적 정권을 포함한 모든 정부는, 중대하고 핵심적이며 의문의 여지가 없는(그래서 정치적이지 않은) 행동을 취할 수 있는 권한을 정당화할 수 있는 비상한 권력을 갖고 있어야 한다. 볼테르가 자유에 대해 말한 것처럼, 계엄 상황에 있는 도시에서의 정치란 아무런 의미가 없다. 비상 상황에서 내리는 결정에 수반되는 실제적인 어려움은 항상 매우 크다. 그러나 이것은 실천의 과정에서 나타나는 절차적인 난제들에 불과하며, 정치의 시간과 주권의 시간 사이에 존재하는 진정한 차이를 없애지는 못한다. 주권이 정치의 아버지라 하더라도, 일단 우리가 스스로를 돌볼 수 있을 만큼 충분히 성장한 다음에는 심각한 상황에 빠졌을 때만 아버지에게 달려가야 할 것이다. 자유로운 정부에서는 모든 가능한 상황에 대비할 수 있는 "강인한 정신력"이나 권력과 주권의 "현실적" 성격이 어떻다고 주절거리는, 애석하지만 분명히 마조히즘적 성향을 가지고 있는 사람들이 종종 있는데, 이들은 미묘한 정치적 삶의 문제를 저속한 멜로드라마로 여기는 잘못을 저지르고 있는 셈이다. 인간은 공포만으로는 살아갈 수 없다. 그렇게 되면 사는 것 자체를 두려워하게 된다. 마찬가지로 주권의 존재를 부정하기 위한 경우를 제외하고는, 온화한 체하면서 주권에 대한 그 어떤 언급도 용납하지 않는 것 역시 문제가 있다. 이것은 정치적 용기도 아니고 원칙도 되지 못한다. 적나라한 인간사의 일들을 지워 버리고 그저 고상한 척 점잔빼는 것에 지나지 않는다. 마키아벨리가 상기해 주듯, 계획적인 의지뿐만 아니라 우발적인 사고도 비상 상황을 야기할 수 있다. 하지만 비상 상황이 중단 없이 지속되는 것은 전체주의 정권에서만 일어나는 일이다. 영구 혁명의 맥락에서 내부의 반역자들과 외부의 적들에 대한 지속적인 사투가 필요하다는 믿음은 대체로 인위적으로 만들어진 것이다. 물론 전체주의 정부가 보기에는 이것이 통치의 필수적 수단일 것이다.

인민주권이라는 민주적 교리는, 모든 발전된 사회는 다원적이며 다차원적이라는, 정치의 씨앗이나 뿌리에 다름없는, 핵심 관념을 위협한다. "사회"와 국가를 연결하는 집단적 충성심의 중요성을 토크빌보다 잘 이해한 사람은 드물다. 그는 "민주적 국가를 위협하는 압제의 종류가 왜 기존 세계에는 존재하지 않았던 것인지"를 처음으로 발견한 사람이다. 그는 이렇게 토로했다. "내가 머릿속에 떠올리는 개념을 정확하게 드러내 주는 표현을 찾아보려 했지만 헛수고다. **전제정**despotism이나 **폭정**tyranny이라는 단어는 적합하지 않다. 이것은 완전히 새로운 것이다."[2] 그래서 그는 "다수의 폭정"이라는 위험을 완화할 수 있는 것은 미국 사회에 존재하는 다각화된 제도들이라는 점을 『아메리카의 민주주의』에서 보여 주려 했다. 그는 『구체제와 프랑스혁명』에서 또한 이 새로운 현상을 "민주적 전제정"이라 이름 붙이고, 그 특성을 이렇게 묘사했다. "사회에는 어떤 차이도 존재하지 않는다. 어떤 계급 간의 구별도, 고정된 신분도 없다. 개인들의 집합으로 이루어진 인민은 서로 대단히 닮아 있는데 사실 똑같다. 이런 혼란스러운 대중이 유일하게 정당한 주권자로 인식된다. 하지만 이 대중은 그들의 정부를 직접 통제하는 것은 물론 그것을 감독할 수 있는 권한조차 박탈당한 상태다. 이 대중 위에는 그들과의 어떠한 협의도 없이 그들의 이름으로 모든 것을 할 수 있는 단일한 행정의 지도자가 존재한다. 이 지도자를 통제할 수 있는 대중의 의견은 제거돼 있다. 그를 체포하려면 법이 아니라 혁명이 필요하다. 원칙적으로 그는 심부름꾼에 불과하지만, 실제로는 그가 주인인 것이다."[3]

과거의 저술가들이 "혼합정"(혼합정은 아리스토텔레스의 폴리테이아를 단순히 "정체"polity로 옮기는 것보다 훨씬 명확하게 그 의미를 살린 번역어이다)이라고 부른 체제를 묘사하면서 "민주적"이라는 단어를 사용한 것은 정치적 이해를 호도할 수 있는 위험한 것이다. 보다 오래된 정치 이론의 전통에서 보면, "민주주의"라는 용어는 아리스토텔레스가 세 가지 정체를 구분하면서 나타난 것이다. 민주주의란, 지성사적으로는 인간이란 어떤 면에서 평등하기 때문에 모든 면에서 평등해야 한다고 믿는 사람들의 신념을, 헌정적 차원에서는 다수의 통치를, 사회학적으로는 가난한 자들의 통치를 의미한다. 아리스토텔레스는 민주주의를 정체나 혼합정에 필수적인 요소로 보았지만, 민주주의 자체만으로는 불충분하다고 보았다. 왜냐하면 민주주의는 다수의 직접 통치라는 불가능한 위업을 달성하려는 시도이며, 다수의 직접 통치란 실은 다수에게 위임받은 권력을 무제한적으로 휘두르는 자들의 통치를 의미하기 때문이다. 민주주의는 특히 "선동가들의 오만"에 의해 독재로 귀결될 가능성이 크다. 민주주의에서는 "모든 것이 반짝이고 아름답다"라는 사람들의 생각과는 달리, 현대의 경험은 아리스토텔레스의 정확한 묘사가 옳았다는 것을 증명하는 것처럼 보인다.

서구 세계는 정치적 전통이라는 측면에서 많은 행운을 누렸지만 약점 또한 갖고 있었는데, 실로 (귀족에서 평민에 이르기까지 자유라는 이념이 확산된) 근대에 나타났어야 할 위대한 정치적 통합이 봉건적 유산의 시대에 나타난 것이다. 이 봉건주의의 유물은 개인과 국가 사이의 모든 중간 정치집단 및 사회집단을 각각의 기능에 부수되지 않는 특권과 관련시켰다. 주권자로서의 인민과 주권자로서의 국가 사이의 의심할 여지없이 장엄하고 자연스러운 조화를 보여 주기 위해, 자유를 바라던 사람들은 너무나 자주 그런 봉건적 유산들을 일소해 버리려 했다. 토크빌의 저작을 검토하면서, "나의 정치적 이상은 순수 민주주의"에서 "현대사회의 진정한 위협인 독재로의 퇴행"을 어떻게 방지할 것인가로 넘어갔다고 고백했던 존 스튜어트 밀의 『자서전』은 진정한 정치사상이 무엇인지를 가장 잘 보여 주었다. 여기서 위협은 "고립된 개인들로 구성된 집단에 대한 행정 엘리트들의 절대적 통치이며, 이는 모두가 노예로서 평등하다는 것"을 의미한다. 밀의 위대한 저작인 『자유론』은 정치 그 자체를 옹호한다는 보다 소박한 목표를 가졌더라면, 덜 극적이기는 했겠지만 설득력은 더 있었을 것이다. 밀에게 자유란 논리적·역사적으로 정치의 산물이지 정치 이전에 존재한 것이 아니다. 현대사회에서 민주주의는 강력한 통치의 필수적 요소다. 통치는 정치에 선행하지만, 민주주의는 정치에 선행할 수도, 아닐 수도 있다. 전체주의적 민주주의와 정치적 민주주의는 둘 다 가능하다.

만약 모든 주요 쟁점들에 대해 자연스럽게 만장일치가 이루어지는 사회가 있다면, 정치란 정말 필요치 않을 것이다. 그러나 순수한 민주주의를 자임하는 어떤 사회에서 그런 순수 민주주의자들 모두가 정부의 모든 정책에 대해 동의하고 그 어떤 반대도 표명하지 않는다면, 그것은 만장일치가 이미 존재하기 때문에 정치가 시들어 고사한 것이 아니라, 바로 그런 만장일치를 **이끌어 내기 위해** 정치가 금지되었을 가능성이 크다고 봐야 할 것이다. 18세기의 민주주의자들은 대체로 한 사람이 어떤 특수한 이해관계를 (상상할 수 없을 정도로 충분히) 갖지 않고 오로지 일반적인 이해관계만을 가슴에 품고 있다고 생각될 경우, 그 사람을 "순수하고 매수될 수 없는 민주주의자"라고 불렀다(존 윌크스가 바로 그런 사람으로 선술집에서 입방아에 자주 오르내렸다). 특수한 이해관계는 항상 순수한 일반의 공동 이익이나 일반의지를 부패시킨다. 그러나 루소의 엄밀하고 냉정한 견해에 따르면, 신실한 한 사람의 의지와 마찬가지로, 마음으로부터 그 스스로를 정화하기를 원하고 특정한 선입견으로부터 벗어나며, 그가 반드시 사랑해야 하는 것을 사랑하고자 하는 사람이 있다면, 그는 여전히 일반의지에 동의하고 있지 않은 것이다. 그는 단지 "자유롭도록 강제"되었을 뿐이다. 물론 한 개인이 강제당하는 경우는 많다. 그는 확실히 덜 위험하고, 더 안전하며, 덜 배고프고, 심지어 어떤 의미에서 "더 나은" 인간 또는 도덕적 재교육을 받는 것이 가능할 정도로 준비된 어떤 존재일 수 있다. 그러나 그가 어떤 존재이든, 이런 경우 그가 자유롭다고 말할 수는 없을 것이다. 차라리 민주적(또는 어떤 다른) 목표를 가진 권력이 특정한 상황에서 사람들의 자유를 박탈해야 하는 경우가 있음을 인정하는 것이, 이런 박탈 행위가 곧 자유라고 말하는 것보다는 훨씬 나을 것이다. 그렇지 않으면 우리는, 우리가 그것을 실천에 옮기지 못할 경우에조차 무엇이 옳은지 판단하는 힘을 잃게 될 것이다. 그리고 일단 우리가 그것을 한번 잃게 되면, 이것은 계속 반복될 것이다.

물론 민주주의와 자유의 정체성이 발현되는 방식은 매우 다양하다. 자유가 민주주의에 묻히듯이, 민주주의도 자유에 가려질 수 있다. 어떤 사람들은 우리에게 민주주의란 자유주의적 헌정 체제를 뜻하며, 그 안에서 개인의 권리는 다수에 의해서도 침해받지 않는다고 말할 것이다. 하지만 그 체제가 아무리 강력한 민주적 요소를 갖고 있다고 해도, 그런 체제를 민주주의라고 부르는 것은 민주주의라는 단어를 더욱 위대한 것처럼 포장하는 것 외에는 아무런 도움이 되지 않는다. 그런 주장을 하고 싶다면 역사적·사회적으로 실제로 있었던 일들에 대해 말해야 하고, 그러자면 자유란 오로지 민주주의에서만 존재할 수 있다고 말해야 할 것이다.

하지만 버크가 우리에게 상기시키듯, 정치에서 자유란 단지 다양한 "자유들"을 의미할 뿐이다. 법원이 특정한 자유들을 공인해 그것들을 국가로부터 보호해야 한다고 명령하면, 1온스[약 28그램]의 법은 1톤만큼의 수사적 가치를 갖게 된다. 정치에 대단히 중요한 모든 종류의 자유들은 민주주의라는 상상의 나래를 펴지 않아도[곧 민주주의 사회가 아니라 하더라도] 수립, 보존, 보호될 수 있다. 잉글랜드에서는 1770년대에 이미 안정적인 정치적 체제에 필수적인 일단의 자유들이 존재했다. 피치자는 무단으로 체포되지 않으며, 왕실 재판관 이외의 다른 판사[배심원]들이 함께 배석한 가운데 재판받을 권리가 있고, 배심원들은 종종 자신들이 싫어했던 정치적 기소에서는 법을 거스르기도 했다. 시민은 공공장소나 인쇄물을 통해 정부를 비판할 자유가 있었고, 의회에서의 논쟁을 공론화할 수 있었으며, 여권이나 통행증 없이 자유롭게 이동할 자유가 있었다. 물론 선거권은 부패했고 평등하지도 않았으며 충분하지도 않았다. 정부가 변화하는 실제적 이해관계와 피치자들의 힘을 제대로 대변하려면 선거권이 좀 더 민주적으로 바뀔 필요가 있었다. 하지만 자유가 민주주의에 선행하며 독립적인 생명력을 가지고 있다는 점은 의심할 여지가 없다. 이것은 아주 진부해 보이지만 진지하게 받아들여질 필요가 있는 사실이다. 1960년대의 인민민주주의[공산권] 국가들에서보다 1760년대의 잉글랜드에 더 많은 자유가 있었다는 점은 안타깝지만 분명한 사실이다. 물론 과거에 배가 더 고팠을 수도 있다. 핵심은 배가 고프지 않다는 것과 자유가 없다는 것은 다르다는 점이다. 그것은 서로 다른 가치들이다. 또한 더 중요하다고 생각되는 다른 가치들도 있을 수 있다. 심지어 통합을 지향하는 비관용적 열광에 들뜬 신생 민족국가와, 혼란과 불의, 경멸로 점철되어 종말을 고해 가는 식민지 체제를 비교할 때, 피치자의 자유는 후자에서 더 많이 발견될 수도 있다. 대부분의 사람들이 둘 중에서 어떤 체제를 선호할지는 의심의 여지가 별로 없다. 또한 회의주의자들이 어느 쪽을 좀 더 현실적인 것으로 볼 것인지 역시 분명하다. 빅토리아 시대 언론인 G. K. 체스터튼은 열정적인 금주운동 지지자들에게 "술에서 깬 잉글랜드보다는 자유로운 잉글랜드가 낫다"라고 말했다. 사실 "자치 정부가 좋은 정부보다 낫다"는 것을 의심하는 사람이야말로 역사의 물줄기를 되돌리려는 크누트 왕 같은 반동주의자다. 그러나 개인적 자유와 국가의 자치 사이의 차이가 지적인 차원에서 구분되지 않는다면, 신생 국가는 정치적 전통이 필요한 어떤 경우에도 그것을 회복하거나 성취하지 못할 것이다. 그 결과, 일단 공동의 적이 사라지고 난 후에는 실로 거대한 폭력과 정치적 선전이 인위적으로 조성된 만장일치를 유지하려 할 것이다. 그런 국가는 아마도 민주적이라고 불릴 수는 있겠지만, 적어도 그것을 자유국가라고 부르는 것은 착각일 뿐이다. 마찬가지로, 모든 자유국가를 민주적이라고 부르는 것은, 변화하는 상황 속에서 그 국가들의 존속을 위해 더 많은 민주주의가 필요한 경우가 언제인지를 모호하게 만들 뿐이다.

영국의 경우를 보자. 1914년 이전 세대에게 "민주주의"란 지금보다 그 의미가 훨씬 명확했다. 사람들은 민주주의를 그저 다수에 의한 통치에서 나타나는 다음과 같은 것으로 이해했다. 의회에서 노동계급이 더 많이 대표되는 것, 노동조합의 권력이 강화되는 것, 모든 분야의 공공 행정에 대한 감독과 공공성이 확대되는 것, 교육의 기회가 증대되는 것, 귀족원인 상원과 지주계급의 권력이 줄어드는 것 등이다. 그리고 이것은 교조적이지 않은 사회주의란 무엇인가를 보여 주는 서막이기도 했다. 자유당이 점점 더 급진파와 휘그로 분열되어 가던 바로 그 시기에, 성장하던 노동당은 민주적 제도를 선도하고 민주적 습관과 대의명분을 옹호했다. 민주주의라는 용어가 점점 더 존중받은 것은 사실이지만, 그것이 영국인들의 삶이나 영국 정치를 묘사하는 데 사용되지는 않았다. 민주주의의 동조자와 적이 모두 있었지만, 1913년까지 그중 어느 누구도 영국을 민주주의 국가라고 생각한 사람은 없었다. 사실 민주주의가 아니었다. 그것은 자유 사회였다. 거기에는 대표제 정부 시스템이 있었고, 그로 인해 대중의 요구에 따른 개혁들이 보다 많이 실현될 수 있었지만, 그것이 민주주의는 아니었다. 제1차 세계대전 시기에 이르러서야 비로소 영국은 ― 실로 징병제를 통해서 ― 민주주의를 **수호하기 위해** 싸우고 있다는 점을 깨달았다. 데이비드 로이드조지의 수사, 윈스턴 처칠과 비버브룩 경의 온건한 냉소주의, 그리고 우드로 윌슨 미국 대통령의 이상주의는 각각 원래의 정확한 의미로부터 민주주의라는 용어를 훔쳐 내는 데 용케 성공했다. [이런 과정을 거쳐] 민주주의는 그것이 가진 실질적인 정치적 의미를 상실하는 비용을 치른 후에, 전쟁을 수행해야 하는 최고의 목표[이유]로 확립되었다. 사회질서의 유지를 위해 애국심에 호소하는 기존의 방식으로는 기대하기 어려웠던 수준의 희생이 민주주의의 이름으로는 요구될 수 있었다. 이런 점을 잘 모르고 있었던 토리[현재 보수당의 전신], 그리고 알고는 있었지만 그보다 더 높은 수준을 기대했던 급진주의자들은 영국을 (말로

만) 민주주의로 만들 음모를 꾸몄다. 그리고 지금까지도 그것은 (말로만) 민주주의로 남아 있다.[4]

미국의 사례를 들어 보자. 미국이야말로 민주주의가 의심의 여지없이 분명하게 가장 일반화된 정치 시스템으로 존재하는 곳이다. (엄청난 수의 흑인을 제외한다면) 다른 나라들과 비교할 때 사회적 조건과 선거권이 확실히 평등했다는 점에서, 미국은 처음부터 대단히 독특하게 부분적으로 민주적인 체제였다. 그러나 미국에서도 그 용어가 체제 전체에 적용된 것은 매우 최근의 일이었다는 점을 상기할 필요가 있다. 20세기 전까지는 괴짜인 사람들을 제외한다면 미국의 정치체제를 분명하게 민주주의라고 부른 사람은 없었다. 건국의 아버지들이 잘 이해하고 있었던 것처럼, 그 자체로 고유한 힘을 가진 민주주의와 혼합정의 한 가지 요소로서 민주주의에 대한 아리스토텔레스의 고전적인 구분은 민주주의적 수사들의 공격 속에서도 오랫동안 유지되었다. 게다가 주어진 상황과 거의 아무런 관계가 없는 정당의 이름들은 상황을 더 복잡하게 만들었다. 19세기 내내 "민주당"은 반反국가 정당이었다.[1] 그래서 그 당시에는 "공화"Republic 혹은 "공화주의적"Republican이라는 용어가 훨씬 보편적으로 쓰였다(새로운 정당의 이름이 "공화당"이 된 것은 이 때문이다). 그 용어는 아직 간명함이나 시민적 덕성과 같은 로마식 함의, 심지어 진정한 시민은 전형적인 소농들로 이루어진다는 맥락을 아직 잃지 않고 있었다. [시간이 지나] "공화"라는 말의 의미가 점점 모호해지면서 다수의 지배라는 "민주주의"의

I 남북전쟁으로 인해 남부에 근거를 둔 민주당이 반국가 정당이 된 상황을 말한다.

함의 역시 희미해져 갔다. 미국이 가지고 있던 본래의 민주적인 사회적 조건이 의문시되기 시작했을 즈음에야, 그 말은 일부가 아니라 전체를 대표하는 것으로 여겨지기 시작했다. 카네기가 1886년에 쓴 『승리의 민주주의』는 바로 이 논쟁적인 전환점을 잘 보여 준다. 미국에서 민주주의의 힘이 자본주의의 효과에 대해 저항하기 시작했을 때, 카네기는 자본주의와 민주주의의 결합물로서의 공화주의 체제의 물적 성취를 찬양하는 글을 썼다. [카네기에게] 그 둘은 서로 다른 힘이 아니었다. 그것들은 정말로 같은 것이었다! 민주주의는 기회의 평등이지 조건의 평등이 아니었다. 민주주의는 자연선택의 과정에 따른 "최적자의 생존"을 가장 잘 보장하며, 물적 풍요를 최대한으로 끌어올릴 수 있는 수단이었다. 카네기에게 민주주의는 사업에 재능이 있는 사람이 영국처럼 정치에 시간을 낭비하지 않게 하는 미국적 삶의 진수였다. 그런 사람들은 정치를 "정치 따위"로, 또한 과거 귀족적 과두정 시대의 비효율적인 유물로 본다. 반면 제임스 브라이스가 미국 정치에 대해 2년 뒤에 출간한 탁월한 저서는 『아메리카 공화국』*The American Commonwealth*¹이라는 의도적으로 거의 무의미한 제목을 다는 데서 위안을 구했는데, 그는 서문에서 토크빌이 『아메리카의 민주주의』*Democracy in America*에서 실제의 정부 체계가 아닌 "이념"

¹ 영국 자유당 하원의원으로도 활동했고 주미 영국 대사를 지내기도 한 역사학자 브라이스는 1888년, 토크빌의 『아메리카의 민주주의』의 여행 경로를 따라 다시 미국을 살펴보고 이 책을 발표했다. 토크빌은 그 여정에서 평등의 습속을 예찬했던 반면, 브라이스는 19세기 후반에 이미 극심한 불평등이 나타나고 있음을 발견했다. 브라이스는 토크빌이 실제의 현실보다는 평등이라는 이념에 치우쳐 과도하게 낙관적인 전망을 했다고 비판했다.

에만 집착했다고 비판했다.¹ 그러나 [미국이 양차 대전의 참여 명분으로 민주주의의 수호를 내세운 이후인] 1949년에 라스키가 토크빌과 브라이스를 모두 비판하는 책을 썼을 때, 그 책의 제목은 불가피하게 『미국식 민주주의』 *The American Democracy*가 될 수밖에 없었다.

이름이 무엇이든 간에 논쟁은 계속되고 있다. 한편에는 효율적인 통치를 제공하기에는 미국의 정치 체계가 너무 민주적이며, 설령 국내적으로는 별 문제가 없더라도 정글과 같은 국제사회에서는 분명히 비효율적이라고 주장하는 사람들이 있다. 다른 한편에는 인민민주주의가 견제와 균형이라는 헌법적 원리와 권력분립, 특히 상원과 연방대법원에 의해 여전히 위축돼 있고, 그래서 민주주의가 충분하지 않다고 생각하는 사람들이 있다. 미국의 저술가들 가운데에는 여전히 순진한 민주주의자들이 많다. 그들에게 정부의 역할이란 단지 사람들의 선호를 파악하는 일이다. 이에 대해 홈스 대법관은 "민주주의란 군중이 원하는 것"이라고 풍자했다. "포퓰리즘적" 직접민주주의는 좌·우파 모두에게 미국 정치의 고무적인 신화 가운데 하나다. 예를 들어, 미국의 절반에 가까운 주들이 주 헌법에 국민 발의, 국민투표, 국민 소환과 같은 제도를 포함시키고 있는데, 그들은 정부의 첫 번째 기능이 통치라는 것을 망각하고 있다. 그러나 심지어 미국에서도 정치는 종종 인기에 연연하지 않아야 한다는 요구를 받는다. 드와이트 아이젠하워 대통령이 매카시 상원의원에 대해 별다른 조치

---

¹ 크릭은 미국을 민주주의로 지칭한 토크빌의 표현은 과장되었고, 카네기는 그것의 본질을 노골적으로 드러냈으며, 브라이스 같은 사람은 그에 대한 언급을 회피하는 방식을 통해서 우회적으로 비판하고 있다고 말하고 있다.

를 취하지 못하고 있을 때,' 처칠은 워싱턴 프레스 컨퍼런스에서 이렇게 말했다. "대중의 인기에만 연연하는 사람은 정치인으로서 자격이 없는 사람입니다." 직접민주주의의 신봉자들은 국민투표에 부치거나 여론에 물어야 하는 이슈와 질문들은 본질적으로 단순한 것들이라는 사실을 잊고 있다. 특정 질문에 대해 **단일한** 여론이란 존재하지 않는다는 의미에서 볼 때, 그런 이슈와 질문들은 흔히 조작된 조정의 결과다. 혹은 그런 질문을 통해 얻어진 답들은 다른 질문들과의 연관 관계에서 이해될 필요가 있는데, 왜냐하면 개중에는 서로 상반되는 답변들도 있거니와, 제한된 자원들과 짧은 인생 속에서 모든 가치들을 동시에 추구할 수 없을 때, 우리는 어쩔 수 없는 선택의 기로에 놓이게 되기 때문이다. 오직 정부만이 진정으로 사회적 노력을 기울여야 할 것들과 실제의 정책적 우선순위들을 정할 수 있다. 민주주의의 역할은 조언과 동의에 있는데, 결과적으로 그것은 간접적으로 그리고 불연속적으로 나타날 수밖에 없다. 대표자들은 그래서 정치인이어야 한다. 만약 그들이 그저 유권자를 대리할 뿐, 중재하고 타협하고 정부의 이해관계를 수시로 고려하는 것을 제대로 하지 않는다면, 아마도 그들은 살아남겠지만 공화주의는 그렇지 못할 것이다.

❚ 1950년에 시작된 매카시 광풍은 아이젠하워 대통령의 공화당 정부가 들어선 후에도 멈추지 않았다. 급기야 제2차 세계대전 당시 육군참모총장으로 승리를 이끌었으며, 이전 트루먼 행정부(민주당)에서 국무장관과 국방장관을 역임한 조지 마셜 장군에게까지 용공 혐의가 덧씌워지며, 군을 상대로 한 전방위적인 조사가 시작되고 있었다. 대통령 선거 유세에서 매카시와 함께 트루먼 행정부를 공격했던 아이젠하워 대통령은 대중적 인기를 끌고 있던 매카시의 이 같은 폭주를 비판하지 못하고 있었다. 결국 군에 대한 조사는 군부의 대대적인 반격으로 무력화되었고, 1954년 매카시는 상원에서 불신임을 받았다.

그래서 미국의 저술가들은 점점 더 이렇게 주장하게 될 것이다. "인민에 의한 통치"는 불가능하기 때문에 사람들을 잘못된 길로 이끈다거나 혹은 "인민에 의한 통치"는 정부와 통치의 한 가지 요소일 수밖에 없다고 말이다. 또한 그들은 "민주주의"가 결국 강하고 효율적인 정부, 심지어 책임 있는 양당제(사실 굉장히 특이한 부분이지만), 견제와 균형, 다수 여론과 다른 생각을 할 수 있는 국민의 자유 등으로 구성돼야 한다고 매우 자주 말하게 될 것이다. [민주주의에 대한] 이 같은 용법의 역사가 없다고 크게 걱정할 필요는 없다. 의미라는 것은 현실의 지렛대로도 변하고, 현실의 거울로도 변한다. 하지만 그것은 정치적 가치가 [민주주의보다] 우월하다는 것을 가릴 수 있다. 그것은 스스로를 민주주의라고 부르는 다른 정치체제들에 대해 잘못된 기대를 심어 주기도 한다. 심지어 사람들에게 너무 큰 기대를 심어 주는데, 현실적이지 않은 이상에 대한 환멸은 자유 정치에 대한 심대한 위험 요소가 된다. 예를 들어, (선한 바리새인인) 우리가 대단히 많은 기대를 가졌던 국가인 가나는 (그런 기대를 하게 만드는 새로운 후보국들이 거의 매달 하나씩은 나오는 듯하지만), 현재 명백하게 "민주주의적"이지 않은 것으로 보인다. 가나는 한 세대 이전의 사람들이 "자애로운 독재"라고 불렀던 체제로 급속히 변화하고 있다. 상당수의 야당 인사들이 수감돼 있거나 정치 활동을 하지 못하는 상태에 있다. 과거에 식민지를 경험한 저발전 지역의 국가들이 오늘날 민주주의를 표방하고 있지만, 우리는 미국과 마찬가지로, 그 나라들이 전혀 민주적이지 않다는 것을 알고 있다. 우리는 상심한 나머지 도대체 자유를 향한 어떤 희망이라도 존재하는지 회의가 들기도 한다. 하지만 정말로 걱정해야 할 것은 가나가 민주적이지 않다는 것, 명백히 민주적이지 않다는 것이 아니다. 근심해야 할 것은, 비판조차 허용하지 않을 정도로 정부가 반대자들을 관용하지 않는다면, 그것은 정치가 아니라는 것이다. 만약 인민주의적 또는 민주주의적인 정부에서도 정치적 반대가 허용되지 않는다면(설령 그와 같은 반대가 국민들 사이에서 인기가 없을지라도), 국가는 자유로울 것이나 그곳에 살고 있는 사람들은 노예와 같은 굴종 상태에 빠질 것이다. 미국식 자유주의의 맥락에서 이해되는 민주주의가 수립되길 원한다면, 그 전에 먼저 정치가 작동할 수 있기를 원해야 한다. 마찬가지로, 민주주의를 자유주의적으로 이해하는 것은 사람들에게 너무 적은 기대만을 가져다준다. 민주적 제도가 미국에서 과도하게 발전되었다고 한다면, 영국에서는 너무 적게 발전된 것처럼 보일 수 있다. 영국이 이미 민주적 국가로 간주된다고 해서 민주적 개혁이 불필요한 것은 아니다. 그렇다고 영국인들이 자코뱅이나 미국인이 될 필요는 없다. 영국은 정치적 질서를 위태롭게 하지 않으면서도 민주적 관행과 방법을 충분히 채택할 수 있기 때문이다.

물론 영국의 국가적 역량을 제한하고 있는 계급 문화나 자만심은, 미국인의 눈으로 보자면, 여느 정당들의 복잡하기만 한 경제계획보다 민주주의적 정신에 의해 개선될 여지가 더 많은 것으로 보인다. 미국에서는 행정부가 민주적 통제에 너무 많이 종속돼 있는 반면, 영국에서는 행정부에 대한 의회나 인민의 통제가 거의 없다는 말은 참으로 상투적인 문구이다. 자유롭고 효율적인 정부가 되고자 한다면, 그런 강한 정부는 강한 반대자들을 필요로 한다.

그래서 민주주의를 그 자체로 완결적인 체제가 아니라 자유로운 통치의 한 요소로 정확히 이해한다면, 특정 상황에서 **다소간의** 민주주의 제도나 민주주의 정신이 필요하다고 말하는 것은 언제나 가능한 일이다.

현대의 학자들이 훨씬 복잡하거나 순수하게 이념적으로만 이해하고 있는 정치와 민주주의의 관계에 대해 아리스토텔레스는 훨씬 명쾌한 정의를 제시했다. 그에게 최고의 정부 형태는 정체polity[폴리테이아], 곧 혼합정 형태의 정치적 지배다. 그런 정부에서는 귀족적 원리와 민주적 원리가 결합돼 있다. 좋은 정부의 여부는 경험, 기술, 그리고 지식(단지 의견이 아닌)에 달려 있으며, 피치자들의 동의에 기반을 둔다. 만약 민주적 요소가 전혀 없다면, 그 국가는 과두정이나 독재정이 되고 말 것이다. 반대로 민주주의만 존재한다면, 그 결과는 선동가들이 독재자가 될 수 있는 무정부 상태로 빠질 것이다. 그래서 민주주의는 그 자체로 통치의 원리가 될 때가 아니라, 정치적 원칙이나 정치의 한 요소가 될 때 진가가 드러난다. 인간이 어떤 면에서 평등하기 때문에 모든 면에서 평등해야 한다는 식의 믿음은, [최소한의] 어떤 질서를 유지하기 위한 기술이나 판단이 요구되는 경우에 실로 처참한 결과를 가져온다. 정치적 질서를 조정하며 유지하는 어려운 일은 아예 차치하더라도 말이다.

아마도 자유 정부에서 민주주의의 도그마가 야기할 수 있는 가장 커다란 위험은, 미국에서처럼 공식적인 정치제도가 아니라 교육 시스템에서 나타날 것이다. 동등하지 않은 능력을 가진 아이들을 동등하지 않게 가르치는 것은 "비민주적"이라는 (그래서 결과적으로 나쁘다는) 생각이 미국의 공립 고등학교에 여전히 뿌리 깊게 자리 잡고 있다. 이 생각은 이제 여러 집단들로부터 당연하고 맹렬한 반발을 사고 있다. 이 반발은 위선적인 사람들이 그랬듯이, "어린아이"를 교육하는 것이 아니라 "신민"을 육성해야 한다는 반동적인 교육열에서 나온 것이 아니다. 그것은 국민 생활에 기여하고 그것을 유지시킬 수 있는 충분한 자질과 능력을 가진 사람들을 학교가 제대로 키워 내지 못하고 있다는 우려가 서로 다른 정치적 입장을 넘어 폭넓게 자리 잡고 있음을 보여 준다. 이 같은 주장에도 확실히 위험이 내포돼 있기는 하다. 그러나 적어도 이 주장은, 상당수 사람들이 학교가 단지 "시티즌십"(그것이 무엇인지는 늘 논쟁적이었다)뿐만 아니라 매우 구체적인 차원의 "민주주의"를 가르쳐야 한다고 (항상 굳건한 신실함으로) 믿고 있는 상황과 싸우고 있는 것이다. 물론 이것은 분명히 엄청난 숫자의 이민자들이 유입되던 시기의 유산이며, 이제는 불필요해진 유물일 뿐이다. 그 시기에 한 정치학 교수는 다음과 같이 말했다. "교육의 정당한 목적은 민주주의 사회의 핵심적 가치들을 고취하고, 민주주의에 대한 선호를 공유하지 않는 도덕적 독불장군들의 숫자를 줄이는 데 있다."[5] [그러나 지금은] 미국인들이, 교육의 정당한 목적은 교육 그 자체이지 학생들을 비교조적으로 만드는 것이 아니라고 주장할 때, 미국의 정치는 더 풍요로워질 것이다. 자유로운 체제에서는 민주주의와 권위를 위한 자리가 모두 있기 마련이다. 사람들은 공식적 정치제도에서는 민주주의가 권위를 완전히 배제하지는 않지만, 권위보다 우위에 있다고 생각할 수 있다. 그러나 교육에서는 아마도 그 반대여야 할 것이다. 정치적 민주주의가 지적 민주주의intellectual democracy를 의미하는 것은 아니다. 지적 민주주의는 정치적 민주주의를 거의 작동하지 않게 만들 수 있다. 다시 말하지만, 민주주의는 그 자체로 완전무결한 것이 아니다. 민주주의는 그것과 관계된 어떤 활동에서도 단지 하나의 부분일 뿐이다.

간단히 말하면 다음과 같다. 그 어떤 정부나 권위도 동의에 기반을 두지 않고서는 통치하거나 생존할 수 없다. 최소한 근위대나 관료들의 동의라도 필요하다. 근대 산업사회 또는 산업사회를 지향하는 국가의 사회적 조건을 보면, 분업화된 노동자들의 기술은 경제적 생존을 위해 필수적이다. 이것을 무슨 진보라고 말할 것도 없다. 또한 그런 사회를 통치하는 어떤 정부라도 보편적 복지를 고려하지 않을 수 없다. 그런데 이것을 고려한다는 것은 정부가 보편적 복지에 대한 어떤 단일한 생각을 강제하거나 그게 아니라면 사람들이 보편적 복지에 대해 어떻게 생각하는지를 알아야 한다는 것을 ― 그리고 가능한 다양한 생각들을 조정해야 함을 ― 의미한다. 그런데 후자는 사람들이 무엇을 선택할지 스스로 토론하게 하고, 자유롭게 비판할 수 있으며, 그들의 정부를 스스로 선택하도록 할 때만 가능한 것이 아니겠는가?

결국, 우리가 민주주의라는 단어에 가장 온당한 의미 ― 비록 우리가 자유, 자유로운 선택, 토론, 반대, 인민의 정부 등을 모두 높이 평가한다 하더라도 ― 를 부여하고 싶어 한다면, 민주주의는 여전히 정치의 한 형태일 뿐, 한 나라의 모든 발전 수준에서, 또한 모든 환경에서 항상 가장 바람직한 어떤 것은 아니다. 정치는 [대단히 멋진 어떤 것이 아니라] 대체로 우리가 바라는 정도의 어떤 것을 제공하는데, 여기서 우리가 바라는 것이란 다른 무엇을 원하는 사람들로부터의 폭력이나 폭력에 대한 항구적인 공포 속에서 벗어나고 싶다는 것이다. 하지만 민주주의는 그것의 역사적·사회적 의미가 잘 보여 주듯이 순전히 근대적인 정부 ― 자유로울 수도 있고 자유롭지 않을 수도 있다 ― 가 가진 특성이다. 만약 산업사회가 그 이전과 비교할 수 없을 정도로 강하고, 활동적이며, 더 많은 자원을 가진 정부를 필요로 한다면, 그 정부는 적극적인 동의에 기반을 두지 않을 수 없기 때문이다.

그래서 민주주의는 정치와 양립할 수 있는 한편, 이제 정치도 민주주의 없이는 기대할 수 없는 것이 되었다. 그러나 정치는 인민민주주의적 독재나 콩고의 무정부 상태를 모두 야기할 수 있는 민주주의의 여러 개념들이 가진 배타적 주장들에 맞서지 않으면 안 된다. 아마도 그것은 사람들로부터 가장 외면 받는 입장에 서는 것을 두려워하지 않는 자세, 그리고 대중적으로 인기가 있는 수사의 모호함에 대항하기 위한 역사적 통찰을 필요로 할 것이다. 민주주의란 정치의 한 요소다. 그러나 만약 민주주의가 정치의 모든 것이 되고자 한다면, 그것은 곧 정치를 파괴하고 말 것이다. 그것은 "조화를 일치로", "화음을 단음으로" 바꾸고 말 것이기 때문이다.

민족주의로부터
정치를 옹호함

민족주의야말로 이 시대에 사람들이 정치를 저버리거나 멸시하도록 만드는 것들 가운데 가장 강력한 원인일 것이다. 인간의 모든 자애로운 심성은 압제로부터 벗어나 자유를 추구하려는 사람들의 투쟁에 마음이 흔들리기 마련이다. 그리고 일단의 사람들이 자신들이 하나의 민족이라는 믿음을 갖고 하나의 민족이 되고자 한다면, 나아가 만약 자신들이 억압을 받아야 한다면 외세보다는 같은 민족에 의해 억압받는 게 낫다고 생각한다면, 누구도 그들에게 왈가왈부할 수 없을 것이다. 우리 가운데 마음이 가장 온화한 사람조차도 자기 민족이 봉기했다거나 습격을 당했다거나 자기 민족과 관련된 폭동이나 폭격 혹은 암살과 같은 사건이 발생했다는 뉴스를 접하게 되면 호전적 감정을 느끼기 마련이다. 물론 한 개인이 민족주의적 동기에서 일으키는 소규모의 불법적 행동이나 폭력에 대해 어느 정도 공감할 수 있다고 해서, 히틀러의 독일, 스탈린의 러시아, 마오쩌둥의 중국에서 나타난 것과 같은 생명에 대한 극단적인 경시 행위에까지 공감하기는 어려운 일이다. 다만, [제국주의적 국제 질서가 작동하는] 오늘날의 경우에는 인민의 자유를 위한 투쟁이 국내의 독재에 저항하는 데만 한정되는 것은 불충분해 보인다. 그것은 언제나 외세에 대한 또는 (실질적인 외세가 존재하지 않는 경우) 그들의 꼭두각시들에 대한 민족적 투쟁이어야 한다. 자유로운 통치 아래서 그 어떤 명목의 애국주의에 대해서도 경계했던 우리가, 그 어떤 종류의 민족주의에도 쉽게 경도될 수 있다고 말하는 것은 너무 냉소적인 것일까 아니면 너무 인간적인 것일까? 민주주의라는 슬로건과 마찬가지로 민족주의라는 슬로건 역시 결과적으로 피치자들에게 도움이 되는가의 관점에서 본다면, 좋은 결과를 가져올 수도 있고 또 그만큼 나쁜 결과도 가져올 수 있다. 민족주의는 그것이 필요한 어떤 상황들에서는 정치적인 질서에 대단히 필수적이지만, 다른 상황에서는 정치적 시스템의 작동을 거의 불가능하게 만들기도 한다.

그러나 민족주의는 민주주의보다 제어하기 훨씬 힘든 강력한 이념이다. 그것은 다음의 네 가지 절박한 주장 중에서 하나 이상의 주장을 동시에 할 수 있다. 첫째, 그것은 **민주적 민족주의** 또는 "인민주권"의 타당성을 주장하는 근거로 기능할 수 있다. 둘째, 그것은 제국주의 또는 **외부의 압제와 착취**에 대한 모든 기억을 상기시킬 수 있는데, 그로부터 민족[인민]을 해방시킨 사람들이 저지르는 과도함을 모두 용인해야 한다는 식의 마음을 심어 준다. 셋째, 그것은 끔찍하게도 **인종주의**에 정당성을 부여할 수도 있다. 마지막으로, 정치적 전통을 유지하고 있던 **오래된 국가에서 등장한 민족주의**조차 위기의 시기에는 외국인 혐오를 낳을 수 있고, 그것은 그 위기 자체보다 더 오래 지속되기 마련이며, 최소한 한 국가가 외국인들을 대하는 방식에 영향을 주게 된다. 아마도 민족주의의 주장에 우리가 대처할 수 있는 최선은, 그것에 차가운 회의주의를 섞음으로써 전체주의적 민주주의라는 비등점으로부터 정치적 관용이라는 인간적 체온으로 그 온도가 내려오도록 하는 일일 것이다.

공공의 사안에 영향을 미치는 힘으로서의 민족주의는, 민주주의 및 정치 그 자체와 마찬가지로, 일반적으로 인식되는 것보다 훨씬 독특한 어떤 것이다. 우리 시대의 현자인 엘리 케두리는 다음과 같이 썼다. "민족주의는 19세기 초 유럽에서 발명된 교리다. 그것은 자신들만의 배타적인 정부를 갖는 데 적합한 인구 단위를 결정하는 기준, 국가 내에서 권력을 정당하게 행사하기 위한 기준, 그리고 국가들의 사회를 정당하게 조직화할 수 있는 기준 등을 제공한다고 자부한다. 요컨대 이 교리는, 인간이란 본래 민족들로 나뉘어 있고, 민족이란 인식 가능한 어떤 특징들에 따라 확인될 수 있으며, 정당한 정부란 본래적으로 자치 정부여야 한다는 생각이다."[1] 케두리가 프랑스 군대의 진군을 막고 자신들에게 적대적인 국가들을 정화하기 위해 독일에서 등장했다고 보았던 민족주의를 처음 발명해 낸 이들은, 아마도 첫 번째 혁명군 시기의 프랑스인들일 것이다. 그런데 이 같은 정의는 대단히 탁월한 장점을 가진 반면 일정한 약점도 내포한다. 사실 이런 인식은 민족주의의 매우 치명적인 두 가지 문제점을 동시에 보여 준다. 첫째, 이런 시각은 민족을 인식할 수 있는 객관적인 특징들이 존재함을 전제한다. 둘째, 이런 정의는 자신들만의 정부를 가질 수 있는 적절한 사람들의 단위를 정하는 문제와 관련해, 모종의 단일한 기준이 존재할 수 있음을 전제한다.

그러나 민족적 단위에 대한 단일하고 객관적 기준은 발견된 적이 없다. 그것을 발견하기 어려운 이유가 단지 각각의 민족주의가 각기 상이한 경로 — 공통의 조상, 언어, 관습과 전통, 종교, 지리적 근접성 등과 같이 상호 모순적인 것으로 판명 날 수 있는 경로 — 를 따라 형성되었기 때문

---

[1] 케두리는 민족주의의 뿌리를 칸트, 헤르더, 피히테 등과 같은 독일 계몽사상가들에게서 찾았다.

만은 아니다. 이 같은 다양한 경로들이 각각 다른 경로들과 상호 모순적일 수 있기 때문이다. 더욱 심각한 문제점은, 실제로 민족 단위의 국가임을 자임하는 나라들 가운데, 위에서 언급된 원리들 가운데 전적으로 어느 한 가지 경로만을 따라 형성된 나라는 없다는 것이다. 이것은 민족주의를 통치 이론으로 상정할 때 대단히 중요한 부분이다. [민족을 규정하는] 단일하고 객관적인 기준이 없다는 민족주의의 이런 특성은, 다른 요인들에 의해 [이미] 정해진 어떤 방향으로 우리를 움직이게 하는 동인은 될 수 있지만, 우리가 어떤 상황에 놓여 있는지를 이해하는 데는 전혀 도움이 되지 않는다. 그럼에도 민족주의자는 그가 살고 있는 나라와 자신이 알고 있는 지역의 체제 대한 법적 충성이나 합리적 자긍심 정도에 만족하지 않는다. 민족주의자는 애국자 이상의 무엇이 되기를 원한다. 그에게 **조국** patria 또는 사랑받아 마땅한 국가란 오직 민족뿐이다. 영국 민족주의 같은 것은 없다. 오로지 잉글랜드, 웨일스, 스코틀랜드, (북)아일랜드 민족주의만이 있을 뿐이다. 캐나다 민족주의 같은 것은 없다. 오직 잉글랜드와 프랑스 민족주의가 있을 뿐이다. 영국이나 캐나다 같은 국가들에 대해 느끼는 감정은 민족적인 것이 아니다. 그것은 애국적인 것일 뿐이다. 민족주의자에게 영국이나 캐나다는 잘해 봐야 유사 국가일 따름이며, 명예로우면서도 정당한 정치적 지배의 사례가 아니다. 반면, 1760, 70년대의 잉글랜드와 미국에는 스스로를 "애국자"로 자처했던 급진주의자들이 있었고, 그들 가운데는 심지어 민주주의자들도 일부 섞여 있었다.[1] 이것은

▌ 여기서 '애국자'는 미국이 영국의 식민 지배에 저항하는 과정에서 스코틀랜드와 같은 연방제 수준의 자치권 수준이 아니라 완전한 독립을 지지했던 사람들을 말한다.

로마공화정의 전통에서 자신들의 국가를 사랑하는 자유 시민들을 모방하고자 했던 대중들의 시도였다. 이런 애국주의자들은 과거에 특정한 국가를 만들었던 사건이 어느 정도 우연적이라는 것을 이해하고 있었다. 그들은 역사를 민족들의 역사가 아니라 자유로운 제도들의 역사로 써 내려갔다. 그들은 정부를 자신들이 통치하는 사람들이 아니라 공리성을 기준으로 판단했다. 그들은 스스로를 특정한 국가의 구성원뿐만 아니라 세계 시민이라는 높은 차원에서 바라보았다. 공화주의자였던 이들 지식인들에게는 민족적 경계가 없었다. 하지만 민족주의자들이 보기에 이 모든 것들은 피상적이고 혐오스러울 뿐이었다. 프랑스혁명의 주도자들도 처음에는 이 같은 공화주의적 의미에서 스스로를 애국자들이라고 불렀지만, 그들이 추종하고 있다고 생각했던 위대한 공화국에서 이전에는 전혀 알려지지 않았던 힘과 감정을 발견하고 창조해 냄으로써 곧 프랑스 민족주의자가 되었다.

과거에 그랬던 것처럼, 루소식의 "군중심리학"이 아니라 로크나 몽테스키외의 전통을 따른 헌정주의의 계승자들로 여겨졌던 18세기의 진정한 공화주의적 애국자들은, 어떤 단위의 사람들이든 공정한 법에 의해 통치되기만 한다면 국가를 구성할 수 있다고 보았다. 이 같은 관점은 때로 대단히 비역사적인 것처럼 보일 수 있다. 그러나 모든 역사를 민족의 역사로 다루어야 할 이유는 없다. 국가를 구성하는 단 하나의 절대적 기준이 존재해야 할 이유는 없는 것이다. 만약 그렇다면, 민족이라는 기준은 잘해 봐야 각각의 상황에서 그것이 제공하는 통치의 방식에 어떤 유리한 점이 있는가에 따라 평가될 수 있을 뿐이다.

민족주의는 정치적 정의와 그 어떤 특별한 관계도 없다. 마찬가지로 부정의와도 별 관계가 없다. 민족주의와 관련해서 가장 분명한 것은, 어쨌든 그것이 존재한다는 것뿐이다. 그것은 국가의 자격에 대한 그 어떤 객관적 기준도 제공하지 못하며, 무엇이 민족인지에 대한 객관적 기준도 **존재**하지 않는다. 다만 그것이 사람들에게 미치는 주관적 힘만은 대단히 강력하다. 르낭은 이렇게 말했다. "민족은 이미 치러진 희생과 여전히 치를 준비가 되어 있는 희생의 욕구에 의해 구성된 거대한 결속이다."[1] 민족성은 민족을 형성하겠다는 결정에 의해 형성되는 것이다. 폴란드인, 독일인, 헝가리인, 아일랜드인, 미국인, 페루인, 알제리인, 가나인, 말리인이라는 의식은 누군가가 설득한다고 사라질 그런 것이 아니다 — 아마도 누군가가 할 수 있는 것은, [민족에 대한] 객관적 기준을 만들어 내려는 노력을 통해 민족의식이 부족한 사람들을 강제하려는 시도가 너무 멀리 가지 못하도록 설득하는 정도일 것이다.

근대 민족주의는 확실히 어떤 필요를 충족시키고 있다. 물론 그 필요는 다른 방식으로 채워질 수도 있다. 하지만 "대중의 지지에 필요한 유일한 기준"이, 새로운 민족주의적 통치자들이 그 이전의 [이민족] 통치자들에 비해 "덜 부패하고 덜 탐욕스러우며 더 정의롭고 더 자애로운지" 아니면 그들과 마찬가지로 나쁜 통치자들인지 말하는 것만으로는 충분치 않다.[2] 새로운 통치자들 역시 이전과 마찬가지로 나쁠 수 있다. 하지만 그들은 이전 정권의 실패로부터 새롭게 부상한 통치자들이다. 이 점을 간과해서는 안 된다. 그들은 적어도 공공질서를 확립할 수 있으며, 이것은 이

┃ 르낭, 『민족이란 무엇인가』(신행선 옮김, 2002, 책세상), 81쪽.

전의 정권이 때로 실패해 왔던 일이다. 민족주의에 대해 쓰는 사람들은 토크빌이 1830년대의 프랑스 보수주의자들에게 했던 민주주의에 대한 이야기를 상기할 필요가 있다. 그는 민주주의가 이미 우리 곁에 와있으며, 그래서 문제는 그것에 대해 얼마나 잘 묘사하고 최대한 고상하게 개탄할 것인가가 아니라, 그것을 어떻게 다루고 어떻게 정치화할 수 있는가에 있다고 말했다.[3] 실제로 정치적 방식이나 가치를 파괴함으로써 민족주의자들 스스로 민족주의에 대해 편견을 갖게 한 면도 있다. 그러나 조수를 되돌릴 수는 없다. 근대에 살고 있는 아우구스티누스인 양, 그저 "바빌론의 강물에 떠내려가는 사람들과 바빌론의 황무지로 끌려갈 사람들을 위해, 바빌론 강둑에 앉아서, 그 강물에 눈물을 흘리는 것"은 합리적이지도, 정치적이지도 않다.[I]

근대 민족주의는 프랑스혁명의 산물이다. 그것은 봉건제의 몰락과 함께 사라져 버린 공적 질서에 대한 귀속감을 대체했다. 프랑스혁명은 그런 귀속감을 만들었지만, 또한 파괴도 했다. 군중들은 넘실대는 파도 위에 떠있는 것처럼 들떴고, 때로 이전보다 영광스럽게 대우받기도 했지만, 동시에 뿌리를 잃어버렸고 어디에 소속돼 있는지 알 수 없었다. 바로 그때 민족주의가 사람들에게 그들이 원래는 일정한 영역 내에서 하나의 가족이었다고 말했다. 민족을 무장시키는 일이 유럽 전체로 번졌다. [민족

I 아우구스티누스가 쓴 『시편 주해』에서 「시편」 137장에 대한 해설에 나오는 문장이다. 「시편」 137장은 기원전 601년 바빌론의 네부카드네자르 2세가 예루살렘을 함락하고 유태인들을 바빌론으로 포로로 끌고 간 '바빌론유수'를 다루고 있다. 아우구스티누스는 이 부분에 대한 주해에서 "바빌론의 강물에 휩쓸리지 말고, 다만 휩쓸려 가는 자들을 위해 눈물을 흘리며 스스로를 경계하라"라고 했다.

으로 구성된] 시민군은, 첫째, 패배할 때조차 믿을 만하다는 점이 증명되었고,¹ 둘째, 용병들에게는 불가능한 분투와 희생을 그들에게는 요구할 수 있다는 점이 확인되었다. 민족주의는 프랑스혁명의 보편주의가 무너지는 가운데 나타났다. 민주주의가 그것의 힘과 신념에서 자신의 가치를 증명했지만, 이와 동시에 통치 체제로서는 참혹하게 실패했을 때, 나폴레옹의 민족주의가 등장했다. 그것은 이탈리아에서처럼, 프랑스에 대항하다가 쇠약해진 나라들에서 또 다른 민족주의를 창조하거나 그것이 생겨나도록 고무했다. 이를 통해 민족주의는 우선 기존 국가들 내에서 그 전까지는 이룰 수 없었던 높은 수준의 통합성과 강력한 목표를 부여했다 — 여기에서는 정치에서 나타나는 지체나 좌절도 없었다.

이런 민족주의가 전쟁이나 정치를 통해서만 모방되는 것은 아니다. 18세기에 프랑스어와 프랑스 문화는 전 유럽에 걸쳐 지식인들의 모델이자 유대감의 기초였다. 하지만 19세기 초가 되자 그것의 실제적인 내용은 국제적으로 도외시되었다. 사람들이 원한 것은 [독자적인] 언어, 문화 그리고 국가들 사이에 존재하는 유기적 관계라는 관념이었다. 많은 사람들이 통치 단위와 단일한 언어 및 문화 사이의 일치에 대한 열망을 갖게 되었다. 만약 언어, 문화, 국가라는 세 가지 요소 가운데 두 가지가 일단 존재하면, 나머지 하나는 창조되어야만 했다. 그래서 어떤 경우에는 독일에서처럼 역사가들이 "진정한 민족적 영토"를 발명해 냈고, 또 다른

---

¹ 대부분의 전투에서 사상자는 패배하면서 일방적으로 후퇴할 때 발생한다. 특정 군대의 강약은 이처럼 패배할 때 드러나는데, 질서정연한 패배는 쉽지 않다. 그것은 지휘관에 대한 강력한 신뢰와 반복된 훈련, 충성심, 패배하는 동료들을 보존하기 위한 희생정신을 가진 부대가 있을 때 가능하다.

경우에는 아일랜드에서처럼 언어학자들이 죽은 언어를 부활시켰다(완전한 발명과 과거에 존재했던 것에 인공적인 숨을 불어넣는 것 사이의 차이는 대체로 지극히 미세했다. [예를 들면] 발칸 지역 전역에서 언어학자들은 다른 교양인들이 낙후된 농민들과 같은 언어를 사용해야 할 필요성을 설득하기 위해 총기 사용법을 배워야 했다).[1]

18세기 유럽의 통치자들은 성직자들과 지식인들에 의해 좌우되는 중세 유럽이라는 일종의 국제사회를 목도하고 있었다. 통치 계급들은 대체로, 자신들이 통치하고 있는 나라의 피지배계급들보다 다른 나라의 통치 계급들과 더 많은 공통점을 갖고 있었다. 그러나 19세기 중반이 되었을 때, 마르크스는 노동계급이 진정한 국제주의자이며 민족주의는 부르주아 이데올로기의 일부분이 되었다고 주장할 수 있었다. 마르크스의 오류 가운데 이보다 더한 것은 좀처럼 없다. 오늘날 공산주의자들이 민족주의의 종말을 예언하기보다는 도리어 도처에서 그것에 편승하려는 것처럼, 민족주의는 모든 사회계층에서 대단히 인기가 있고 잠재력이 많은 이념임이 증명되었다. 물론 공산주의자들은 민족주의가 자신들의 영토에서 과도한 권력을 탐할 때에는, 이를 짓밟아 버리거나 또는 전통 무용수나 곡예사들에게만 필요한 것으로 제한했다.

민족주의는 프랑스혁명의 실패와 두 번에 걸친 전제적 통치의 실패, 다시 말해 프랑스혁명 이전의 전제적 통치와 혁명 이후 1832~48년 사이

---

[1] 1962년 시카고 판본에는 마지막 문장이 존재하지 않는다. 언어학이 강압적 수단과 손을 잡았거나 학자들이 농민들로 위장했다는 뜻으로 추측되지만, 정확한 맥락을 파악할 수는 없었다.

의 전제적 통치 양자가 모두 실패하면서 생긴 진공 상태를 메운 권위의 체계를 대표한다. 1815년 체제는 1789년 이전의 권력 체계, 곧 민주주의적 열망과 민족주의의 열망이 그들을 사로잡기 이전으로 되돌아가려는 기획이었다. 양자 모두를 무시하려 했던 시도는 단순히 보수적인 것이 아니라 말 그대로 양자 간의 관계, 곧 둘을 동일시하려는 것이었다. 그 이후로는 많은 사람들이 자유를 민족적 [자치] 정부를 수립하는 것으로 받아들이게 되었다. 압제를 당하고 있다고 느끼는 사람들에게 해답은 18세기의 휘그가 생각했던 것처럼 정당한 헌정[헌법]을 수립하는 것이 아니라 민족국가를 수립하는 것이었다. 또한 압제 속에 살고 있지 않다고 느끼는 사람들조차도 그들의 나라가 하나의 민족국가가 아니라는 것에서 오는 모욕감을 견디기 힘들어 했다. 그래서 마치니¹는 이렇게 썼던 것이다. "우리는 자유를 목적으로서가 아니라 더 높고 더 숭고한 목적을 가진 무엇을 위한 수단으로서 추구한다. …… 우리는 민족국가를, 그리고 하나의 민족 구성원들을 창조하고자 하는 것이다."

[제1차 세계대전에서] 승리한 연합국들이 1919년 베르사유조약에서 민족자결주의 원칙을 과도하게 주장했다는 점은 많은 문헌들에서 지적된 바 있다. 중부와 남동부 유럽을 무정부 상태와 재기 불능 상태로 몰아넣은 오스트리아-헝가리 제국의 분할은 어리석고 개탄스러운 일처럼 보인다. 물론 그 이외에 다른 어떤 대안을 찾기도 쉽지는 않았다. 우드로 윌슨이 민족주의를 주창한 것은 아니다. 그가 베르사유에서 했던 생각은 미

▌ 일생을 오스트리아의 지배를 받던 이탈리아의 독립에 헌신한 마치니는 가리발디나 카보우르와 달리 통일 이탈리아의 정체로 공화주의를 제창했다.

국과 영국의 역사에서처럼 민족국가가 자유국가가 되리라는 과도한 낙관주의였다(그의 생각과 달리, 사실 미국은 민족주의를 경험하기 훨씬 이전부터 자유국가였다). 이 같은 낙관은 [오스트리아·헝가리제국의 분할 이래로 제1차 세계대전이 발발한] 1914년까지 지속적으로 훼손되었다. 전쟁 중에 발생했던 어떤 사건도 민족주의를 좀 더 관용적인 것으로 만들지 못했고, 실제로 나타난 것은 그 반대였다. 사실 [전쟁이 종료된] 1919년까지 그 이외의 다른 기대를 할 수는 없었다. 민족주의가 까다로운 문제인 이유는 그것이 완전히 주관적인 것이나 허구적인 것이 아니라는 점에 있다. 남북전쟁 이후 미국에서처럼, 명확한 영토 내에서 단일한 통치하에 있는 다양한 사람들이 자신들 모두를 하나의 민족으로 생각하는 것은 그 자체로 그다지 커다란 위협을 초래하지는 않을 것이다. 하지만 언어나 종교, 인종이 민족의 기준이 되고 거기에 부합되는 사람들이 국경 너머에 살고 있을 경우에, "독일인 국적법"Auslandsdeutschen¹이 야기했던 것처럼 그들을 한데 포괄하려는 시도는 엄청난 문제를 야기하는 것이다.

가령, 인종적으로는 민족의 기준에 부합하지만 종교적으로는 그렇

ǀ 독일이 1871년 통일되면서 독일인은 그때 병합된 각 주에 살고 있는 사람들로 규정되었다. 1913년 제국 중앙정부가 수립되면서 독일인은 각 주에 속하거나 제국 중앙정부의 지배를 받는 사람들로 다시 규정되었다가, 1934년 히틀러의 제3제국이 수립되자 이 구분이 사라졌다. 1935년에는 "뉘른베르크 인종차별법"이 제정되면서 유태인을 제외하고 순수 독일인이나 독일인과 피가 섞인 사람들만 독일인으로 인정되었다. 문제는 국내의 유태인을 배제하면서 국외에 있는 독일 혈통의 사람들이 '독일인'으로 규정된다는 점인데, 실제로 이 법은 그런 의도를 갖고 있었다. 히틀러는 1938년 오스트리아에 있는 독일 혈통의 사람들이 모두 '독일인'이라고 규정하고, 이를 강제 병합의 근거로 삼았다.

지 않은 사람들, 지리적으로는 기준에 부합하지만 그 민족에 포함되기를 거부하는 사람들의 경우에는 어떻게 할 것인가? 아일랜드의 전통민요 〈산 반 보흐트〉Shan Van Vocht[|]는 "아일랜드는 바다 이편에서 저편까지 자유로울 것"이라고 노래했다. 1957년에 독립을 염원하는 아일랜드공화 국군IRA의 젊은이 14명이 국경을 넘어 영국령 북아일랜드의 경찰서를 공격했다가 처참하게 실패했던 일이 있다. 그때 숨진 한 젊은이의 성대한 장례식이 끝난 후, 아일랜드의 수도 더블린에서 팔린 팸플릿에는 이런 글 귀가 있었다. "싸움이 시작되었을 때 그는 큰 키에 마른 체격을 한 붉은 머리에 수염을 기른 젊은이였다. 그는 아일랜드가 자유로워질 때까지 수 염을 자르지 않겠노라고 말했는데, 이제 동지들의 어깨 위에 남은 것은 그의 사진뿐이다. 아일랜드어를 배울 기회를 박탈당했던 영국령 북아일 랜드 사람들은, [이 공격] 명령이 먼저 조상들의 언어로 내려지고 이를 알 아듣지 못하는 젊은이들을 위해 영어로 번역되었음을 기억할 것이다." 이 비유의 핵심은, 이 광기에 사로잡힌 젊은이가 어떤 기준에 의해 보더 라도 그 언어[아일랜드어]를 위해 순교한 것이 아니라, 어떤 인간의 용어 로 말하더라도 단지 살인자에 불과하다는 데 있다.

왜 누군가가 자신의 나라를 자랑스러워하고, 자신을 한 민족의 구성 원으로 생각하는 것이 문제란 말인가? — 시인들은 "자긍심을 가진 사 람"이야말로 사랑스러운 사람이라고 하지 않았던가. 하지만 그는 왜 하 나의 섬(어떤 정도 크기의?), 어느 한 평원, 한 계곡, 두 강 사이의 어떤 지

I 아일랜드어로는 Sean-Bhean bhocht로 쓴다. "가난한 늙은 여인"이라는 뜻으 로 1798년 아일랜드 독립 투쟁 당시에 불렸던 노래다.

역에 살고 있는 다수의 사람들이 각자의 충성 관념 아래에서 자치를 누리고 살아가고 있을 때, 그곳에 단일한 민족 언어가 존재해야 한다고 생각하는 것을 넘어 그곳에 **단일한** 민족국가가 반드시 세워져야 한다고 생각해야만 하는 것일까?(여기서 단일한 언어가 존재한다면 그것은 그들이 하나의 민족이라고 느끼는 사람들 대부분 혹은 다수에게서 발견되는 구어口語는 아닐 것이다.) 만약 민족주의가 의지나 자각의 문제일 뿐 객관적이고 합리적인 기준에 따른 어떤 것이 아니라고 한다면, 그냥 그대로 내버려 두자. 한 지역 내에 서로 다른 민족적 감성이 존재한다면, 그 모두를 똑같이 중요한 것으로 생각해서는 안 될 이유가 있는가? 만약 지역 내에 어떤 칸막이 — 지역별로 존재하는 언어의 칸막이 같은 것 — 가 작동하고 있다면, 그냥 그대로 두면 된다. 그런 영역에서 통치자가 정치적 통일성을 지향한다는 명목으로 물리력이나 술수를 통해 다수를 억압한다면, 바로 거기서 부정의가 시작되는 것이다. 그러나 또한 다수가 소수의 민족적 종교나 언어를 공격하고 파괴한다면, 그 역시 똑같이 심각한 부정의라 할 것이다.

우리가 말했듯이, 민족주의는 네 가지 거친 목소리를 갖고 있다. 첫째로, **민주적 민족주의**, 곧 인민주권의 신화는 소수자에게 가장 비관용적일 수 있다. 민주적 민족주의는 민족적 통치와 인민의 통치를 구분하지 못하는 혼란 속에서 번창하며, 위협적 수단 — 양 극단에 있는 사람들이 모두 소유하고 있는 — 을 사용해 서로 나뉘어 있는 사람들을 억지로 하나의 공동체로 만들고자 한다. 불과 3년 전[1959년], 실론[지금의 스리랑카] 정부가 타밀 소수민족이 자신들의 언어를 쓰는 것을 금지함으로써 타밀 소수민족 내에서 시민 불복종 운동이 일어나도록 부추긴 적이 있다. 실론은 하나의 민족이어야만 했다. 실론의 수상은 1961년 4월 26일에 국가 비상사태 선포를 정당화하면서 이렇게 말했다. "이런 시기에 우리는 정치적·종교적 차이를 내려놓아야 합니다. 지금은 모든 사람이 민족과 인민의 적에 대항해 단결할 때입니다." 이것이야말로 민족주의에서 나올 수 있는 최악의 논리적 수사라 할 수 있다. 시리마보 반다라나이케 수상은 민족적 단결을 위해 정치를 포기해야 하며, 정치적 타협을 추구하는 사람들을 인민의 적이라고 말하고 있는 것이다. 자코뱅주의의 끔찍한 발명품이라 할 수 있는 이런 유형의 사람들은 오늘날에도 여전히 번창하고 있다. "인민의 적"은 모든 시민적 권리를 박탈당하고, 말 그대로 정의의 너머에, 법 밖에 방치된다. 그것은 그가 곧 모든 인권을 상실하게 되는 첫걸음인 셈이다. 도대체 어떤 사람이 자발적이고 의도적으로 민족과 인민 모두의 적이 되려 하겠는가? 물론 답은 간단하다 — 정치인이다. 1961년 5월 3일, 『타임스』는 타밀의 나데산 상원의원의 말을 다음과 같이 보도했다. "실론이 맞닥뜨리고 있는 문제에 대한 진정한 해결책은 무장한 군대의 투입을 통해 찾을 수 없다. 실론이 앞으로 나아가고자 한다면 그것은 언어 사용 문제에 대한 정치적 해결책이어야 한다." 이 사태에 대한 진실이 실제로 어떻든지 간에, 그의 말은 무엇이 정치이고 무엇이 정치가 아닌지를 너무나 잘 보여 준다. 나는 이런 문제를 다루는 모든 경우들에서 [폭력적 방법이 아니라] 정치적 해결책을 선호하는 것이 그저 [평화적 방식만을 선호하는] 편견이 아니라는 점을 누구나 받아들일 수 있다고 본다. 유태인들과 마찬가지로 타밀인들 역시 그들이 될 수 없거나 되기 어려운 무엇을 위해서 고통받았기 때문이다.

둘째, **외세의 압제와 착취**는 대체로 민족주의를 억누르기보다 그것을 만들어 냈다. 대부분의 아프리카 신생국들은, 우연히 외세의 압제와 지배에 시달렸다는 것 말고는, 그 어떤 "객관적 민족성"에 부합하는 것을 갖고 있지 않다. 이 같은 "신민족주의"에는 유럽의 식민 지배 이전으로 거슬러 올라가는 공통의 역사적 기반이 거의 존재하지 않는다. 산업화만큼이나 모든 내용을 유럽으로부터 배운 [신생국들의] 민족주의는, 외세를 몰아내겠다는 소박한 야망에 대단히 긍정적인 의미를 부여해 주었다. 이 같은 야망은 전적으로 정당한 것이며, 몇몇의 경우에는 어느 정도 또는 전면적으로 민주적 노선에 따라 정치적 대표를 요구했던 운동의 부산물이었다. 억압에 대한 공통의 경험은 격렬한 열정의 공동체를 만들어 낼 수 있다. 과거는 이미 흘러간 만큼, 오늘날의 질문은 다음과 같다. 곧 과연 외세만 사라지면 이 같은 격정이 다양성을 용인할 수 있을까? 민족해방운동에서 미덕으로 간주되었던 규율, 통일성, 충성심, 폭력 등의 습관은 새로운 정부에서는 대개 악덕이 된다. 연대성은 (영원히) 그 자체로 목적이 된다. 제국주의자들이 사라진 뒤에도 제국주의에 대한 투쟁은 오랫동안 지속된다. 적의 지속적인 현존은 집권당이 계속해서 집권할 수 있는 통일성을 만들어 내기 때문이다. 그들이 통치하는 영토가 기존의 정부 권력과 동일한 수준의 중앙집권적 권위에 의해 통치되기를 원한다면 그 영토에 존재하는 사람들이 같은 민족이라는 점을 사람들에게 확신시켜야 한다. 그리고 이 새로운 권력은 즉각 사용 가능해야 하고 언제나 활동적이어야 한다. 그 권력은 경외심을 통해 복종을 요구할 만한 예비적인 자원을 [제국주의 국가들처럼] 식민지 영토와 같은 해외에 갖고 있지 않기 때문이다. 정치적 대표에 대한 요구가 "민족 해방"이라는 절대적 주장보다 선행한다면, 새롭게 집권한 통합 권력은 정치적인 제도를 수립할 수 있을 만큼 현명하다고 할 수 있다. 만약 이것이 나이지리아에서처럼 적절한 시기에 이루어진다면, 정부의 교체가 자유의 정치를 고양할 수도 있을 것이다. 만약 그것이 가나나 케냐에서처럼 다소 지체된다면, 그 결과가 어떠할지에 대해 우리는 확신할 수 없을 것이다. 왜냐하면 정치적 표현이 부인되었을 때 폭력에 의지하는 사람들의 습관이 정치적 신중함보다 강한 것으로 드러날 수 있고, 정치를 작동시킴으로써 "스스로와 타협하는" 사람들의 습관보다 폭력에 의지하는 것이 대중들에게 더 높이 평가되기 때문이다. 그러나 콩고에서처럼 정치적인 제도가 전혀 마련되지 않는다면, 그 결과는 무정부 상태일 것이다. 기존 지배 권력의 철수는 종교적·종족적·부족적·지역적 분열을 드러낼 것이다. 여기에 질서를 가져올 수 있는 것은 오직 기존의 정치적 장치뿐인데, 이것이 실패할 경우에는 중앙집권적인 민족주의 이데올로기 — 국민군의 도움을 받는 — 에 의지할 수밖에 없다. 정치가 곧바로 실행 불가능한 상황도 있을 것이다. 그러나 표현의 자유가 존재하는 곳에서는, 공동체 구성원 전체가 완전히 한 마음을 품고 있어서 정치라는 것이 아예 필요치 않은 상황이란 존재하지 않을 것이다.

셋째, **인종주의**가 민족주의와 필연적으로 연결되는 것은 아니다. 사실 그 둘은 형식적으로 상반된 이념이다. 인종주의는 사이비 과학이라는 표현 양식을 가진 육체에 대한 신화인 반면, 민족주의는 문화적·역사적 표현 양식을 가진 마음에 대한 신화이다. 인종주의는 미국에서처럼 한 국민을 갈라놓을 수도 있다. 거기서 흑인들은 "미국인"으로서 그 습관과 열망 면에서 전혀 손색이 없는 존재들임에도 말이다. 독일에서도 유태인 공동체는 19세기 중반 이래로 나치가 그것을 불가능하게 만들기 전까지, 전쟁과 평화의 시기에 모두 선량하고 심지어 민족주의적인 집단이었다. 인종적 사고와 계급적 사고는 모두 역사[발전]의 "열쇠"이자, 인간의 조건에서 나타나는 모든 문제를 바로잡을 수 있는 계획으로서 두 개의 강력한 대안적 이데올로기라 할 수 있다. 마르크스주의와 마찬가지로, 인종주의는 민족주의를 위한 전제 조건이 아니라 사실 그것의 동반자 혹은 기생물이다. 인종주의 이론은 특정 유형의 민족주의자들에게 특히 유용한 것처럼 보이는데, 그들은 인종주의를 너무나도 손쉽게 이용한다. 심지어 민족주의와 인종주의를 아예 구분하지 않을 수도 있다. 이 같은 민족주의자들은 인종주의의 심연에서 악마를 불러낼 수도 있지만, 자신이 불러낸 악마를 쫓아내지 못할 수도 있다. 인종주의는 민족주의의 전도된 형태다. 진정한 민족주의자는 인종주의와 반대로 민족들 간의 평등을 믿는다. 이런 맥락에서 마치니는 모든 인민들에게는 민족국가를 형성할 권리가 있으며, 동시에 어떤 민족도 다른 민족을 억누르지 않아야 할 의무가 있다고 역설했다. 좀 더 정확히 말해서, 민족주의란 이데올로기가 아니다. 모든 역사는 민족의 역사이지만, 모든 민족의 역사는 또한 제각기 유일무이한 것이다. 하나의 진정한 민족적 역사의 유형 같은 것은 존재하지 않는다. 최악의 경우 민족적 편협성이 나타나더라도, 거기에조차 다양성이 존재한다. 물론 이런 상황이 지속되면 정치적 행위를 저평가하고 저해함으로써 이데올로기적 사상으로 나아가게 되는데, 그 안에서 공과 사의 구분은 무너지며 모든 행위는 민족적 행위가 된다. 모든 행위에는 민족적인 방식이 존재하고, 모든 것은 민족적 방식으로 행해져야 하는 것이다. 인종주의는 어느 한 민족을 여러 동등한 민족들 사이의 하나가 아니라 그것들 중에서 으뜸가는 것으로, 잡종들 사이에서 빛나는 최고의 순종으로 만들어 주는 완전한 이데올로기를 제공할 수 있다. 또한 인종주의는 한 민족이 세계사에서 고유한 역할을 부여받았다는, 곧 그들이 다른 인종과 민족들에 비해 우위에 있다는 사이비 믿음도 제공할 수 있다. 그리고 이것은 앵글로 아메리카에서 앵글로색슨 인종주의가 나타났던 것처럼, 그리고 19세기 후반 독일의 역사 저작들에서처럼, 민족들 간의 동맹을 결성하는 데도 활용될 수 있다. 오늘날에는 혈연, 혈통, 후손을 강조하는 아랍에서 이와 비슷한 현상이 나타나고 있으며(통합의 필연성에 대한 다른 주장들에 비해서는 덜 허구적으로 보이지만), 백인 인종주의에 대항해 아프리카 일부 지역에서는 흑인 인종주의가 나타나고 있다. 만약 한 민족이 본래의 자연적 영토를 넘어서기를 원하거나 또는 그 영토에 살고 있는 다수의 주민들이 민족으로서의 지위와 시민권을 가질 수 있다는 사실을 부인하고자 한다면, 그것은 민족주의의 이론적 범주를 넘어선 정당화를 필요로 한다. 모든 민족이 독립국가가 될 수 있는 동등한 권리를 가진다는 것은 영토적 확장의 여지를 남기지 않는다. 그래서 인종주의는 한 민족이 다른 민족을 억압하는 것을 정당화하는 이론이 된다. 민족주의의 시대 이전에 존재한, 서로 다른 민족들에 대한 하나의 통치 기구였던 제국은 제국이 신성한 의무를 지녔다는 종교적 기반이나 공정한 법과 질서를 수호한다는 효용성의 측면에서 정당화될 수 있었다. 하지만 민족주의가 이 두 가지 조건을 모두 파괴해 버린 뒤에는, 오로지 인종주의만이 한 민족의 다른 민족에 대한 자연적 우월성을 입증하는 근거가 되었다. 제국주의는 제국 형성의 민족주의적 형태였던 것이다. 물론 그것이 더 나은 세계일 수도 있다. 하지만 제국주의의 경제적 동인이 인종주의적 정당화와 명확하게 구분되지 않는 한 현실은 그렇게 될 수 없다.

오랫동안 존속한 국가에서 나타난 민족주의는 새로운 민족주의의 몇몇 위험들로부터 다소간 자유롭다. 영국, 미국, 네덜란드, 스위스, 스웨

덴은 모두 민족주의, 특히 인종주의와 산업화가 부상하기 이전에 굳건한 법적·애국적 기반을 가지고 있던 영토 국가들이며, 이들은 새로 생겨난 국가들이 이 같은 이념들로 겪었던 특별한 어려움을 회피할 수 있었다. 국가가 이미 존재하고 있었기 때문에, 통합을 이루기 위해 민족주의가 따로 필요하지 않았던 것이다. 사실 민족주의가 처음 나타났을 때, 그것은 애국심과 크게 구분되지 않았다. 영국 제국주의도 한때 독일 제국주의가 독일 자유주의의 성장을 억압하고 좌절시켰던 방식으로 국내의 정치제도들을 심각하게 위협했던 때가 있었지만 그것은 일회적이었다. 영국의 민족주의는 단지 기존의 역사적 경험이 압축적으로 나타난 것일 뿐, 혁명적 힘은 아니었다. 민족은 통치 단위로 규정되었는데, 왜냐하면 영국은 웨일스, 스코틀랜드, 그리고 아일랜드 일부를 포괄하고 있었기 때문이다. 다시 말해, 국가가 민족을 통해 정의될 수는 없었다. 물론 아일랜드는 중대하고도 심각한 예외에 해당했다. 사실 아일랜드는 무력에 의해 정복된 영토였다. 1800년 아일랜드 의회의 폐지와 더불어 그에 대한 정치적 해결 방식이 처음부터 무산되었는데, 공공 부문에서 가톨릭 신자들을 배제함으로써 그 가능성은 완전히 사라졌다. 여러 측면에서 아일랜드는 근대 민족주의의 실험장이었다. 1848년 이전에는 고전적 민족주의 이론의 계승자들이, 식민지 시대가 끝나는 시기에는 새로운 민족주의 운동의 선구자들이 나타났다. 아일랜드는 무력으로 정복되었다가 식민지로 합병된 경우와, 다른 민족국가의 영토 내에 존재하는 억압받는 소수민족이라는, 두 가지 경우의 중간에 위치했던 것이다. 영국 정치에서 아일랜드 문제에 대한 중대한 위협은 1913년과 1914년에 나타났다. 야당이었던 보수당은 아일랜드에서 일어난 폭동을 묵인하는 데 그치지 않고, 커러 반란 당시 아일랜드 주둔 영국군 장교들이 아일랜드 북부 얼스터 지역의 신교도들에 대한 "자치법"Home Rule 적용을 거부하겠다고 발표하도록 사주했다.[1] 만약 아일랜드의 가톨릭 민족주의와 영국의 보수적 민족주의(그 당시 이것은 말 그대로 분명히 애국주의가 아니라 민족주의였다)가 일시적으로라도 서로 비타협적으로 부딪쳤다면, 영국은 내전에 직면했을 것이다.

미국의 민족주의는 영국에 대항해 반란을 일으킨 13개 주가 대륙 의회에서 하나의 연방 국가로 결합하는 중대한 정치적 발전이 일어난 지 한참 뒤에야 나타났다. 독립 직후에 미국의 통합은 특정한 공동의 언어나 종교 또는 혈통에 의존하지 않았다. 모든 것이 우발적이었고, 무정부적이었으며, 혼란 속에 있었다. 민족적 정체성은 헌법 그 자체, 그리고 독립선언문에 포함된 정치적 원리에 나타나 있었다. 그것은 미국이 일련의 합의된 정치제도들에 따라 통치돼야 한다는 지극히 정치적인 동의를 의미했다. 정치 그 자체야말로 미국의 민족적 통합을 가능하게 하는 기반이었

---

[1] 아일랜드 자치법안은 1886년과 1893년 두 차례 영국 의회에 상정되었으나 의회에서 통과되지 못하고 있었다. 그러다 1912년 4월 자유당 정부가 제출한 제3차 자치법안이 1913년 1월 의회를 통과했고, 1년 후 국왕의 인준과 함께 정식 법률로 실행될 예정이었다. 이에 아일랜드 북부 얼스터 지역의 신교도들이 자치법안에 반발하고 얼스터 분리 운동을 전개하며 대대적인 무장 조직을 결성했다. 이에 대해 자유당 정부는 1914년 3월 아일랜드 커러에 주둔하고 있던 영국군을 얼스터에 파병해 이를 진압하려 했다. 그러나 정부의 이 같은 합법적 명령에 일부 부대의 장교들이 집단적으로 반발하며, 정부의 파병 명령을 거부하고 사직원을 제출했다. 이 사건을 흔히 커러 반란 사건으로 부른다. 결과적으로 당시 내각은 심각한 위기에 처했고 법안을 일부 수정했다. 이는 영국 내전 이후 군대의 반란이 정치적 성공을 거둔 대단히 예외적인 사건으로 기록된다. 이에 대해서는, 최재희, 「1916년 부활절 봉기, 아일랜드 민족운동의 전환점」(『역사비평』 67호, 2004) 참조.

다. 문화적 민족주의만이 사람들의 기억 속에 여전히 남아 있을 뿐, 오랫동안의 공화주의적 삶 속에서 민족적 역사는 결여돼 있었다. 민족주의는 이 정치적 합의가 노예제 문제로 인해 붕괴되었을 때 겨우 모습을 드러냈다. 그때조차도 그 민족주의는 연방Union을 의미한 것이었지, "국가"the State를 지향한 것은 아니었다(19세기 내내 여행자들은 양키 애국주의의 호전성에 대해 언급했지만, 동시에 그들은 거기에 "국가의 개념"은 "부재"하다고 증언하고 있다). 연방은 살아남았다. 이는 자유국가가 스스로를 지킬 수 있다는 것을 증명한 것이다. 이 민족주의는 고도로 다원화된 사회에서 주권권력의 행사를 정당화하기 위해 일어났지만, 실제로 인종주의와 싸우고 있었다. 만약 남부의 반란이 성공했다면, 인종주의의 추종자들은 고비노나 체임벌린의 잘 조율된 미친 소리 대신에, 남북전쟁 전 남부의 대학교수들이 쏟아 낸 마구잡이식 불협화음을 읽고 있을지 모른다.[1]

캐나다의 경우는 민족주의가 민족적 통합의 필수적 전제 조건이 아니라는 점을 보다 분명하게 보여 주는 사례다. 1867년에 일어난 통합의 동인은 군사적·경제적 요인이었다. 우선 미국의 팽창주의라는 실제적 위협

---

[1] 고비노와 체임벌린은 나치의 인종주의에 기여한 학자들이다. 여기서는 이들이 주장한 논리에 비해서도 훨씬 저급한 수준의 인종차별 논리를 당시 미국 남부의 대학 교수들이 주장했다는 뜻으로 보인다. 조제프 아르튀르 고비노는 인류학자로, 인도-유럽 어족이 다른 모든 인종보다 우수하며, 코카서스 인종의 게르만족(아리아족)은 이들 중에서도 아름다움, 신체적 힘, 지적인 능력에서 다른 인종이나 종족들을 훨씬 능가할 뿐 아니라 가장 순수한 혈통을 잘 유지하고 있다고 주장했다. 휴스턴 체임벌린은 영국 태생으로 바그너의 딸과 결혼해 독일에서 살았는데, 1899년 『19세기의 기반』 The Foundations of the Nineteenth Century이라는 책에서 한 민족의 역량은 뇌의 용량에 기초하며, 이 기준에서 볼 때 게르만 인종이 가장 우수하다고 설파했다. 괴벨스는 그를 "우리 정신의 아버지이며 선구자, 안내자"라고 찬양했다.

이 존재했다. 서로 분리된 식민지들이 거대한 이웃인 미국에 전적으로 의존하지 않기 위해서는, 대륙횡단철도의 공동 건설을 통해 식민지들 간의 무역을 증대할 필요가 있었다. 통합의 성공은 서로 분리된 식민지들과 주들에 이미 존재하고 있던 정치적 제도들과 관습의 결과였다. 그것은 부분적으로 대단히 어려운 과정 ― 그러나 결코 혁명은 아닌 ― 을 포함하고 있었는데, 바로 세계적으로 가장 강력하고 배타적인 민족주의를 보여 주는 프랑스령 퀘벡을 수용해야 했던 것이다. 하지만 프랑스령 캐나다[퀘벡]에는 대단히 위대한 정치인들이 있었다. 윌프리드 로리에 경¹은 1877년에 동료[프랑스계] 캐나다인들에게 정치적 진실에 대해 다음과 같이 명료하게 말했다. "여러분은 공동의 종교 외에는 그 어떤 유대도, 그 어떤 토대도 없는 모든 가톨릭 신도를 하나의 정당으로 엮고 싶어 합니다. 그러나 바로 그 사실 때문에 여러분은 또한 모든 개신교도들을 하나의 정당으로 조직하게 될 것입니다. 그리고 그렇게 되면, 여러분들은 모든 캐나다인들 사이에 존재하는 차이들 사이에서 오늘날 지배적으로 나타나고 있는 평화와 조화 대신, 전쟁 곧 모든 전쟁 가운데 가장 끔찍한 종교 전쟁으로 통하는 문을 열게 될 것이라고 생각해 보지 않으셨습니까?" 오늘날 **단일한** 캐나다 민족주의가 필요하다고 말하는 사람들은 단지 애국심, 곧 하나의 조국(실제로는 두 개의 민족 모두를 포함하고 있는)을 사랑하는 마음이 투철한 사람이거나 불필요하고 허무맹랑한 일에 매달리고 있는 사람들일 것

---

¹ 퀘벡 출신으로 영국계와 프랑스계의 통합을 위해 노력했고, 1896년 프랑스계로는 처음으로 캐나다 수상이 되었다. 15년간 수상을 지냈고, 31년간 자유당 당수였다. 캐나다 통합의 기초를 놓은 인물로 캐나다 5달러 지폐에도 그의 얼굴이 새겨져 있다.

이다 — 이것이 허무맹랑한 이유는 그것이 단지 적대의 한 형태이지, 어디서든 존재하는 민족주의의 위세 앞에서 "정치 따위"가 보여 주는 불필요한 수동적 태도인데다, 이론에 현실을 끼워 맞춰 평가하려는 것이기 때문이다.

정치를 통해 성장한 민족국가들은 오직 위기의 시기에만 정치를 포기할 필요를 느낀다. 이것은 명백하고 현존한 위험에 직면한 국가들이 스스로를 보존하고자 하는 필요에 지나지 않는다. 그런데 이것이 민족주의의 이름으로 행해지면, 이 같은 정서는 위기 자체보다 더 오래 지속될 위험이 있다. 외국인을 싫어하는 정서는 민족주의 없이도 존재할 수 있지만, 이것이 민족주의와 결합해서 외국인 혐오가 되면 그것은 정상적인 정치적 분별력을 심각하게 왜곡하는 그럴듯한 이론이 된다. 전쟁의 목적이 제아무리 진지하게 제한적으로 선포된다 해도, 투쟁의 성격은 민족주의적인 것이 될 수 있다. 그때 이 투쟁은 상대방의 어떤 특정 행위나 정책에 대한 것이 아니라 상대방의 인민들 그 자체를 상대로 한 것이다. 그 결과 [베르사유] 평화조약도 그렇게 되었는데, 그것은 정치적 평화보다는 민족적 복수의 도구가 되었다. 베르사유조약은 유럽에 평화를 가져오는 데 실패했다. 그 이유는 이 조약이 자립하기에 너무 약한 민족국가들을 너무 많이 양산했다기보다는, 프랑스나 영국의 민족주의가 독일에 너무 많은 전쟁 보상금을 요구해서 독일 정치를 극도로 불안정하게 만들었기 때문이다. 복수의 정치는 정치가 아니다. 복수란 이미 과거에 불과한 고통을 현재에 없애고자 하는 헛된 시도에서 출발한 미래에 대한 무모함이다. 민족주의는 동맹국들이 그들 스스로의 이익에 반해 행동하도록 만들었다. 독일 사람들을 마치 처벌받아야 하는 죄인들처럼 취급함으로써 독일인들은 베르사유조약이 철회되지 않는 한 그들의 국가적 자긍심을 결코 회복하지 못할 것이라고 확신하게 되었다. 전체주의자와 달리 민족주의자는 — 마키아벨리가 제시한 해결책처럼 — 정복한 국가를 완전히 장악하고 철저히 파괴한 후 재건하려 하지 않는다. 대신 그는 다음 세대를 위해 감정 상하지 않게, 마음을 아프게 하거나 모욕을 주거나 분쟁의 씨앗을 뿌리는 일 없이, 그것의 날카로운 이빨만을 제거해서 평화를 구축하려는 일에 열정적으로 매달린다. 물론 베르사유조약을 비판하는 것이, 그 조약을 부정하는 모든 자들 — 독일에서는 나치, 영국에서는 유화론자들 — 의 동기를 옹호하는 것은·아니다. 또한 [베르사유조약이 체결된] 1919년에 [프랑스와 영국 등 제1차 세계대전 승전국들의] 민족주의가 그것이 가져올 수 있는 이익을 스스로 저버렸다고 주장하는 것이, 독일이 타국에 대한 존중의 경계를 넘어서 — 무제한 잠수함 작전, 그리고 폴란드를 식민화하고 폴란드인들을 보다 동쪽으로 "이주"시키려는 시도를 통해 — 전쟁을 일으켰다는 사실을 부인하는 것은 아니다. 하지만 권력을 가진 자에게는 책임이 따르는데, 정치적 권력이란 곧 제한적 권력이기 때문이다. 패한 것은 독일 민족이 아니라 독일 군대였다. 연합국은 평화를 **강요할** 수 있는 힘과 권리를 가지고 있었다. 그러나 그들은 동시에 지속 가능한 평화를 **구축해야** 할 보다 큰 책임을 가지고 있었다. [이런 맥락에서] 버크는 "[평화란] 법률가가 나에게 해도 괜찮다고 하는 것이 아니라, 인간성, 이성, 그리고 정의가 나에게 그렇게 해야 한다고 말하는 것이다. 보다 관대한 정치적 행동이 보다 나쁜 정치적 행동은 아니지 않는가?"라고 역설했던 것이다.

1944년과 1945년의 독일에 대한 무조건 항복 요구가 전쟁을 잔혹하게 연장시켰고 전후의 재건을 더욱 어렵게 했다는 사실을 부정하기는 어렵다. 또한 그것이 일시적으로 정치적 감각을 상실한 민족주의의 산물이 아니라고 생각하기도 어렵다. 사실 이 같은 요구는 전체주의라는 적이 선택한 것과 똑같은 극단적 논리를 취한 것처럼 보인다. 거기에서는 통치의 기술이 발휘되지 않았으며, 이는 모든 독일인이 나치라는, 실로 의심스러운 전체주의적 슬로건에 기반을 둔 어이없는 보복이었다. [독일인 전제를 나치로 모는] 이런 정치적 수사는 ─ 비정상적으로 두꺼웠던 탁자만 아니었던들 성공했을 스타우펜버그 대령의 [1944년] 히틀러 암살 계획이 보여 주듯 ─ 커져 가고 있던 독일 내의 나치 반대파들을 곤경에 빠뜨렸지만, 그럼에도 불구하고 적어도 미국과 영국이 "무조건 항복"이라는 비정치적 가정을 희석시키기 위해 모종의 정치적 타협을 시도하지 않았으리라고 보기는 어렵다. [독일의 무조건 항복을 받아 낼 것을 고집한 강경파] 반시타르트 경의 주장보다는, 우리의 의심을 뒷받침하는 설득력 있는 증거들이 많다. 그 시대의 격렬한 논쟁을 살펴보기 위해 헤일샴의 퀸틴 호그 경이 쓴 『좌파는 한 번도 옳은 적이 없다』(1945)를 참고해 보자. 그는 1944년 하원에서 있었던 연설들 가운데 두 대목을 비교하면서, 전자에서는 마치 정직한 사람들이 주장하는 정제되지 않은 이상주의를, 후자에서는 그들의 진솔한 상식을 엿볼 수 있다는 식으로 대조했다. 먼저 그는 어나이린 베번'을 인용했다. "전쟁이 끝나면, 독일인들을 우리와 다른 독특한 사람들로 간주하는 대신, 그들 대부분을 우리처럼 나치 정권에 의

▎ 노동당 의원으로 1945년 노동당 애틀리 내각의 보건부 장관, 노동부 장관을 지냈고, 영국의 무상 의료 체계 NHS를 처음 제안해서 관철시켰다.

한 피해자로, 우리와 같은 방식으로 행동할 가능성이 매우 높은 사람들로 생각합시다." 이것은 다소 지나친 감이 있었다. 뒤이어 명석하면서도 약삭빠른 퀸틴 호그 경은 다음과 같이 앤서니 이든 경의 연설을 인용하며 큰 소리로 동의를 표했다. "미래에 대한 우리의 계획을 결정할 때 반드시 기억해야 할 것은 이것입니다. 독일이 가진 특징 가운데 가장 중요한 것은 국가가 의심의 여지가 없는 권위를 갖는다는 것입니다. …… 만약 우리가 그것을 놓친다면, 우리는 나치의 강령이 그처럼 쉽게 독일인들에게 받아들여진 이유를 이해할 수 없습니다. 그 이유는 나치의 강령이 평범한 독일인들 사이에서 200년 이상 자리 잡고 있던 어떤 호전적 형태의 믿음 안에서 표현되었기 때문입니다." 여기에서는 과도한 단순화가 갖는 비극적 요소가 잘 드러나는데, [사실과 너무 동 떨어진 이야기라서] 패러디를 통하지 않으면 표현될 수 없었던 것이다. 그러나 이는 전시 민족주의 앞에서 다양성에 대한 정치적 감각이 완전히 붕괴했음을 보여 주는 것은 아니며, 다행스럽게도 부분적으로만 손상을 입었음을 보여 주는 사례다. 정치적 습성은 [영국인들 사이에서] 다시 발휘되었는데 — [제2차 세계대전에서의] 승리와 더불어 — "독일 문제"에서 그것이 가진 외양상의 단순성이 사라졌고, 또한 독일인들이 절대적으로 모두 똑같이 보이지도 않았기 때문이다.

그래서 민족주의는 정치적일 수도, 그렇지 않을 수도 있다. 그것은

❙ 보수당 의원으로 외무차관, 유엔 영국 대표를 지냈다. 1939년 보수당 체임벌린 내각에서 내무장관, 외무장관을 지내며 대 독일 강경책을 주장하다 사임했다. 제2차 세계대전 중 처칠 내각의 외무장관으로 복귀, 1955~57년에 보수당 정부의 수상을 지냈다.

자유 정부가 극복할 수 있는 여러 특수한 위험을 야기한다. 민족주의에 대한 존 스튜어트 밀의 견해에 대해 액튼 경이 가한 유명한 비판이 있다. 밀은 "일반적으로 정부의 경계가 다수 국민의 민족적 정체성과 일치하는 것은 자유로운 제도의 필수적 조건"이라고 주장했는데,[1] 액튼 경은 이 주장이 무용한 이상주의이며 일반적 원칙으로는 작동하지 않을 것이라고 생각했다. 그러나 밀은 동시에 다음과 같이 썼다. "민족주의 정서가 강하게 존재하는 곳"에서는 이 사실 자체가 민족적 정부를 구성해야 한다는 주장을 하는 사람들에게 "확고한 근거"가 되고 — 한발 더 나아가 — "서로 다른 민족적 정체성으로 이루어진 국가가 자유로운 제도를 유지하는 것은 매우 어려운 일이다." 여기서 밀은 구 휘그[2]가 생각하던 민족주의나 애국주의라는 개념을 넘어서는 무언가에 대해 말하고 있으며, 그것을 옹호하지는 않지만 그 현상에 대해서는 인식하고 있다. 민족국가에 대한 밀의 인식은 민족주의적이거나 원리주의적인 것이 아니라 실질적이며 맥락적인 것이었다. 그래서 액튼 경의 응수는 — 그것을 응수라 할 수 있다면 — 핵심을 잘못 짚은 것이다. 사실 액튼 경 또한 다음과 같이 말했다. "만약 우리가 자유의 수립을 …… 시민사회의 목표로 삼는다면, 그런 국가는 영국이나 오스트리아 제국처럼 실질적인 수준에서 서로 다른 다양한 민족적 정체성을 억압하지 않고 포용하는 데 완전히 성공한 나라라

---

[1] 이 부분에서 언급되는 밀의 민족(주의)에 대한 견해는 『대의정부론』(서병훈 옮김, 아카넷, 2012) 16장 「대의정부와 민족문제」(286-89쪽)에 나타나 있다.

[2] 17세기 중반 가톨릭 교도였던 제임스 2세의 왕위 계승에 반대했던 정치 세력으로, 이 갈등은 후에 명예혁명이 일어나는 계기가 된다. 18세기에 자유주의를 표방하는 정당으로 발전했고, 19세기에 선거권이 확대되는 과정에서 '자유당'으로 개칭했다.

고 결론 내야 한다. …… 서로 다른 민족들을 만족시키는 데 실패한 국가는 비난받아 마땅하며, 그들의 정체성을 무력화거나 국가로 흡수해 버리거나 그들을 추방하려는 국가는 스스로 활력을 파괴하는 것이다. 서로 다른 민족들을 포용하지 않는 국가는 자치의 핵심 기반을 결여하고 있는 것이다.[1] 밀에 대한 비판에서 액튼 경의 이 같은 전체 맥락은 거의 인용되지 않는다. 무엇보다 위 발언의 마지막 문장은 액튼 경 스스로가 민족주의를 "자치의 핵심 기반"으로 보고 있다는 사실을 명확히 보여 주는데, 그는 오스트리아 연방이나 영연방의 정치체제에서 실질적인 지역 자치가 허용되기를 바라고 있다. 따라서 그가 이상적인 것으로 언급한 두 가지 사례는 국가가 형성되는 전형적 경로일 뿐이다. 사실 논쟁의 구도가 민족주의냐 정치적 자유냐 중에서 양자택일인 적도 없었고, 앞으로도 결코 그렇게 될 수는 없을 것이다. 문제는 오히려 불가항력적인 민족주의의 물결 속에서 정치를 어떻게 보존할 것인가 하는 것이다.

　민족주의자들은 그들이 민족적 자유와 정치적 자유를 모두 끌어안을 수 있다는 점을 보여 줘야 한다. 물론 현실적으로는, 혁명적 정의의 시대가 영원히 지속될 수 없으며, 한때 민족주의가 개인의 자유가 넘쳐흐르기 위한 조건이자 [자유를 위한] 최선의 기반으로 주장되었다는 사실이 더욱 자주 상기될 필요가 있다. 물론 이것이 아직 사실로 나타난 것은 아니다. 정치적 자유와 민족주의 사이의 균형은 전 세계적으로 흔들리고 있고, 이 균형이 실현되었다고 보기 어려운 근거들도 충분하다. 예를 들어,

ㅣ 액튼 경이 1862년에 쓴 「민족성」Nationality이라는 글의 일부분이다.

이스라엘은 폭력에 의해 세워졌고 공포 속에서 살고 있으며 가장 강렬한 민족주의를 품고 있지만, 여전히 자유의 정치를 보존하고 있는 것 같다. 반면 가나는 비록 그 역시 어려움을 겪기는 했지만 이스라엘에 비하면 국가의 탄생은 훨씬 쉬웠고 누구에게도 위협받은 적이 없지만, 자유를 상실하거나 파괴할 위험에 처해 있는 것으로 보인다. 왜 그런 것일까? 아마도 그 두 나라의 역사와 조건들에서 나타나는 거대하고도 분명한 모든 차이들을 인정하고 나면, 간명한 사실 하나가 남게 된다. 그것은 어느 한 나라에서는 정치적 자유와 민족적 정체성을 함께 보존하려는 의지가 더 강했다는 것이다. 아마도 가장 깊고 가장 폭력적인 억압을 당해 본 사람이라면 누구나 개인의 자유를 갈망하고 거기에 천착할 것이다. 반면 오직 모욕과 불의만 알고 있는 사람은 국가적 복수심이나 민족적 위신에 대한 열망 앞에서 자유의 가치를 평가절하하게 될 것이다. 파드라크 피어라스 [패트릭 헨리 피어스][1]의 자랑, 곧 식민지에서 자유인으로 살기보다는 자유로운 아일랜드에서[4] 죄수가 되고자 한다는 말은 참으로 사실일 것이다.

파넬이 거리를 걸어 내려와, 외치던 사람에게 말했다네.

"아일랜드는 자유를 얻을 것이고, 당신은 여전히 돌을 부수고 있을 거

---

[1] 아일랜드의 교사, 변호사, 작가이자 민족주의 운동가였다. 1916년, 36세 때 영국의 아일랜드 지배에 반대하는 '부활절 봉기'를 이끌었고, 더블린의 중앙우체국에서 아일랜드 공화국을 선포했다. 6일간의 항쟁 후 다른 주모자 14인과 함께 붙잡혀 처형됐다. 2년 뒤 1918년 총선에서 아일랜드 공화주의자들은 아일랜드 의회의 다수 의석을 차지하는데, 이들 중 다수는 부활절 봉기에 참여했던 사람들이었다. 아일랜드 의회는 1919년 독립을 선포하고, 2년간 전쟁에 돌입했다. 1921년 아일랜드의 남부 26개 주는 독립을 쟁취했고, 신교 지역인 북부의 6개 주만 영연방에 남게 되었다.

예요."

    파넬은 19세기 후반에 활동한 아일랜드 민족주의자다. 아일랜드를 대표하는 영
국 하원의원이었으며, 아일랜드 독립을 추진하다가 체포되었다. 1938년 윌리엄 예
이츠는 그를 기리는 두 줄짜리 시 <파넬>을 썼는데, 본문에 실린 것이 시의 전문이
다. 여기서는 아일랜드의 독립을 민족주의의 승리로, 그리고 독립 후에도 여전히 돌
을 깨뜨려 던지려 한다는 것은 정치적 자유가 보장돼 있으며 여전히 더 많은 자유를
위한 투쟁이 지속됨을 의미하는 것으로 이해할 수 있다. Nicholas Grene, "Yeats
and the Mythopoeia of Parnell," 『한국예이츠저널』, 제46권(2015년 4월), pp.
21-34 참조.

기술로부터
정치를 옹호함

어떤 대가를 치러서라도 확실성을 추구하고자 하는 욕망은 정치에 실로 커다란 위협이 된다. 이 같은 발상은 대단히 추상적이고 평범한 것 같지만 의외로 강력하며, 수많은 단순한 신념이나 여러 정교한 교리의 깊은 뿌리이기도 하다. 우리는 지금까지 실제로 존재하거나 존재할 법한 방식의 통치 유형에 대해 검토해 보았다. 이런 유형의 통치 방식들은, 비록 정치적 지배의 대체물로서는 바람직하지 않다고 해도, 적어도 다양한 수준에서 행위의 구체적 준칙들을 제시하고 있기는 하다. 하지만 그것들 모두에서, 심지어 자유로운 정체에서도 발견되는 하나의 공통점이 있다. 이 공통점은 피할 수 없는 근대의 독특한 특징으로서 매우 추상적인 관념들의 조합이며 사회질서를 유지하는 정치적 방식들에 대한 믿음을 허물어뜨릴 수 있다. 그 관념들은 모두 특정 집단들의 이해관계 ─ 그들이 다른 집단에 강요하고 싶어 하는 것은 그들 자신의 확실성이다 ─ 와 분명히 관련돼 있는 것처럼 보인다. 그런 확실성은 가장 객관적인 것으로 여겨지는데, 그 이유는 순전히 사람들이 그것들을 진실이라고 믿기 때문이다. "그것들은 진실임에 **틀림없어.** 왜냐하면 우리 근대 세계는 모두 과학에 근거하고 있으니까. 그렇지 않아?"라고 말이다.

이 장의 제목을 "과학으로부터 정치를 옹호함" 또는 "행정으로부터 정치를 옹호함"이라고 해도 좋을 것이다. "과학", "기술", "행정" 등과 같은 분야에 종사하는 대부분의 사람들은 그것들이 필연적으로 정치 혐오를 조장한다고 생각하지 못할 것이다. 하지만 많은 사람들에게 이것들은, 타협의 과잉과 확실성의 결여에 시달리고 있는 정치로부터 인류를 구원할 수 있다고 생각되는, 특정한 사고 양식을 구성하는 상징들로 받아들여진다. 이런 믿음은 종종 과학이나 기술 또는 행정과 같은 행위들에 연관돼 있는 것이 실제로 무엇인지에 대한 놀라울 정도의 무지 속에서 유지되는데, 그럼에도 그것은 상당한 영향력과 설득력을 발휘한다. 기술은 한낱 정치라는 것이 살 수 있는 새로운 집을 마련해 주고, 그것을 다시 발전시키는 데 필요한 모든 상상의 건축물에서 주춧돌 역할을 한다. 기술은 사회적 행정에 과학적 지식을 적용할 수 있다는 이미지를 창조해 낸다. 많은 사람들이 과학의 이점에 대해 말할 때, 그들은 실제로는 기술에 대해 이야기하게 될 것이다. 또한 많은 사람들이 마치 행정이 정치와 따로 존재하는 것처럼 말하는데, 그것은 그들이 실제로 행정이 단지 기술적인 문제라고 믿고 있기 때문이다. 물론 기술은 과학적 원리 — 여기서 그 원리를 완전히 이해하고 있는지는 중요하지 않다 — 를 도구나 상품에 단순히 적용하는 행위를 말한다. 하지만 이것은 또한 사회적 교리를 왜곡하기도 한다. 인간 문명이 맞닥뜨린 모든 중요한 문제들은 곧 기술적인 것이며, 그래서 충분한 자원만 뒷받침된다면 현존하는 지식이나 조만간 얻을 수 있는 지식들에 기초해 그 문제들을 모두 해결할 수 있다는 믿음을 "기술"은 갖게 한다. 이 같은 교리는 광범위하게 퍼져 있다. 이런 신념은 너무나 강력해서, 디트로이트에서만큼이나 하리코프에서도, 한커우에서만큼이나 버밍엄에서도 찾을 수 있을 정도로 자명하고 매우 분명하게 나타난다 — 이것은 자의적이거나 특이하거나 특별한 교리가 아니다.

다소 불쾌하더라도 받아들여야 할 사실은, 이제는 [과학, 기술, 행정과 같은] 매혹적인 동맹자들 때문에 [이 교리에 대한] 비판을 주저하는 입장들이 나타나고 있다는 것이다. 그러나 이 글에서 나는 과학이 아니라 "과학주의"로부터, 실천적 활동으로서가 아닌 교리로서의 기술로부터 정치를 옹호하고자 한다. 나는 과학에 대한 공격이라면 지나치게 포괄적이고 부적절한 것에까지 고상한 찬사를 보내는 편협한 영국 지식인들의 비위를 맞출 생각은 없다. 아마도 그들은 반정치적 교리들이 "과학적"이라고 주장하는 것을 지나칠 정도로 진지하게 받아들이는 것 같다(뒤에 다시 보게 되겠지만, 교조주의자들과 전통주의자들은 서로가 서로에게 아첨하는 경향이 있다). 다른 맥락에서 보자면, 이 글은 "과학"이나 "기술"이라는 이름을 마법의 주문처럼 활용해서 매우 통상적이면서도 진부한 여타의 열망을 숨기는 장사꾼들과 사기꾼들, 그리고 유행을 맹목적으로 추종하는 사람들에 맞서 과학 정신을 옹호하는 것일 수도 있다.

산업 기술의 발전은 집중화되고 도시화된 사회를 적절히 관리하기 위해 국가를 강화시켰는데, 이런 변화는 다시 기술과 풍요를 좀 더 평등하게 분배하기 위해 사람들이 국가에 대해 더 많은 것을 요구하도록 했다. 하지만 이것은 또한 "기술" 자체를 하나의 교리로 여기는 완전히 새로운 유형의 사고를 창출했다. [이런 사고에 따르면] 권력과 생산의 기술을 이해할 수만 있다면, 사회의 모든 것을 합리적으로 조작할 수 있다. 사실 권력과 생산은 같은 것이다. 마르크스는 생산이 확대될 때만 국가가 권력을 유지할 수 있다고 말했다. 근대국가는 단지 부르주아지의 통치 위원회에 불과하다. 모든 권력은 경제이며, 경제는 곧 생산이다. 생산[력]을 확대할 수 있는 계급이 권력을 획득할 것이며, 생산[력의 증대]을 제약하는 계급의 권력 기반은 불길한 징후들이 보여 주듯이 이미 무너졌다. 사회질서가 약화되고 있다는 징후 가운데 하나는 사회 구성원들이 경제적 생산이 아니라 정치에 대부분의 시간을 보내는 것이다. 이런 정치는 이미 드러난 그 체제의 "내적 모순"이라는 균열을 적당히 수습하려는 시도에 불과하다. 여기서 정치란 그저 그런 내적 모순의 산물이며, 잘해 봐야 서로 다른 길을 따라 결국은 같은 결말로 귀결되고 마는 덧없는 해결책에 불과하다. 그래서 "기술주의자"에게 모든 국가란 단지 사회를 위해 상품을 생산하는 공장처럼 보인다. 국가를 권리의 보호자나 서로 다른 이해관계들의 중재자가 아니라 행복이라는 소비재의 생산자로 이해하는 것이다. 그러나 국가에 대한 이 같은 ― 주인인 사회를 위해 국가가 하인으로 종사하는 복지국가로서의 ― 관념조차도 진정한 "기술주의자"에게는 지나치게 온화하고, 자유주의적이며, 정치적인 해석이다. 자기 완결적 개념으로서의 "기술"에서는 모든 사회가 그 자체로 하나의 공장이며 국가는 그것의 관리자다. 공장은 생산자의 필요와 행복을 위해 생산하며, 모든 사람은 곧 생산자로 상정된다(여기서 행복이란 생존에 반드시 필요한 최소한을 넘어선 어떤 상품으로 이해된다). 물론 관리자의 지시나 기술, 허가 없이는 아무것도 생산될 수 없다. 그 자체로 가치가 있는 (아리스토텔레스에 따르면 행위의 목적이 그 행위 자체에 있는) 행위들, 곧 예술, 사랑, 철학, 그리고 **휴식**은 ― 생산을 위한 것이라는 명분하에 관리자에 의해 통제되지 않는다면 ― 그 자체로는 생산과는 관계없는 비효율적인 것들이다.

　　모든 문명들은, 그리고 그 문명들이 수호하고자 했던 정부의 교리는 그들이 가장 필요로 하고 가치가 있다고 여기는 시민상像을 만들어 낸다. 그리스의 **폴리스**에는 공적 영역에서 "실천가 중의 실천가이면서 **동시에**

연설가 중의 연설가"인' **기예**를 갖춘 인간, 곧 영웅이 있었다. 초기 기독교에서는 겸손하고, 고통을 마다하지 않으며, 세속적이지 않은 인간, 곧 성인聖人이 그런 모델이었다. 중세 기독교 세계에서는 기사와 성직자가 그런 모델이었는데, 이상적으로는 십자군이나 기사단의 이미지가 융합된 형태였다. 근대 영국에서는 그 모델이 신사gentleman와 사업가businessman라는 두 유형으로, 미국에서는 시민the common과 사업가로 분리되었다. 나치 독일은 자신들만의 아리안족 초인의 이미지를 갖고 있었고, 공산주의자들에게는 당 열성분자(하위 범주로, 스타하노프■상을 받은 노동자)가 이상적 시민의 유형이었다. 모든 산업 문명을 "기술"을 통한 공통된 발전 단계의 하나로 보는 사람에게 전형적인 시민상은 **엔지니어**다. 엔지니어는 우리 시대의 진정한 시민 영웅이 될 것이다. 만약 그가 다양한 사회적 조건에서 정치인, 사업가, 관료, 장군 또는 정당 지도자들의 개입으로부터 자유롭게 "자신의 일에만 집중"할 수 있다면, 그는 정치와 굶주림의 고통(그리고 질투심?)이라는 딜레마로부터 우리를 구해 낼 것이다. 그런 엔지니어는 모든 소년들이 되고 싶은, 그리고 모든 아버지들이 그렇게 되지 못한 것을 부끄러워하는 사람이 될 것이다. 엔지니어는 학교와 대학을 통해 사회가 육성하려 애쓰는 대상이다 ― 그는 우연적이든 계획적이

ı 원문은 'doer of deeds and speaker of words'인데, 이와 비슷한 "말도 잘하고 일도 잘 처리하는 인물"speaker of words and doer of deeds이라는 표현이 호메로스의 『일리아스』(천병희 옮김, 숲, 2015), 273쪽(9.442-443)에 나온다.

ıı 1930년대 러시아 광부. 새로운 기술을 이용해 기준량의 14배를 채탄하면서 노동자 영웅으로 떠올랐다. 소련은 생산성을 높인 노동자를 '스타하노프 노동자' 칭호를 수여함으로써 그를 '노동자의 모델'로 선전했다.

든, 다른 교육 방식을 업신여기고 그것들로부터 격리된 귀족적 방식으로 훈련받게 될 것이다. 엔지니어들은 모든 종류의 교육을 기술과 훈련으로 집약할 것이고, 그것의 목적은 사회를 근본적인 수준에서 좀 더 효율적이고 효과적으로 변화시키고자 하는 사회-엔지니어들을 배출하는 데 있다. 이런 엔지니어들은 유지나 관리가 아니라 발명과 건설의 관점에서 사고하며, 일반적인 정치에는 관심이 없다. 그러나 그들은 자연스럽게 "정치 따위"를 공격하는 교리에, 그리고 기존에 위대한 기술적 진보를 보여 주었고 이제는 스스로를 과학적이라고 주장하면서 모든 분야에 개입하려는 이데올로기를 수용한 정부에 매료될 것이다.

[물론] 그런 비전은 이제 낡은 것이고, 그것의 역사는 우리의 관심을 끌지 못한다. 그러나 정치가 **과학**으로 환원될 수 있다는 비전의 타당성은 현대 기술의 결과물로 인해 오히려 강화되고 있다. 이것이 일반적으로 의미하는 바는, 발견 가능한 사회적·역사적 발전의 법칙들이 존재하며, 그것들은 관찰되고, 실천되고, 사회에 적용**돼야 한다**는 것이다. 그런 적용은 마침내는 행위 이상의 무엇으로 자연스럽게 나타나게 되는데, 말하자면 "자유란 필연성에 대한 인정인 것이다."[1] [그런 비전에서 보면] 인간 사회는 불안정과 갈등으로 가득 차 있는데, 그 원인은 이를테면 사회적 중력이라는 법칙을 거슬러 날아오르려 하기 때문이다. 미국의 사회과학자 제임스 쇼트웰은 다음과 같이 말한다. "민주주의에 가장 안전한 방식

---

[1] 엥겔스가 『반뒤링론』에서 사용한 표현으로 헤겔에 원류를 둔 말이다. 우리가 자유의지로 결정해 실천했다고 여긴 행위들이 실제로는 역사 발전의 필연성을 인식한 결과라는 의미다.

은, 우리가 자연에 대해 그렇게 했듯이 사회를 관리하는 데도 과학적 방식을 적용하는 것이다. …… 우리의 정치 과학은 200년 전 자연과학이 도달한 수준에 머물러 있다." 사실 이런 주장은 — 쇼트웰로부터 정확히 100년 전인 — 1821년에 생시몽이 가졌던 생각과 동일한 것이다. "새로운 정치체제에서 …… 결정들은 인간 의지로부터 완전히 독립된 과학적 방식을 통해 내려져야 한다. 그런 체제에서는 현재의 정치체제가 갖고 있는 세 가지 주요한 단점이 사라지는 것을 보게 될 것이다. 그것은 자의성, 무능, 음모다." 물리학 법칙을 제대로 인식하지 못하는 사람은 낭패를 보게 될 것이라는 점이 이제 곧 너무나 당연하고 분명한 일이 될 것이다. 하지만 [물리학 법칙과는 달리] 사회에서 합의된 법칙들은 매우 자주 "깨지곤" 했다 — 물론 그것은 다이달로스가 하늘로 날아오르려 했다가 비참하게 추락했던 것처럼 극단적인 결과를 초래하지는 않았다. 그래서 사회과학이 우리에게 말해 주는 것은 사회가 생존하기 위해 필수적인 것이 무엇인지가 아니라, "민주주의의 안전"(이나 그 밖의 어떤 것)을 보장하기 위해 필요한 것은 무엇인지, 또는 더 이상의 "자의성과 무능, 음모"를 방지하기 위해 필요한 것은 어떤 것인지 하는 것들이다. 생시몽이 경멸했던 것들, 곧 "자의성"을 그저 다양성의 산물로, "무능"을 단지 어떤 제약이라는 의미로, "음모"를 비교적 자유로운 국가에서도 나타나는 서로 다른 이해관계의 갈등 정도로 생각해 보자. 그리고 "안전"이란 — 홉스의 세계에서처럼 — [고상한 이상이 아니라] 그저 공포로부터 벗어나기 위해서 자유를 유보함으로써 얻어지는 현실적인 것이라고 상정해 보자. 그러면 우리는 정치 그 자체가 지닌 참으로 뛰어난 특성을 알게 될 것이다. "과학자"들은 정치인들이 옹호하는 것이 무엇인지 이상으로 자신들이 공격하고 있는 것이 무엇인지를 대체로 잘 알고 있다. 정치 과학을 열망하는 사람들에게 근본적인 장애물은 매일매일의 정치에서 발생하는 갈등이며, 그들을 흥분시키는 것은 과학이라는 [용어가 주는] 위신, 곧 "통일성"에 대한 그것의 좋은(그렇게 생각되는) 평판이다. 라스키 교수는 1930년에 발간된 『사회과학사전』에서 "갈등"conflict이라는 항목에 대해 다음과 같이 썼다. "사회적 갈등은 상호 배타적인 가치들을 의식적으로 추구한 결과다. …… 타협의 철학은 진정으로 배타적이지 않은 일련의 사회적 목표들이란 존재하지 않는다는 점을 사전에 인정하는 것으로 보인다. …… 과학의 위신을 높이기 위해 집합적 의견을 조작하는 것은 인간과 인간 사이의 통일성을 높이는 데 기여하게 될 것이다." [그러나] 이렇게 과학적으로 조작된 통일성은 아마도 갈등을 제거할 테지만, 이와 동시에 자유 역시 제거할 것이다.

정치가 과학으로 환원될 수 있고 또 그렇게 돼야 한다는 주장은, 겉으로 보이는 것처럼 명확하지는 않다. 멀리 갈 필요 없이 이 주장의 핵심은, 비록 그것이 즉각적으로 도덕적 또는 정치적 결정을 도입하는 것이라고는 해도, "그렇게 돼야 한다"는 부분에 있다. [이와 달리] 정치가 과학이 **될 수** 있지만, 그렇게 되어서는 안 된다고 주장할 수도 있다. 아니면, 정치는 과학이 **돼야** 하지만, 애통하게도 그럴 수 없다고 주장할 수도 있다. 하지만 저 주장은 [과학에 대한] 서로 다른 세 가지 의미를 품고 있는 것으로 보인다. 과학은 측정을 통해 예측을 가능하게 하는 **법칙**의 체계로 생각할 수 있다. 또는 그런 법칙이 모든 분야에 존재하는지의 여부와 관계없이 지식의 발견에서 추구돼야 할 공통의 **방법**으로 간주될 수도 있다. 또는 과학이란 단지 **검증**의 논리라고 간주될 수도 있다. 즉, 과학에 의거한 모든 것은 참된[진정한] 지식이며, 진리는 ─ 법칙들이나 방법의 유무와 별개로 ─ 오직 실험이나 직접적인 관찰을 통해 테스트될 수 있다는 것이다. 이런 생각들은 ─ 이익 단체들의 관심보다는 대학들의 명예와 더 관련된 ─ 대단히 추상적인 것처럼 보일 것이다. 그러나 이런 관점들은 어떤 면에서 평범하면서도 대중적인 견해와 매우 일치한다. 첫 번째 견해는 미래에 대한 확실성의 추구와 같은 매우 흔한 욕망을 충족시키는데, 점성술을 은밀히 믿는 상당수의 사람들이 그와 같은 욕망의 유쾌한 사례라고 한다면, 단일한 진리나 이데올로기를 신봉하는 사람들은 (이들의 숫자가 거실을 채우는 정도인지, 아니면 운동장을 가득 메울 정도인지와는 무관하게) 그와 같은 욕망의 유쾌하지 않은 사례라 할 수 있다. 두 번째 견해는 ─ 모든 것은 방법 또는 기법의 문제라는 ─ 엔지니어들의 자부심을 반영한다(그리고 여기에는 과학적 [발견의] 방법이라는 생경한 관점이 존재한다). 세 번째 견해는 구체적 사실의 추상적 폭정 ─ 곧 모든 것은 "사실"에 의해 입증돼야 하고, "그런 사실은" 곧 어떤 특정 정책이 반드시 수행돼야만 한다고 항상 "요구"한다 ─ 에 매몰된 사람의 견해를 반영한다.

　가장 추상적이고 근거도 불명확하지만, "사이비 과학자"의 것이라고 할 만한 세 번째 견해가 실은 가장 위험하다. 왜냐하면 그 사이비 과학자는 고독한 이론가나 준비되지 않은 테크노크라트에게 권력을 부여하는 추종자이기 때문이다 ─ 그는 파시즘 치하의 이탈리아에서 기차들이 정시에 출발했다는 사실에 감격하는 사람이다. "이것은 사실"이긴 하다. 그래서 그는 [이런] "사실이 보여 주듯이" 자유로운 체제가 전체주의 사회에 비해 비효율적이며 자신들을 더 잘 보호할 수 없다는 점에 대해 "일고의 의심도 품지 않는" 사람이다. 그는 최근에 흐루쇼프가 이데올로기에 보낸 찬사에 감동을 받는 사람인데, 흐루쇼프는 다음과 같이 말했다. "이데올로기란 단지 머리로 이해될 수 있는 것이 아니라 말하자면 위장胃 腸을 통해 자본주의보다 더 진보적인 체제로서 이해될 수 있다." 소련은 승리할 텐데, "그것이 가장 진보적이고 과학적인 이론에 기반을 두고 있어서만이 아니라, 인민에게 영속적으로 증가하는 물질적 이익을 제공할 것이기 때문이다." "오로지 사실"에만 영향을 받는 사람이 보기에, 자본주의와 사회주의 사이에 존재하는 대단히 자의적이고 터무니없는 [이론적인] 경제체제상의 차이점은 무의미한 것이다. 체제 간의 차이를 강조하는 것은 정치적으로 효과적인 주장일지 모르겠지만, 인상적인 "사실"은 생산성이라는 사실이지, 이데올로기라는 사실이 아니다.

전체주의 이데올로기는 크게 보면 과학에 대한 왜곡이다. 전체주의 이데올로기는 오로지 과학의 시대에서만 출현할 수 있는데, 그 이유는 지금까지 권력과 관련된 기술이 없었기 때문이 아니라 사회를 완전히 개조하겠다는 총체적 개념이 (사회를 이해하기 위한) 과학적 법칙과 (사회를 변화시키는 데 필요한) 과학적 방법이라는 관념으로부터 파생돼 나오기 때문이다. 이데올로기는 과학이 인간 지식의 유일한 유형으로 간주되고, 사회에 대한 일반 이론이라는 이름으로 통치에 잘못 적용될 때 등장한다. 한나 아렌트는 『전체주의의 기원』에서 이렇게 썼다. "이데올로기는 단순한 의견과는 다르다. 그것은 역사의 열쇠 또는 "우주의 모든 수수께끼"에 대한 해답을 갖고 있다고 주장한다."[1] 이데올로기는 본질적으로 유사 과

Ⅰ 아렌트, 『전체주의의 기원 1』, 320쪽.

학이다. 이데올로기를 신봉하는 자들은 물리학자들이 자연에 대한 우리의 이해를 돕기 위해 동원하는 방식과, 엔지니어들이 생산을 위해 동원하는 방식을 역사와 사회를 위해 동원하자고 주장한다. 사실 이데올로기는 이해와 행위를 완전히 융합해 버린다. 즉, 이데올로기는 언제나 행동을 위한 계획이다. 이데올로기의 신봉자는 학자이면서 과학자이며 엔지니어이자 관리자가 된다. 이데올로기의 신봉자는 자신의 이론이 윤리적 고려가 아니라 객관적 요인에 기반을 두고 있다는 점에 대단한 자긍심을 갖는다. 앞서 언급했듯이, 단지 두 개의 "객관적 요인"만이 권력자의 수중에서 총체적인 설명을 제공하는 것으로 출현하는데, 이는 충분히 그럴 법하며, 충분히 유사 과학적인 것으로 보인다. 그 두 요인은 바로 인종 투쟁과 계급투쟁, 곧 피와 경제다. 마르크스의 주장은 과학적인 것으로 유명하다. 흥미롭게도 그것이 의심스럽고, 적절하지 않으며, 전혀 말도 안 되고, 본질적으로 불합리한 것으로 생각될 때조차 그랬다. 그러나 인종주의에 대해 나치가 주장한 내용의 과학적 지위는, 그것이 "단지" 프로파간다 정도가 아니라 실제로 유사 과학임에도 불구하고, 진지하게 받아들여진 적이 거의 없었다. 프로파간다는 사람들 마음속에 깊이 간직된 신념을 건드리지 못한다면, 비록 그 신념이 은밀한 것이고 불법적인 것이라 할지라도, 효과적이지 못하다. 인종주의가 유사 과학으로 여겨지지 않았던 것은, 아마도 민족주의와 마찬가지로 그것이 마르크스주의 이데올로기와 자유주의적-자본주의 이데올로기 모두에 잘 들어맞지 않는 범주였기 때문일 것이다. 하지만 사람들은 인종주의의 마력하에서 종종 그들 자신의 경제적 이해관계에 반대되는 방향으로 행동했다. 한때 인종주의는, 거의 모든 제국주의 모국에서 운영의 원리였을 뿐만 아니라, 심지어 영국에서도 [식민 통치의 정당성을 강화하는] 역사 해석의 원리였다. 인종주의를 존경했던 과거의 기억은 거의 의도적으로 억압되었다. 먼지로 뒤덮인 세 세대 이전의 [제국주의의] 역사책을 펼쳤을 때 발견하게 된 사실을 그저 시궁창 같은 정치였다고 여기는 쪽이 마음 편한 것이다. 토크빌은 고비노에게 인종주의에 대한 그의 이론들이 "아마도 잘못된 것이고, 분명히 악의적인 것"이라고 써 보냈다. 하지만 토크빌은 고비노의 이론들을 과학적 가설로 진지하게 고려했다. 왜냐하면 그 이론들은 19세기 사상의 지배적 주제 가운데 하나였기 때문이다. 그것은 다윈의 이론을 정치로 확장시킴으로써 생물학과 사회학이라는 두 과학을 연결시킬 수 있는 분명하고도 매력적인 방식이었다.

진정한 과학적 활동에 대한 왜곡, 곧 과학을 그 자체의 고유 영역을 넘어서 적용하려는 모든 시도를 "과학만능주의"scientism라고 불러 보자. 과학만능주의가 주장하는 것의 규모는 [하나의 원리로 전 세계를 설명할 수 있다고 하는] 이데올로기의 그것과 일치한다. 하나의 과학 법칙은 일반화라는 목표를 위해 그것이 다루는 모든 사례들에 적용돼야 한다. 단 하나의 반대 사례도 과학적 이론을 반박할 수 있기 때문이다. 전체주의 이데올로기는 자신이 세계 질서의 기반임을, 곧 모든 것에 대한 포괄적 설명을 제공한다고 주장한다. 만약 그 이데올로기가 [모든 것을 포괄할 수 있는] 거대한 주형틀을 주조할 수 없다면, 그것은 아무것도 아닐 것이다. 만약 그 이론이 모든 경우에 다 들어맞지 않는다면, 그것은 어디에서도 진실이라 할 수 없다. 정치 이론의 상대주의는 이데올로기의 신봉자가 보기에 정확히 틀린 것이다. 그러나 일련의 제도들은 다른 곳보다 전체주의에서 더 잘 작동할 수도 있으며, 특정 유형의 정치가 모든 상황에서 다 작동하는 것은 아니다. 비로 이 점이 전체주의가 어쩔 수 없이 시인해야 하는 문제점이다. 하지만 전체주의의 신봉자들에게 이 같은 좌절이나 굴욕은 안중에도 없다. 그들은 이해하는 데는 관심이 없고 오로지 설명하는 데만 관심이 있다. 그들은 역사에 대한 과학적 열쇠를 갖고 있기 때문이다. 그들의 관점에서는 눈앞의 정치적 이슈들이란 단지 완전히 합리적인 세계질서를 향해 나아가는 거대한 전략의 한 부분으로서의 전술, 곧 역사적 전술에 지나지 않는다. 그들은 보편적 일반화의 범위[크기]와 아름다움에 사로잡혀 있다. 영국이나 미국처럼 상당히 안정적인 정치체제에서도 —거대한 이슈에만 관심을 갖는— 학자들이나 젊은이들 사이에서 이 같은 심리적 현상을 찾아볼 수 있다. 그들이 아직 이데올로기를 포괄적으로 받아들인 것은 아니지만, 정치에서는 빠른 속도로 멀어지고 있다. 거대 이슈들 —인종차별주의, "핵무기", "빈곤과의 전쟁", "저발전 지역의 문제"— 은 중요하다. [그러나] 이런 문제들을 어떤 식으로든 해결하고자 한다면, 그것들은 반드시 정치적으로 다뤄져야 한다. 그것들은 너무도 거대한 문제들이어서 단번에 해결되기 어렵고, 다양한 노력과 조직들의 협력을 필요로 하기 때문이다. 이런 큰 문제들을 일거에 해결하고자 하는 많은 사람들은 평범한 정치가 지겹고 만족스럽지 않다고 말한다 —그런데 이 사람들은 대체로 정치에 대한 경험(시위는 제외)이 별로 없거나 전혀 없는 경우가 많다. 하지만 실제로 정치를 하는 사람들은 정치에서 지루한 것은 거의 없다고 말한다. 사실 어떤 정치인들은 시위 참여자가 그 행위 자체를 즐기듯이, 자신의 활동에 대해 부끄러움을 거의 느끼지 않는다. 반면 일생토록 거대한 이슈들만 끌고 가는 사람들은 현재를 즐기는 것은 물론이고 타인의 즐거움을 관용할 준비도 전혀 돼 있지 않다. 이데올로기의 신봉자들처럼 그들은 미래의 삶에 집착하기 때문에, 예언이나 유사 과학의 예측이 그들의 삶에서 큰 부분을 차지한다. 그래서 그들은 "빨리 내 약을 먹지 않으면 엄청난 재앙이 일어날 것이라는 식"으로 말하는 것이다.

과학만능주의는 또한 강단 사회과학으로서 존경받을 만한 가면을 쓴 모습으로 자유 사회에도 존재할 수 있다. 그것은 19세기의 선배들과 달리, 정의로운 사회를 위한 거대하고도 정교한 프로그램을 갖고 있지는 않으며, 스스로 밝히듯이 아마도 "시민**으로서**", 여가 시간에, 학문적인 전문성 없이, 보통의 정치적 동물로서 행동할 것이다. 그럼에도 불구하고, 이것은 사회에 대한 과학적 탐구가 모든 심각한 정치적 긴장을 제거할 수 있다고 설파한다. 상당수 사회과학자들에게 정치란 일종의 질병이다. 사회란 긴장으로 고통받는 환자이며, 정치적 사건은 이런 모순을 합리화하려는 비현실적인 신경성 집착이다. 이것이 라스웰 교수가 "미래에 대한 예방적 정치"라고 부른 것인데, 이는 전 세계적인 "기술-과학 문화"에 자리 잡게 될 것이다. "예방적 정치의 이상은 효율적인 방식을 통해 사회의 긴장감을 확실히 줄임으로써 갈등을 없애는 것으로, 토의는 그런 방법들 가운데 하나일 뿐이다."[1] 만약 이런 긴장의 원인이 드러나고 이를 환자 앞에 제시할 수 있다면, 치료는 성공할 것이다. 이런 발상에는, 이를테면 경험주의자들의 근본주의적 종교 같은 것이 존재한다. 그들은 개개의 작은 사례들이 거대한 질서 속에서 자기 자리를 차지하고 있으며, 사회를 순수하게 객관적으로 연구하는 것이 가능하거나 바람직하다고 생각한다. 하지만 이 같은 "예방적 정치"는 전혀 정치가 아니다: 그것은 정치의 소멸이다. 그것은 과학도 아니다 ― 그것은 이데올로기다.

진정한 이해, 참된 학문, 순수한 과학, 그리고 우리 처해 있는 상황을 이해하기 위해 가능한 냉정하고 사심 없는 태도를 갖는 것은 불가피하게 불확실성, 다양성, 그리고 자유를 내포한 정치적 가치 및 정치적 관계를 수반할 수밖에 없다. 객관성에 대한 주장은 일종의 오만함으로, 설득과 대화를 통한 점진적 개선과 개혁을 경멸하도록 만든다. 물론 강단의 과학 만능주의가 자유로운 사회에 직접적인 위협이 되지 않을 수도 있다. 그러나 그것은 설득력이 있다고 생각하기에는 너무 큰, 사회에 대한 일반 이론이나 종합적인 과학 이론의 경우처럼, 연관성이 있다고 보기에는 너무 사소한 것들을 연구함으로써 정치에 대한 진정한 이해를 간접적으로 방해할 수 있다.

정치학자들 사이에서 그들의 연구가 과학이 될 수 있는지를 둘러싼 논쟁은 무익한 것으로 악명이 높다. 절대 결론이 날 수 없기 때문이다. 정치적 지식이란 인간의 목표가 통치행위 속에서 어떻게 실현될 수 있는지를 이해하기 위해 다양한 분야의 연구 결과를 종합한 것이다. 통치에 대한 그 어떤 "객관적" 연구도, 함축적으로든 명시적으로든 정치적 불만을 낳을 수밖에 없으며, 그것은 지팡이에 묻는 진흙처럼 피할 수 없는 것이다(신께 감사하게도, 인간이란 호기심만큼이나 불만도 많은 피조물이다). 또한 제아무리 훌륭한 도덕주의자라 해도, 그의 해법이 잘 들을 것이라는 증거를 아무것도 제시하지 않아도 될 만큼 고상한 사람은 없다(천국에서의 보상은 아쉽게도 정부의 일상적이고 즉각적인 책임과는 무관하다). 이 두 가지 경우 모두 불가피하게 [정치적] 신조의 문제와 관련이 있다. 정치적 신조는 그것이 정치적으로 실현될 수 있다고 사람들을 확신시킬 수 있는 목적을 천명하거나 정치적 목적으로 삼을 만한 가치가 있는 정부의 일반화를 주장한다. 통치행위를 객관적으로 연구할 수 있다고 주장하는 모든 방법론, 즉 경험에 앞서 지식의 발견을 위해 사전에 짜인 모든 일련의 규칙들 ― 그것이 정치적이든 반정치적이든 ― 은 그 자체로 하나의 신조다. 그리고 이런 신조는 정치에 대해 불안감을 갖고 있는 사람들의 염려를 강화할 뿐이다. 통치와 정치에 대한 모든 생각들은 일정 수준의 경험을 통해서 확고한 신조가 된다. 그리고 그런 신조의 옹호자들은, 법정의 변호사들처럼 증거를 제시함으로써 재판석에 앉아 있는 사람들을 설득하려 한다. 그들이 제시한 증거들은 변호사들 자신과 그 대리인들의 이해관계에 부합하는 것들이다. 그들은 모든 사실을 테이블 위에 올려놓고, 재판관들이 스스로 증거를 고르도록 하지 않는다. 그들도 정치인처럼 그 문제에 대해 편견을 갖고 있다. 그러나 무능한 정치인들과 변호사들은 타당하지도 않고 설득력도 없는 증거를 제시함으로써 비난을 초래할 뿐이다. 통치를 연구하는 사람들은 정말로 그런 정치인들이나 변호사들보다 더욱 냉정해지도록 노력해야 한다. 그러나 자유 사회에서의 삶과 완전히 절연하지 않는 이상, 정념을 완전히 제거할 수는 없을 것이다(물론 전체주의국가의 연구자들에게는 이렇게 거리를 유지하는 것이 애초에 허용되지 않을 것이다). 만약 그가 현명하다면, 그는 당대의 문제들에 대해 너무 자주 또는 너무 거칠게 언급하지 않으려 조심할 것이다. 그의 일은 정치인들의 그것과 다르기 때문이다 하지만 그가 당대의 문제에 대해 전혀 말하지 않는다면, 그는 정치에 대해 아무것도 연구할 수 없을 것이다.

따라서 정치가 이해와 실천 모두에서 과학으로 환원될 수 있다는 믿음은 과학적 추론의 산물이 아니며, 그것의 지적 실패와 정치적 무절제 때문에 과학을 불신할 필요도 없다. 그것은 단지 기술적 사고방식을 사회에 적용하는 것을 정당화하기 위해 유사 과학을 이용하는 이데올로기일 뿐이다.

통합적 지식을 구축하고 이론과 실천을 완전히 일치시키고자 과학적 사회주의를 제시했던 마르크스에 의해, **기술**은 진정한 최고의 개념이 되었다. 추상적이지만 실제적 의미에서, 마르크스주의는 처음에는 종교의 붕괴에 의해, 다음으로는 권위의 유일한 원천이었던 "이성"의 붕괴에 의해 탄생했다. 흄과 데카르트가 본 세계에서는 수학적 진리만이 유일하게 객관적이었으며, 모든 도덕적 진리는 주관적이거나 상대적이었다. 그런 세계에서는 철학자들뿐만 아니라 실천적 문제들을 다루는 사람들조차 너무 많이 신경증 환자가 된다. 상당수의 사람들은, 자신들이 믿고 있는 종교 또는 "이성"이나 자연 세계의 수학적 질서와 일치되지 않는다고 생각되는 증거들을 발견하게 되면, 그것들을 공포로 느끼고 현실을 통제할 수 없다는 신경증에 불안해하게 된다. [이론과 실제가 일치하지 않는] 세계의 이원성 앞에서 일종의 패닉에 빠지는 것이다 ― 사람들은 "모든 것이 이처럼 실제와 동떨어진 세상에서 나는 왜 이렇게 열정적인가?"라며 울부짖는다. 칸트는 그가 끊임없이 의문을 가졌던 두 가지, 곧 "내 머리 위에서 빛나는 밤하늘의 별과 내 안의 도덕률"에 대해 말했지만, 많은 이들에게 이 같은 의문은 그 둘 사이에 놓인 결코 이어질 수 없는 심연 앞에서 느끼는 공포일 것이다. 그러고 나면 그들은 사회라는 세계와 과학이라는 세계의 분리, "그것"으로부터 "나"의 분리, 대상과 관찰자의 분리가 단지 과학이라는 제한적인 목적을 위한 분리라고 이해하는 대신에, [그 둘이 같다는 식의] 단일한 진리를 설파하는 설교자들에게 열심히 귀를 기울이기 시작한다 ― [사실] 이 같은 분리는 양립 가능한 다양한 방법들을 통해 구분되거나 구별될 수 있는 인간 경험의 총체적 흐름에서 나타나는 것으로 간단히 말해 서로 다른 추상성의 수준에 존재하는 것들이다. 과학과 정치, 그리고 예술, 역사, 철학은 같은 현실을 서로 다른 목적을 위해 서로 다른 방식으로 바라보는 것이다. 그처럼 서로 다른 목적들이 혼동되거나 무차별적 방식으로 이해될 때, 그것들은 충돌하고 모순된다. 서로 다른 활동들의 경계선에 대한 생각은 사람들마다 다를 수밖에 없다. 그런데 지금 우리가 여기서 다루고 있는 것[기술 만능주의]이야말로 과학이나 정치와 같은 특정한 활동들이 똑같은 것들이고 또한 무차별적이라는 주장이다.

진실을 추구하는 과정에서 마르크스가 뒤집어 해석한 것은 실은 헤겔이 아니라 아리스토텔레스였다. 우리가 잘 알고 있듯이, 아리스토텔레스는 정치가 사회적 자원에 대해 권리를 주장하는 다른 모든 행위들을 파괴하지 않으면서 그것들을 통제하고 조정할 수 있다는 의미에서, 정치학을 "최고의 과학"이라고 가르쳤다. 마르크스의 과학적 사회주의는 사회학적 과학을 정치적 과학의 상위에 올려놓았다. [이 이론에서] 사회는 정치에 의해 통일성을 부여받는 다양한 이해관계들의 총체가 아니라 자연적 통일성을 가지고 있는 것으로 그려진다. 여기서 정치는 오히려 이 같은 통일성을 분열시키고 흩트려 놓는다. 이를 통해 과학적 사회주의는 다음과 같은 두 가지 주장을 편다. 경험의 사회학적 차원은 오로지 경험의 차원이며, 과학은 필연적으로 기술적인 것이다 — 그리하여 모든 이해[인식]는 행동의 서곡이 되며, 진화의 법칙은 사회가 어떻게 변해야만 하고, 환경이 어떻게 설계[제어]되어야만 하는지를 보여 준다.

사실 마르크스주의에서의 "기술"은 대부분 암시적으로만 드러나곤

하는 이 같은 주장들이 매우 명시적으로 표현된 유일한 경우일 뿐이다. "기술"은 이론적이지 않은 것들에 이론을 제공할 수 있다. [물론] 여기에는 어떤 전제가 필요한데, 그것은 주어진 것을 너무나 당연한 것으로 받아들이는 "순전히 실용적인 사람들"이 존재한다는 것이다. 이들은 모든 문제란 기술적이며, 과학적 지식의 영역에서 나타나는 각각의 진보들은 모종의 독특한 방식으로 그것들이 적절히 적용될 새로운 분야를 결정할 수 있다는 주장을 당연한 것으로 받아들이는 사람들이다. 이것은 "공산주의란 사회주의에 전기를 공급한 것일 뿐"이라는 레닌의 유명한 말이나, 사회 전체를 동일한 전기 에너지에 의존하는 하나의 전력망으로 엮으려 했던 히틀러의 **획일화**Gleichschaltung에 그치지 않는다. (이 같은 기술적 주장이나 은유가 얼마나 빠른 속도로 나타났는가!) 이것은 또한 많은 미국의 사회과학자들에게서도 발견할 수 있는, 근엄하다 못해 심지어 조금은 아둔해 보이는 주장이다. 이들은 "오늘날 세계를 가로막고 있는 많은 문제들은 물리학자와 엔지니어들이 정치학자나 정책 전문가들보다 이론과 사실을 좀 더 효과적으로 결합시킬 수 있다는 사실로부터 발생한다"라고 주장한다.[2] 이것은 흐루쇼프가 — 지식과 정치의 차원 모두에서 — 이데올로기의 판정자로 위장을 언급했던 것과 동일한 것이다. [그에 따르면] 작동하는 것만이 진리이며, 가장 많은 소비재를 생산하고 분배하는 "체계"가 궁극적으로 승리를 거둘 것이다. 이것은 결코 무시할 만한 주장이 아니다. 그것을 실현시키는 것은 테크노크라트를 도덕주의자와, 엔지니어를 정치인과 완전히 일치시킬 수 있는 방법처럼 보인다. 한때는 투표ballots 가 총알bullets보다 낫다고 했다가, 이제는 버터butter가 투표보다 낫다고 한다. 하지만 정말 우리는 버터와 투표 중에 선택을 해야 하는 걸까?

이제 — 불가피한 오해를 감수하고서라도 — 용기를 내서 다음과 같이 주장해 보겠다. 저개발 지역의 경제적 문제에 대해 기술적인 지원을 하는 것은 중요하고 긴급한 문제지만, 그런 지원이 그 자체로 목적이 될 수는 없다. 다른 사람들이 기아의 위험을 피할 수 있도록 돕는다든지, 어떤 사람들이 품위 있는 삶의 기준에 대해 생각하도록 돕는 것은, 어떤 동기에서든 좋은 행동이다. 하지만 생계를 꾸려 나가는 것이 인간의 일차적인 생물학적 요구라 하더라도 이것은 이제까지 달성돼 왔고 또 앞으로 달성할 수 있는 문명의 수준과는 상당한 거리가 있을 것이다. 현실에 극도의 빈곤이 존재하거나 과거에 그런 빈곤을 겪었다는 기억이 있다고 해도, 그것이 항상 경제적 효율성만을 최대한으로 추구하는 것에 대한 변명이 될 수는 없다. 만약 그런 효율성의 추구가 정치를 억누르고, 대안적 논의를 가로막고, 자유로운 대화를 탄압하고, 모든 자발성과 놀이, 사소한 활동들을 죽이고, 가끔씩 누리는 사치조차 금지한다면 말이다. 더 부유하거나 더 생산성이 높은 사회가 더 가난하거나 덜 효율적인 사회에 비해 반드시 더 행복하다는 가정은 정말 터무니없는 것이다. 저개발국이 급속한 산업화를 추구하면서 치르게 될 자유의 대가는 그럴 만한 가치가 있다고 합리적으로 생각할 수 있다 — 그러나 그 대가를 영원히 치러야 할 이유가 있을까? 게다가 그 대가는 너무나 비싸다. 어떤 사람들은 전체주의란 단지 급속한 산업화의 결과라고 말하기도 한다 — 그러나 산업화가 왜 전체주의를 필요로 한단 말인가? 카스트로는 지난 해[1961년] 노동절에 100만 명 이상의 쿠바인들이 모여 행진한 것에 대해 이렇게 말했다. "혁명은 선거를 위한 시간을 필요로 하지 않는다." 그러나 그가 "여러분은 선거가 필요합니까?"라고 물었을 때, 군중들이 "아니요, 아닙니다"라고 외쳤던 순간의 대가는 너무나 큰 것처럼 보인다. 어쨌든 당신이 무엇인가에 대가를 지불하고 있다는 점을 아는 것과 모르는 것, 그리고 그에 대해 전혀 개의치 않는다는 것 사이에는 분명한 차이가 있다. 이 차이점은 당신이 무엇을 희생하는지를 알았다면, 그 반대급부로 무엇인가를 얻었을 때 당신이 그 선택을 돌이키고 싶어 할지도 모른다는 점이다. 만약 그것을 알지 못한다면, 후세들은 그 선택이 무엇을 의미하는지조차 알지 못하게 될 것이다. 또한 경제적 필요 때문에 [마지못해] 자유를 부정하는 것과, 원리적으로 자유 자체를 거부하는 것 사이에도 차이가 있다. 이것은 진보를 위해서 어떤 대가를 치를 만한 가치가 있다고 사람들을 설득하는 것과, 사람들에게 그것을 공짜로 얻을 수 있다고 사기를 치는 것 사이의 차이다. 카스트로는 캐롤[저널리스트]에게 다음과 같이 말한 바 있다. "소련의 유조선을 볼 때 나는 레닌을 생각한다. 소련의 트랙터를 볼 때 나는 레닌을 생각한다. 소련으로부터 원조를 받을 때마다 나는 레닌에게 감사한다."[3] 레닌에게 감사함으로써 카스트로는 레닌주의가 스탈린주의와 전혀 관계가 없다는 점을 분명하게 밝혔다. 많은 사람들이 이 점을 확신하고 있다. 정권의 "이론가"였던 체 게바라는 여기에 부가적인 주장을 덧붙이고자 했다. 그는 캐롤에게 "우리에게는 …… 당신들이 스탈린주의적 전체주의라고 부르는 것으로 빠져들어 갈 위험이 전혀 없다"라는 점을 재차 강조했다. 스탈린주의는 "경제 발전을 위해 기반 산업을 외부 도움 없이 자체적으로 건설해야 할 필요"가 있었던 반면에, "우리는 다른 사회주의국가들로부터 도움을 받을 수 있기 때문에 산업화를 위해 그런 희생을 감수할 필요가 없다"는 것이다. 이것이 필연적이지 않았던 희생을 "필연"이라고 속였던 [스탈린주의의] 극악무도함에 대해 도덕적으로 무감각한 사람의 말인지, 아니면 자학적 위협을 통해 다른 나라들로부터 돈을 뜯어내려는 교활한 사람의 말인지를 구분하는 것은 쉽지 않다. 두 번째 동기는 실로 억압과 빈곤에서 나올 수 있는 모든 변명에 적절한 핑곗거리를 제공할 수 있을 것이다. 하지만 첫 번째 동기는 현재의 어떤 억압이나 빈곤보다도 인류의 미래에 훨씬 위험해 보이는 맹목성을 보여 주는 것이다. 정치에서 절대적 필연이란 존재하지 않는다. 필연이라는 용어는 자유의 죽음을 ― 그리고 일반적으로 인간의 죽음도 함께 ― 가져온다. 체 게바라는 이렇게 덧붙였다. "나는 이제 마르크스주의가 단순히 교리가 아니라는 것을 알게 되었다. 그것은 과학이다." [마르크스주의는] 바로 이런 의미의 과학인 것이다.

확실히 기술적 성취(또는 그것의 소유)는 주권의 근대적 상징이다 ― 과학의 명성이 권력에 위엄을 부여하는 것이다. 쿠바와 같은 모든 작은 나라들조차 ― 경제학에서 말하는 것[비교 우위에 따른 국제분업]과는 달리 ― 자체적인 기반 산업을 갖고 싶어 한다. 스푸트니크호는 열두 번의 대통령 선거와 총선거가 자유국가들에 준 것보다 더 많은 것을 공산주의에 선사했다. 기술적 명성과는 별개지만, 어쨌든 사람들은 복잡한 것보다는 간단한 것을 좋아한다. 우주에 사람을 보내는 것이 자유로운 선거를 실시하는 것보다 훨씬 더 실질적인 능력으로 보이는 것이다. 하지만 기술이 단지 정치만을 위협하는 것은 아니다. 과학 역시 위협한다. 과학은 권력을 쥔 정부의 위엄을 강화하기 위해서 즉각적이고도 눈부신 결과를 보여 줘야 한다. 과학은 더 이상 객관적인[사심 없는] 행위가 아니라 ― "다원주의"라고 불렸던 것이 소련에서 교육되었던 것처럼 ― 당의 지도를 따라 자연에 대항하는 인간의 투쟁이 된다. 모든 것이 자연을 개발하기 위한 것으로 이해되는 것이다. 만약 기술이 순수 과학 없이 발전할 수 없다면, 결국 자유는 [연구의 자율성을 위해] 과학자들의 자유를 보존해 줘야 한다는 전적으로 관리적 차원의 필요성 때문에 살아남거나 되살아나게 될 것이라는 생각은, 슬픈 일이지만 희망적인 생각일 것이다 — 물론 그렇게 되면 과학자들의 어떤 활동들은 많은 자유인들의 "무책임한 행동"처럼 비효율적이고, 불확실하고, 비현실적일 것이다. 또한 엘리트 엔지니어와 관리자들은 순수한 과학자들을 충분히 "길러 내지" 못한다고 정치인들이나 당 **기구**를 비난하게 될 것이다. 물론 이것은 추측에 근거한 상상이다. 그러나 정치에서 기술적 사고의 힘이 늘어나고 있는 것은 사실이다.

과학만능주의와 별로 관계가 없는 기술적 사고도 있다. 그들은 행정이 항상 정치와 분명히 구분될 수 있으며, 일단 그렇게 되기만 하면, 정치인이 하는 일 중 공무원이 더 잘 할 수 없는 것은 거의 없다고 생각한다. 이것은 대단히 익숙한 관점이다. 이것은 단지 평등해지는 것을 넘어서, 스스로 주인이 될 수 있다고 생각하는 하인이나 이론가라고 불리는 별난 정치인들의 간섭 때문에 끊임없이 **그의** 일에서 좌절감을 느끼는 공무원이 갖는 관점이다. 이런 견해를 통해 공무원이 하고 싶은 말은, 일에 대한 경험이 없으면서 어떤 일의 당위성을 주장하는 사람들보다는, 공무원의 경험으로부터 더 많은 것을 배울 수 있다는 것이다. [그들이 보기에는] 경험 없이 하는 말이 곧 이론이며, 국가 사무를 실제로 돌보는 사람들이 정부를 더 잘 운영할 수 있다. "정부 형태에 대해서는 바보들끼리 경쟁하도록 두면 된다. 최상의 행정을 가진 국가가 최상의 국가다"라는 말은, 이런 정부 혐오주의자들의 진부하고도 파괴적인 슬로건이다. 이것이 전문가들이 주장하는 낯익은 견해다. 많은 사람들은 공공 행정을 과학으로 가르칠 수 있는 교육이 존재한다고 믿는다. 공무원 역시 엔지니어처럼 하나의 기술자라는 것이다. 물론 그 공무원은 모든 문제를 다 기술적인 것으로 여기지는 않는다고 말할 것이다. 그는 아마도 자신을 — 사회과학자들의 익숙한 용어를 빌리자면 — 보다 나은 "민주적 의사 결정 기구"의 "수단이자 방법" 역할을 하는 인간이라고 생각할 것이다. 그러나 이것이 의미하는 바는, 정부의 **모든** 결정이 "과학적으로" 또는 명확하고 사전에 잘 준비된 기술을 통해 이뤄질 수 있다는 것이 아니라, 정부는 그런 기술을 통해 가능한 일들만을 해야 한다는 것이다. "인간이 아니라 사물에 대한 관리"라는 레닌주의의 비전은 오직 인간이 사물로 취급될 때만 나타날 수 있으며, 인간이 특정한 내용을 담은 파일처럼 취급되면 "국가는 단지 파일을 담은 캐비닛"이 되는 것이다.

그런 "전문화"에 대해 극심한 경멸을 가져야 한다고 주장하는, 교묘하게 위장한 테크노크라트 유형도 존재한다. 심지어 그는 정치인뿐만 아니라 "소위 전문가라고 불리는 사람들"에 맞서 다재다능하고 현명한 다방면의 아마추어 문화를 조성해야 한다고 주장할 수도 있다. 스스로를 전문가주의에 맞서는 사람으로 생각하는 그는, 심지어 공무원을 위한 그 어떤 형태의 특별 교육에도 반대할 것이다.[4] 그러나 이런 관점은 정말로 정치 이전pre-political의 발상이다. 그는 정부의 첫 번째 의무가 통치라는 진실을 알고 있다. 그리고 개혁적인 정치인들이 대체로 이 같은 점을 충분히 자각하지 못하고 있다고, 매우 정확하게 느낀다. 그러나 그는 이처럼 정치가 존재하지 않는, 정치 이전의 통치 상태에 계속 머물러 있다. 그래서 그 자신은 정치에 개입해야 하지만, 공무원들은 결코 정치에 깊게 관여해서는 안 된다고 여기는 것이다. 그러나 그는 자기 자신의 중요성을 과장해서는 안 된다. 영국의 한 공무원은 "통치, 그리고 그 자체로 효율적인 행정의 본질적 성격은 정치적 집단의 통일성을 유지하는 과정"이라고 썼다. 일반적으로 보면 통치에 대해 진실을 담고 있는 것처럼 보이지만 ─ 이 책의 전체 주제인 ─ 정치적 지배라는 측면에서 보면 이 얼마나 부적절한 말인가. 그가 말하는 공무원이란 "국가를 유지한다는 의미에서의 실무적 운영을 위해 훈련된 사람이다. 그 공무원들은 왕을 위해 기꺼이 목숨을 바쳐야 하는 군인에 다름 아닌 것이다. 이것이야말로 정당정치의 부침 속에서 공무원의 임무에 항구적 의미를 부여하는 요소다."[5] 이 주장은 겸손한 척하지만 실로 오만한 태도다. 국가의 종복이 정당정치("정당" 정치란 대체로 일반적인 정치보다 훨씬 나쁜 것으로 간주된다)의 부침 속에서 항구적인 요소라니. 정치적으로 선출된 정부에 의해 단지 고용되었을 뿐인 공무원이 왕관에 대고 그의 인생을 바쳐 도대체 무엇을 하겠다는 맹세라도 했다는 말인가? 헛된 것을 위해 자신을 희생하는 사람들은 드문 법이다. 그들은 정치적이지 않거나 정치적 부침에 관계없이 유지되는 그런 종류의 지위를 얻기 위해 그 헛된 것을 붙잡고 있는 것이다. 어떤 정부에서건 질서를 유지하는 것은 행정이 아니라 정부 그 자체다. 또한 하나의 정치체제에서 일어나는 정치적 부침 속에서도 항상성을 유지하는 것은 정치적 활동 그 자체다. 공무원들은 정치인들에게 그들이 잘하는 것이 도대체 무엇이냐고 비난하지만, 정치야말로 질서 속에서 다양성과 변화를 가져오는 것이다.

　[국가가 행정에 의해 유지된다는] 이런 관점이 왜 기술적인가? 이 관점은, 기술을 가진 사람이 스스로가 무엇이 필요한지 가장 잘 알고 있다고

생각하기·때문에, 그리고 엔지니어처럼 그것이 그의 일이라고 생각한다는 점에서 기술적이다. 그가 공공 행정을 책이나 유사 과학에서 배울 수 없다고 비판하는 것은 의미가 없다. 그는 여전히 정치 없이도 통치가 가능하고, 오직 그 자신만이 현실에 적용할 수 있는 독특한 지식을 경험의 산물로서 갖고 있다고 믿고 싶어 하기 때문이다. 그는 자신이 자의적이지 않지만 정치적이지도 않은 통치의 기술을 습득하고 있다고 생각한다.

이런 [책상물림] 유형의 고위 공무원과 사회과학자들은 공통적으로 그들이 지닌 공평무사함과 지식의 효율성에 대해 터무니없이 부적절한 주장을 할 수 있다. 이들의 주장은 정치에 필요한 어떤 활동을 정치의 전부인 양 주장하는 또 다른 사례일 뿐이며, 우리가 이미 살펴본 대로 실은 정치를 부정하는 것이다. 그들은 교리나 이데올로기가 아니라 오직 효율성과 국가의 장기적 이익만을 순수하게 말하기 때문에 그들이 받을 만한 대접 이상으로 신뢰를 받곤 한다. 우리[사회과학자들] 모두는 정치를 불신할 만하다. 그리고 특히 공무원들에게는 다른 누구보다 더 정치를 불신할 만한 이유가 있다. 그러나 어떤 사람이 이것을 단순히 인간적인 측면에서 견딜 수 없다면, 그는 그의 직업을 바꿔야지 기술의 필수 불가결성이라는 신화를 만들어 내서는 안 된다.

"기술주의"는 자원의 [정치적] 배분이라는 문제와 자원의 [기술적] 적용이라는 문제를 혼동하고 있다. 여기서 적용은 기술적인 것일 수 있다. 하지만 그것은 생산에 투입될 자원과 그 결과물의 배분에 대한 권위 있는 결정이 내려진 다음에야 적용될 수 있다. 이런 결정이 본질적으로 정치적이라는 사실을, 바로바로는 아니더라도 수개월 또는 수년이 지나도록 알아차리지 못한다면, 이는 스스로를 속이고 있는 것이다. 자유로운 사회에서는 사실 이런 결정이 "시장"에서 내려지는 것처럼 생각되기도 한다. 경제란 과학이며, 그것은 우리가 무엇을 하면 안 되는지를 알려준다는 것이다. 이 주장은 무엇인가를 어떤 사회적 수요[가 있는 상품]의 가격을 [그것을 구매하기 위해] 포기한 대체물과의 비교라는 측면에서 알려 준다는, 지극히 단순하지만 중요한 맥락에서만 과학적이다. 그것은 다양한 수요들의 정당성에 대해 어떠한 평가도, 심지어 "경제적으로 한정적"이라든지 "경제적으로 무의미"하다든지 하는 평가조차도 할 수 없다. 경제학은 우리에게 자원의 배분에 대한 정치적 결정에 유용한 증거들을 제시하고, 합리적인 결정을 내리는 데 필요한 증거들도 보여 줄 수 있다. 하지만 경제학이 그 자체로 어떤 결정을 미리 내릴 수는 없다. 모든 자원이 경제적인 것도 아니며, 모든 대체물들이 다 값으로 평가될 수 있는 것도 아니다. 가령 우리는 자유란 가격으로 따질 수 없는 오랜 가치가 있다고 말할 수 있다. 또한 오직 신만이 아실뿐 그 결과를 가장 확신하기 어려운 지식에 대한 열망은 실로 가치를 따질 수 없는 것이다.

　정치적 결정을 내리는 제도적 수단을 없애 버리거나 금지하는 비非자유세계의 사람들은 이데올로기(예를 들면, 마르크스주의적 과학)가 이 같은 자원의 배분을 결정한다고 생각할 수 있다. 그렇게 보면 모든 것은 단지 자원을 기술적으로 적용하는 문제가 되어 버린다. 그러나 얼마나 많은 사람들이 이 같은 생각을 가지고 있든 간에 그것은 잘못된 생각에 불과하다. 그것은 실제로 일어나는 일을 설명하지 못한다. 희소한 자원을 어떻게 배분할 것인지의 문제에 직면해서 실로 복잡한 선택과 대안들을 두고 이데올로그들이 실제로 하는 일은, 실질적인 사회의 요구를 있는 그대로 반영하는 제도나 과정 없이 일방적으로 정치적 결정을 내리는 것이다.

[그러나] 여기서 생략된 제도와 과정이야말로 사람들이 두려움 없이 그들 자신과 그들이 속한 집단의 이해를 위해 말할 수 있는 공간이다.

그래서 기술자들이 생각하는 방식을 정부의 일에 적용하는 정치사회의 사람들[곧 정치인들]은, 사실 어떤 것들이 사람들이 논의해야 할 문제이고 어떤 것들은 단지 기술적으로 적용돼야 할 것인지를 정치적 과정을 통해 결정하는 것을 당연하게 여겼다. 이런 정치란 곧 한 국가의 국민들이 해결해야 할 문제라고 생각하는 것이 무엇인지를 정의하는 것이다. 물론 그 문제들이 다 해결될 수 있는 것은 아니다. 하지만 이런 문제들 가운데 일부라도 해결해 보고자 불려 나온 전문가나 기술자들 가운데 너무나 많은 사람들이, 문제 해결을 위해 무엇이 필요한지 본인들이 가장 잘 알고 있다고 느낀다는 것은 실로 슬픈 일이다. 또한 정치가 그들의 기술을 발휘하는 데 도움을 주기보다는 방해만 된다고 생각하는 것 역시 마찬가지다. 그 많은 문제들은 오로지 정치적으로만 해결될 수 있으며, 정치인들에게는 엔지니어들과 기술자들의 오만으로부터 보호받을 만한 특별한 권리가 있다. 구두 수선공들이 자신들의 일에 전념할 수 있게 하자. 우리에게는 정말로 좋은 구두가 필요하지만, 그간 우리는 또한 얼마나 많은 [잘못 만들어진 구두를 신었을 때의 끔찍한] 악몽에 시달렸는가. 프랑스의 아나키스트들이 말하듯이, "신발을 신어 본 사람만이 어디가 꽉 끼는지를 알기 마련이다."

정치의 친구들로부터
정치를 옹호함

정치를 그 친구들로부터 옹호해야 할 필요가 있을 것 같다. 이 친구들은 진짜 친구들이다. 이들은 자신들이 정치를 어느 정도로 잘 알고 있는지 항상 흔쾌히 인정하는 것은 아니지만, 평상시에는 정치적으로 행동하며 서로 격렬히 논쟁하더라도 폭력을 피해야 한다는 일정한 관례를 잘 준수한다. 그들은 각자 자신들의 존재에 대한 자긍심과 자신감으로 충만해 있지만, 적어도 일정한 도를 넘지 않도록 정치의 다른 친구들이 서로 제약한다는 것을 대체로 인정할 것이다. 하지만 정치가 위기에 처하게 되면, 경쟁 관계에 있는 이 친구들은 ─ 평범한 우정만큼이나 정치에 골칫거리인 ─ 배타적이고도 질투심 어린 접근 방식을 통해 정치에 영향을 미치려 든다. 그들은 환자의 특성을 존중하고 받아들이는 대신 제각기 극약 처방을 하는데, 자신의 극약 처방이 더 큰 효과가 있다는 것을 증명함으로써 자신들의 체제를 과시하고 싶어 한다. 경우에 따라서는 보수주의, 자유주의, 사회주의처럼 대체로 존중받을 만한 가치가 있는 정치적 신조들이 단지 특정한 정치 질서 ─ 이는 그들 사이에서 벌어질 수 있는 적절한 논쟁 사안이다 ─ 에 대해서뿐 아니라, 정치적 행위 그 자체에 대해서도 불만을 표시할 수 있다. 정치의 이런 일반적인 동맹자들은 종종 자신감이 지나친 나머지 자신의 부하들에 대해 이렇게 말했던 웰링턴 장군처럼 행동할 때가 있다. "그들이 적을 두려워하는지는 모르겠다. 하지만 그들이

나를 두려워하는 것만은 신께 맹세할 수 있다."

비정치적 보수주의

자신이 정치보다 상위에 존재한다고 주장하는 사람들이 있다. 그는 정치가 다른 사람들 사이에서 계속돼야 한다는 점을 알고 있지만, 그 자신은 그들 모두의 위에 있다고 본다. 그는 자신이 탐욕스럽게 자기 이익만을 추구하면서 국정 운영에 마음대로 개입하는 온갖 정치인들과 로비스트들, 그리고 출세주의자들로부터, 국가에 필수적인 질서를 수호하고 있다고 생각한다. 그는 이 개들에게 언제든 뼈다귀를 던져 줄 준비가 돼 있다. 다시 말해, 그는 정부를 존속시키기 위해서라면 통치의 한 수단으로 후견주의를 적극적으로 사용할 준비가 돼 있다. 그가 존스 박사에게 말한 대로, 정치란 바로 "이 세계에서 성공하는" 한 가지 방법인 것이다. 비록 저 졸부들과 약탈자들을 제거할 수 없다고 절망하더라도, 그는 자신이 정치 위에 확고히 자리 잡고 있으며 국가를 안정적으로 유지하는 방법을 알고 있다는 점에 대해서는 확신한다. 다시 말해, 이 용기가 지속되는 동안만큼 그는 이 "작은 개"들을 관리할 수 있다고 믿는다. 그는 자신과 그가 속한 계급에 가장 긍정적인 반면, 그 이외의 다른 사람들과 계급에 대해서는 냉소적인 관점을 가진 사람이다. 그가 국가에 대해 갖고 있는 이미지는, 길게 둘러쳐진 튼튼한 성벽 뒤에서 다양한 취향과 취미를 가진 문명화된 시민들이 살고 있는 고상한 도시가 아니다. 그가 생각하는 국가는 거친 바다와 게을러터진 선원들에 의해 끊임없이 위협받고 있는, 그래서 키를 단단히 잡을 선장의 손길이 절실한 배와 같다.

　이런 보수주의자는 — 적어도 그가 속한 인민들에게는 — 압제자는 아니다. 그가 훈육을 중요하게 생각하는 것은, 그저 자의적인 것 혹은 자의적이라는 평판을 싫어하기 때문이다. 그는 편협한 사람은 아니다. 대중을 그 이전보다 더 불안하게만 하지 않는다면, 그는 어떤 이념이라도 허용할 것이다. 검열은 사회를 통제하는 데 필수적이지만, 그것은 [스스로 자제할 줄 아는] 신사들이나 기본적으로 인기가 별로 없는 작품들에는 적용될 필요가 없다. 또한 그는 진리를 추구한다는 이유로 어떤 일반적인 이념을 박해하는 데 별 관심이 없다. 모든 광신주의를 혐오하는 그의 태도는 정치의 기반이 될 수 있지만, 그는 정치인 역시 경멸한다. 보수주의자는 심지어 영국에서조차 정치란 "당파적"이며 야당은 불충한 자들이라고 — 왕의 정부에 대한 적들만이 정치를 한다고 — 간주하곤 했다. [그래서] 그는 국가國歌에서 "그들의 정치에는 혼란을, 그들의 간교한 계략에는 좌절을 주소서"라고 신께 호소했던 것이다. 이런 유형의 보수주의자는 전문가를 불신하지만, 한낱 정치적 활동보다 더 나은 심오한 지식이나 행위의 규칙을 잘 알고 있다고 주장하는 공무원과는 공통점이 많다. 그는 또한 — 1931년의 독일 군대를 "정치적으로 유동적인 세계에 안정성을 부여하는 유일한 요소"라고 평가했던 빌헬름 그뢰너 장군과 같은 — 군인일 수도 있다. 그는 자신을 정치와는 무관하게 국가의 항구적 이해관계를 체현하고 있는 국교회 사제로 여길 수도 있다. 무신론자였던 에드워드 기번이 "시민 정치에 대한 기독교 정신의 유용성"을 찬양했을 때, 그는 신앙심이 독실한 토리의 동료들을 두둔하고 있었던 것이다.

그러나 무엇보다, 보수주의자는 잘 교육받은 토지 귀족의 후예처럼 보인다. 그에게 재산권은 정치 영역 밖에 존재하는 것이며, 결코 정치적 입법에 의해 침해될 수 없는 권리다. 그는 재산권이라는 비밀 뒤에 자신을 감춘다. 여기서의 재산은 주로 토지를 가리키는데, 토지라는 자산은 특히 그 소유자에게 경작하는 사람들을 돌보는 경험과 책임감을 부여한다 ─ [이런 의미에서] 토지 자산은 "영혼의 치료제"인 것이다. 또한 재산이야말로 인간에게 여가를 가능하게 하는 지식과 자립의 조건을 제공하는 유일한 요소다. 이 주장은 오랜 역사를 갖고 있다. 홉스는 "여가란 철학의 어머니"라고 말한 바 있다.[1] 또한 버크는 성서[구약]의 외경인 『에클레시아스티쿠스』를 인용하며 이렇게 말했다. "교육받은 사람의 지혜란 여가에서 오는 것이다. 일을 덜하는 사람일수록 현명해지기 마련이며", "쟁기를 쥔 사람이 어떻게 지혜를 얻겠는가?" 이런 진술들로부터 다음과 같은 결론이 도출되었다. 1647년의 퍼트니 논쟁에서 크롬웰과 아이어턴 장군이 [보통선거권을 주장하며] 반기를 든 연대장들에게 말한 것처럼, 모든 선거권은 "재산에 근거를" 둬야 하는 것이다.[2] 투표권은 "토

I [1] 홉스, 『리바이어던』, 46장, 383쪽.
II [2] 퍼트니 논쟁은 영국 내전 당시 왕당파를 상대로 승리를 거둔 의회군 장교와 사병들로 이루어진 급진파가 1647년 10월28일부터 11월9일까지 의회군 지도자들을 상대로 런던 근교 퍼트니의 세인트 메리 교회에서 벌인 논쟁을 말한다. 당시 왕당파를 무찌른 의회군의 영향력이 정치에 직접 미치는 것을 염려해 군대를 런던 시내에 진입할 수 없도록 했는데, 웨스트민스터에 가장 가까운 곳이 런던 외곽의 퍼트니였다(현재는 런던 시내). 훗날 '수평파'로 불리게 되는 급진파 장교와 사병들이 의회군의 지도자였던 크롬웰과 아이어튼을 상대로 토지의 평등 분배와 보통선거권 등을 주장했으나 받아들여지지 않았다. 일부 역사가들은 이 사건을 영국 민주주의의 효시로 삼기도 한다.

지를 소유한 사람", 즉 "영국에 항구적인 이해관계가 있는 사람에게만 주어져야 한다. 왜냐하면 "모든 사람이 동일한 투표권을 갖게 된다면, 곧 많은 사람들은 다른 사람들의 재산을 강취하는 법을 통과시킬 것"이기 때문이다. 『에클레시아스티쿠스』는 또한 "세상에는 상인과 장인처럼 자신들의 기술로 살아가는 사람들이 있으며, 이들이 없으면 [사람들이] 도시에서 살아갈 수 없다"라고 말한다. 그러나 "이들은 공적인 토의 과정에 초대되지 않을 것……"이라고 덧붙인다. 하지만 이 오래된 익숙한 주장이 너무 멀리 나가서, 상황이 바뀌고 숙련 기술자가 그의 노동에 대한 대가를 분배해 줄 것을 요구하는 때에도 여전히 고정된 원칙으로 작동하게 된다면, 그 응답은 바로 레인버러 대령이 아이어튼 장군에게 했던 말이 될 수밖에 없을 것이다. "장군님, 모든 재산을 빼앗긴 상황에서는 자유를 가질 수 없습니다." 소유권을 정치 위에 놓으려는 시도는 정치 없이 재산을 강탈하려는 시도를 낳을 뿐이다. 고정된 원칙은 그것이 무엇이든 본질적으로 비정치적인 것이다. 한 사회에서 소유관계를 둘러싼 논쟁은 모든 국가에 존재하는 심각한 갈등의 원인 가운데 하나이며, 이것이 정치가 해결해야 할 중대한 과제라는 점을 이해하기 위해 반드시 마르크스의 가르침이 필요한 것은 아니다. 여기에는 정해진 해결책이란 없다. 여기서 가능한 주장은 "소유권 문제"는 정치적 합의(미합의 또는 재합의)의 문제가 될 수밖에 없다는 것이다. 그래서 재산이란 특별히 비정치적인 것으로 이해돼야 한다는 보수주의자의 관점은 이해관계가 서로 다른 사람들에 의해 존중받지 못하게 되는 경우가 종종 있는데, 그렇다 해도 그가 놀라거나 고통스러워해야 할 필요는 없다.

다음으로, 정부의 첫 번째 임무는 통치하는 데 있다는 케케묵은 사실을 강조하는 보수주의자가 있다. 이런 관점이 잘못된 진실은 아니다. 하지만 이것이 필요한 진실이라는 점을 자유주의자들이 자주 상기해야 하는 만큼, 보수주의자들도 이것이 충분한 진실은 아니라는 점을 기억해야 한다. 모종의 질서가 존재하는 상태와 완전한 무정부 상태 사이에서 선택을 해야 한다면, 통치만으로 충분하다. 하지만 국가를 유지하는 문제에서, 우리는 그저 통치하는 것뿐만 아니라 어떻게 잘 통치할 것인가의 측면을 더 자주 생각해야 한다. 잘 통치한다는 것은 피통치자들의 이해관계를 잘 관리한다는 뜻이며, 그들의 이해관계가 무엇인지를 찾아내려면 정치적 주권 기관을 통해 그들이 대표되게 하는 것 말고는 다른 방법이 없다. 또한 그들의 이해관계가 모두 또는 단번에 충족될 수는 없다는 사실을 이해시키려면, 어떤 국가에서도 이해관계의 충돌이 불가피하다는 점을 그들 스스로 경험하고 눈으로 보게 하는 수밖에 없다. 다시 말하지만, 강한 정부가 되려면 정치는 반드시 사회의 맨 밑바닥까지 내려가 닿아야 한다. 강력한 집단은 그들을 폭동으로 몰아가거나 그들의 정신을 완전히 파괴하지 않는 이상, 결코 영구적으로 선거권에서 배제할 수 없다. 잘 통치하지 못하는 것에 대해서는 변명이 용납되지 않는다. 혁명이 가속도가 붙은 정치가 아니라 정치의 붕괴라는 것은 분명하다. 미국, 프랑스, 영국, 러시아에서의 혁명처럼, 혁명은 무정부 상태에서 권력을 쟁취한 정당이 혁명 이전 시대의 공식적인 역사를 비판하면서 강력하게 내세우는 이념적인 이유들 때문에 일어나기보다는, 정부가 존재하기는 하지만 그 역할을 제대로 하지 못할 때 더 자주 발생한다. 만약 보수주의자가 정치란 확고한 실제 이익을 관리하는 문제라고 말한다면, 혁명이 "추상적 이념들", "불안정한 혁신", "철학적 오류"로 인해 일어난다고 교조주의자들에게 이첨 섞인 주장을 해봐야 아무런 쓸모가 없다.[1] 모든 것을 고려해 볼 때 혁명의 가장 일반적인 원인은 그들이 어디로 가고 있는지, 또 다음에 무슨 일이 일어날지 (마치 혁명을 연구하는 역사가들이 사후적으로 우리에게 말해 주듯이) 알고 있다고 생각하는 열성분자들이 — 혁명이 진행되는 동안이나 그 이후에 권력을 잡기 위해 — 이전의 정부를 몰아냈기 때문이 아니다. 혁명의 일반적인 원인은 다양하겠지만, 결국 [공통적인 원인은] 기존의 정부가 통치를 제대로 하지 못했기 때문이다. 또한 통치에 실패하는 가장 보편적인 이유는 피치자들에게 적절한 대표 체계를 제공하지 않음으로써 그들이 무엇을 원하고 무엇에 만족할지 알 수 없었기 때문이다. 혁명가란 실패한 보수주의자들이 남긴 혼돈 속에서 질서를 창출해야 하는 사람이며, 이런 상황은 매우 자주 벌어진다. 마찬가지로 "교조주의자"는, 보수주의자들이 이 일[통치]을 자신들이 가장 잘 안다고 했다가 결과적으로 일을 그르쳐서 우리의 인내심을 바닥냈을 때, 적당한 이유와 변명을 늘어놓는 것밖에 할 줄 모르는 사람이다.

정치에서 보수주의자가 교조주의자와 다툴 때는 대체로 각자의 입장에 대한 과신이 원인이다. 양측 모두 자신들이 내건 특정 슬로건들의 중요성을 그것이 가진 실제 가치 이상으로 강조한다. 반교조주의자로서의 보수주의자는 어떤 정치적 도그마에 대해, 그것이 현실에서는 전혀 작동하지 않는다는 이유로 비판하든지, 아니면 그것이 현실에서 이미 지나칠 정도 잘 작동하고 있다는 이유로 평가절하 할 수 있다.[1] [예를 들어]

---

[1] 보수주의자는 교조주의가 현실에서 작동 불가능한 허황된 것이라고 비판할 수도 있고, 교조주의자들이 말하는 교의가 이미 역사적으로 자연스럽게 실현되고 있는

"평등"에 대해서, 반교조주의자로서 보수주의자는 그것이 어떤 실천적 강령의 산물이라기보다는 오해의 산물이라는 점에서 실현 불가능한 도 그마라고 조롱할 수도 있다. 아니면 평등을 예외적인 특정한 역사의 산물로 연구할 수도 있고, 또한 합리적인 또는 사전에 예측된 제1의 원리가 아니라 단지 저발전된 사회집단에서 나타나는 억압된 열망의 응축 — 누군가 이렇게 말하지 않았나? — 이라고 제시할 수도 있다. 만약 평등이 이렇게 이해된다면 권좌에 오른 교조주의자들, 곧 당통과 로베스피에르가 실은 자신들이 알고 있는 것보다 훨씬 더 오래된 벽돌로 건물을 짓고 — 그들이 구체제 프랑스에서 이미 진행 중에 있던 중앙집권화로 향하는 경향을 완수하고 — 있는 것이었다면, 그들이 이것을 제아무리 자랑스럽게 쓰고 말하더라도 [거기에 현혹되지 말고] 그들이 실제로 하고 있는 일이 무엇인지 살펴봐야 한다. 결과는 그들이 공언한 대로일 수도 있지만, 그렇지 않을 수도 있다. 우리는 역사의 산물로만 설명할 수 있는 것을 이성과 신조의 산물이라고 설명하는 경우가 너무나도 많다. 또한 신조 그 자체와 관련해서 보면, 정치적 신조는 다른 대안들을 모두 배제할 경우에만, 곧 그것이 제안하는 계획에서 변화의 가능성을 모두 배제할 경우에만 — 또는 그 계획이 비현실적인 경우에만 — "교조주의적"이다. 만약 특정 질서나 관계가 언제나 유지될 수 있다거나 유지되어야만 한다고 생각하는 보수주의자가 있다면, 또한 오직 통치자들만이 정의롭고 자비로우며

데 이것이 이념에 따라 세계를 갑작스레 변혁한 결과인 것처럼 말하는 것이 어불성설이라고 비판할 수도 있다는 뜻이다. 다만 크릭은 이런 식의 모순적 비판이 모두 가능하다는 것 자체가 별로 신빙성 없는, 그저 비판을 위한 비판일 뿐이라는 것 역시 보여 주려 한다.

(또는 그런 존재가 될 수 있으며), 인민들은 그를 신뢰하고 경의를 표해야만 한다고 생각하는 보수주의자가 있다면, 바로 그 사람이 교조주의자다.

반교조주의자로서의 보수주의자는 그가 정치를 순전히 실천적인 행위로, 곧 순수하게 경험적인 종류의 일로 다룰 때 좀 더 굳건한 지반 위에 서있는 것처럼 보일 수 있다. 사건들은 발생하면서 서로 반작용하는데, [그 과정에서] 이론은 외면받고 경험만이 어디서나 인기를 끈다(적어도 칭송받는다). 바로 여기에 정치에서 겉으로 드러나는 기술자의 자격조차 가장하지 않고 그저 [정치인으로서의] "기질"이나 "암시"[적 언술]만을 추구하는 실용주의자가 나타난다. 심지어 [보수주의자인] 에드먼드 버크조차 "[실질적인] 조치를 취하지는 않고 위선만 떠는 인간들"이라고 적나라하게 비판한 것이 최고의 정치적 가치로 떠받들어지는 것이다. 물론 제아무리 멋대로 기준을 정한다고 해도, 완전히 실천적이거나 순전히 경험적인 사람은 있을 수 없다. 실천적으로 무엇을 하는 것, 가령 나무에 못을 하나 박는 것만 해도 그것은 분명히 특정한 목적(설령 그 목적이 순전히 유희라고 하더라도)을 갖고 하는 행위이며, 망치와 못이 무엇을 할 수 있고 또 나무는 어떤 반작용을 할 것인지에 대한 모종의 선행적 사고가 있어야 한다. 정치에서 순전히 경험적이 된다는 것은 전제들과 기대들로 이루어진 폐쇄적 체계 내에서 작업한다는 것을 가정하는 것이다. 그러나 [실제로] 정치적 **실천**에서 가장 두드러진 특징은 그 어떤 문도 완전히 닫혀 있지는 않다는 것이고, 정치적 **이론**에서 분명한 점은 그것이 작동 불가능하거나 용인될 수 없는 폐쇄적 사회가 발견될 때 나타난다는 것이다.

자신이 정치에 대해 ― 그리고 정치를 연구할 때에도 ― 순전히 경험적이라고 말하는 사람은 사실 기존 질서를 무비판적으로 수용하고 있는 것에 불과한, 아무런 원칙도 없는 보수주의자일 뿐이다. 이런 맥락에서의 "경험주의"란 말 그대로 "영국식 오류"라 할 수 있다. 영국식 경험주의자는 잘 정돈된 정원에서 눈가리개를 한 채 풀을 뜯는 말과 다름없다. 이 정원에서는 긴급하게 처리할 일이 거의 없다고 볼 만한 일반적 논거가 존재할 수도 있다. 그러나 이런 주장은 바위투성이의 험준한 다른 지형에서 필요한 새로운 아이디어나 또 다른 일반적 원칙의 중요성을 보지 못하게 하는 이상한 방식의 논증이다. 이 눈가리개를 한 경험주의자는 다른 사람들이 정치적 신조를 너무나도 진지하게 받아들인다는 사실을 개탄할 뿐이다.

모든 보수주의자가 경험주의에 그처럼 의존하는 것은 아니다. 어떤 보수주의자들은 그것이 가진 본질적인 변덕스러움을 잘 알고 있다. 마이클 오크숏 교수는 이렇게 말한다. "현실적으로 보자면 …… 우리는 아마도 순수한 경험주의에 가까운 유형의 정치를 비난하게 될 것이다. 우리가 그것에서 일종의 광기를 보게 될 것이기 때문이다."[2] (아마도 기억이라는 것을 전혀 하지 못하는 미치광이만이 수시로 발생하는 사건들에 대해, 마치 그 사건만이 특별한 어떤 것인 양 대응하려 하거나 그래야 한다고 생각할 것이다.) 필요한 것은 "경험주의가 [실제로] 작동하게 하는 것"으로, 이를 위해서는 "경험주의가 전통적인 행동 방식"에 근거를 두도록 해야 한다고 오크숏은 말한다. 따라서 정치란, 우리가 그저 인간이 가진 조건의 한 부분으로서 수행하는 "전통과의 대화"이지 새로운 발견을 위한 어떤 논증이나 방법이 아니다. 우리는 우리가 모종의 근본적인 원리에 따라 행동한다고 생각한다. 하지만 역사를 조금만 들여다보면 그렇지 않다는 것을 알 수 있다. 사람들이 행위의 기준으로 삼는 것은 그것이 제아무리 더 크고 더 복잡한 주제의 부분적 축소판이라고 해도, 근본적인 어떤 것이 아니라 _그저 실제의 정치적 경험에 기반을 두고 있다는 사실을 깨닫게 된다. 우리는 우리가 보다 상위의 숨은 목표를 가지고 있다고 생각할 수도 있다. 하지만 사실 우리는 매 순간 우리가 하고 있는 것들을 즐기면서 — 윌리엄 포크너의 『8월의 빛』에 나오는 임산부처럼 어떤 도피처나 미래의 연인을 찾으려 하는 것이 아니라 — 순전히 즐거움을 위한 "여행을 하고 있을 뿐"이다. 오크숏은 "자유란 어떤 빛나는 이념이 아니라 구체적인 행위 방식 안에 이미 친밀하게 자리 잡고 있는" 어떤 것이라고 말한다. 이런 관점에 대해서는 할 수 있는 이야기가 많다. 물론 이것은 정치를 이데올로기적으로 이해하는 것 또는 "순수한 경험주의적" 관점에서 이해하는 것보다는 훨씬 나은 관점이다. 그것은 또한 특정한 정치적 신조를 과도하게 열광적으로 주장하는 것이 왜 잘못인지를 깨닫게 하기도 한다. 그러나 이런 관점은 어떤 상황에서는 너무나 잘 들어맞는 반면, 다른 상황에서는 전혀 맞지 않는다. 이 관점은 정치적 활동의 일반적 특성을 보여 준다는 점에서 — 그리고 실제로 정치가 그렇다는 점에서 — 상당한 진실을 담고 있다. 하지만 이것은 또한 너무나 일반적인 차원의 이해라는 점에서 볼 때, 멍청한 소리는 아니지만 너무나 뻔한 말에 불과해서 정치적 행위의 준칙이 되기는 불가능하다. 물론 이렇게 말하면 그런 관점을 가진 사람은 자신의 공정한 태도를 강조하면서, 자신이 어떤 행위에 대한 통속적인 기준을 제시하려 한 것은 아니라는 식으로 반응할 것이다. 그리고 겉으로는 겸손한 체하면서 실제로는 정치인들에 대한 학자들의 조언이 — 너무나 현학적인 견해라면서 — "무례한 것"이라고 말할 것이다. [그러나] 정치란 정치일 뿐이다. 정말로 그렇다. 물론 정치가 무엇인가는, 정치가 의미하는 바가 무엇이냐에 전적으로 달려 있다. 그리고 우리가 살펴볼 것처럼, 정치가 항상 전통과 밀접하게 연결돼 있는 것은 아니다. 전통은 어떤 의미에서 정치의 필요조건이기는 하지만, 이것은 전통이 정치의 충분조건이기도 하다는 주장과는 전혀 다른 이야기다.

사실 전통 그 자체는 — 어떤 사물의 본질을 시적으로 포착하는 것 이상으로 — 정치를 보는 이 같은 견해의 중요성을 이해하는 데 가장 큰 장애물을 제공한다. 정치적 전통은 단일한 색의 유니폼이 아니라 다양한 색깔로 짜인 코트로 이해돼야 한다. 그것은 또한 한 척의 배가 아니라 서로를 보호하기 위해 구성된 선단으로 이해돼야 한다. 정치인들의 일은 수사학자들이 말하듯이 국가라는 배를 단지 "물 위에 떠있도록 하는 것" — 비록 버려진 배라면, 용케 떠있게 하는 것만으로도 성과이긴 하지만 — 만은 아니다. 그 배의 선장들은 자신들이 어디에서 왔는지를 기억하고 있을 뿐만 아니라, 그들이 지금 향하고 있는 곳에 대해서도 대체로 생각할 것이기 때문이다 — 또한 그들은 바람의 방향이 바뀜에 따라 바다에서 그들의 진로를 바꾸는 것은 물론이고, 교역 조건이 바뀜에 따라 목적지를 완전히 바꿔야 한다는 권위 있는 지시를 현대 기술 덕분에 바다 한가운데서 받을 수도 있다. 정치에 대한 이런 비유에서 항상 강조돼야 하는 사실은, 우리가 [한 척의 배가 아니라] 수송 선단을 다루고 있다는 것이다. 정치를 그저 전통[에만 기반을 둔 것]으로 보는 관점에서 잘못된 것은, 정치적 질서가 어떤 의도적인 목표를 갖고 있지 않다는 생각이다. 오히려 그런 목표는 너무나 많다. 다만, 모두가 함께 위험에 처해 있는 풍랑 속에서는 각각의 배가 자기가 원하는 진로대로만 나아가지 못하도록 해야 한다는 것이다.

발전되고 복합적인 모든 사회에는 언제나 다양한 전통들이 혼재돼 있다. 영국에는 보수주의 전통이 있지만, 거기에는 동시에 레이먼드 윌리엄스가 "장기 혁명"이라고 부른, 또는 앨저넌 시드니가 교수대에서 "젊은 시절부터 나를 사로잡았으며 당신들이 몇 번이고 자랑스럽게 찬양해 온 오래된 이상"이라고 말했던, 종교와 정치적 비순응주의[비국교도] 사이의 오랜 동맹이라는 민주주의의 전통도 존재한다. 프랑스에는 혁명 자체만을 놓고도 여러 전통이 있으며, 본질적으로 반전통적인 혁명 노선도 존재한다. 미국에는 다양한 기원을 가진 반전통주의적 전통주의가 분명히 존재한다. 미국의 정치적 전통이 본질적으로 자유주의적이라는 점이 확실하다고 해도 말이다. 전통주의자는 옳다 — 그러나 너무 옳다. [그 결과 그들은] 엄청나게 광적이거나 너무 멀리 나간 또는 과도하게 좌파적이거나 너무나도 독창적인 이론에 빠져 있어서 역사를 완전히 무시하는 **젊은이들**조차 오랫동안 잊고 있던 정치적 성자들과 순교자들의 방식을 놀라울 정도로 되살려 내고 있을 뿐이다. 예를 들어, 정치적으로 볼 때 자유 국가에서 좌파 정당들의 약점으로 종종 발견되는 것은, 실은 자신들이 얼마나 전통적인지에 대해 이해를 못하고 있을뿐더러 그와 관련된 아무런 주장도 하지 않는다는 점이다 — 마치 그들이 민족주의와는 다른 애국주

ⅰ "장기 혁명"은 1961년 출간된 그의 책 제목으로 산업혁명기에 민주주의 혁명이 동시에 진행되었다는 점을 문화적 측면에서 주목해 제시한 개념이다.

ⅱ 17세기 영국 내전 당시 의회파의 대표적 정치인이자 정치학자. 공화주의자였다. 왕정복고 이후 반역죄로 처형당했으며, 사후 휘그파의 영웅으로 추앙받았다. 왕권신수설에 반대했고, 인민의 동의에 기반을 둔 제한정부론과 시민의 저항권을 주장했다. '미국 혁명의 교과서'로 불리는 그의 『통치론』은 로크의 저작보다 당대에 훨씬 많은 영향을 미친 것으로 알려져 있다.

의조차도 부끄러워하듯이 말이다. 사실 보수주의자가 보기에 전통주의와 반전통주의자 중에서의 선택은 별 의미가 없다 — 어느 쪽을 선택하든 결과가 같기 때문에 이것은 그들에게 별로 고민할 필요가 없는 그런 종류의 일이다.[1] 보수주의 학자는 자신이 정치적 결정과 직접적인 관련이 거의 없는 학문적인 차원에서 일반적 주장을 하고 있을 뿐이라고 생각할 수 있다. 물론 우리는 모든 생각과 행동들은 결국 어떤 실천적 전통을 따르기 마련이라는 점을 항상 기억해야 한다. 그러나 이런 주장을 너무 극단적으로 몰고 가면 진부한 것이 되고 만다. 참으로, 모든 내용을 다 제거해버리고 [보수주의를] 단지 정치학 연구의 방법론이라고 말하면, 이 주장은 단지 순환 논리, 곧 동어반복적인 것이 되고 만다. 즉, 모든 것이 전통이라면, 모든 것이 — 정말로 — 전통이라는 식으로 말이다. 이 경우, 우리는 경험의 모든 흐름을 인식 가능하고 유용한 차원으로 통제하기 위해 다른 기준들을 필요로 하게 된다. 그리고 더욱 자주 이런 학문적 보수주의는, 겉으로는 방법과 교육, 철학에 대해서만 말하는 척하면서 실제로는 내용과 본질을 몰래 들여온다. "전통"이 각기 다른 전통들의 총합이 아니라 모든 것이 하나로 통합된 전통이라는 식으로 이해될 경우, 그것은 이데올로기와 매우 흡사한 개념이 된다. 어떤 하나가 모든 것을 이해하는 방식이 되고, 다른 하나가 모든 것을 설명하는 방식을 제공하는 것이다. 전통주의자와 이데올로기의 신봉자들은, 모든 것은 서로 연결돼 있기 때문에 모

---

[1] 보수주의자들은 한 개인이나 집단, 세대가 어떤 선택을 하든 결국은 전통의 규정력을 벗어나지 못할 것이기 때문에, 그들이 무슨 노선을 취하든 결과적으로는 별 의미가 없는 일이 될 것이라 본다는 뜻이다. 크릭은 이런 결정론적 사고가 정치를 무용한 것으로 보게 하는 잘못된 관점이라고 비판한다.

든 것을 바꾸지 않고는 어떤 중요한 것도 바뀔 수 없다는 데 동의한다. 그들은 똑같이 과장된 전제로부터 단지 서로 다른 결론을 내릴 뿐이다.

전통주의자로서의 보수주의자는 어떤 특정 전통, 통상적으로는 정치적 행동의 어떤 "구체적" 전통 — 헤겔주의자들을 골치 아프게 하는 그 단어 — 에 대해 이야기함으로써 전통이 가지고 있는 다양성으로부터 자신을 방어하고 있을 뿐이다. 그러나 이것은 불굴의 혜안과 감수성을 통해서 일반의지나 공동선으로부터 어떤 암시들을 골라낼 수 있는 신비한 안테나를 가질 수 있다는 주장과 더불어, 거기에 "정치를 초월한" 보수주의를 혼합한 올바르고 선한 전통이 존재한다는 주장이 될 뿐이다 — 물론 자유로운 국가를 유지시키는 것은 일반의지나 공동 이익이 아니라 오로지 정치 그 자체이며, 이것이야말로 명백한 진실이다. 각자의 고유한 기억과 목적을 가진 한 국가 안의 다양한 전통들은 정치라고 하는 거친 혼란 속에서 권력을 획득하기 위해 노력한다. 이들에게는 오직 정치적 [방식을 따라야 한다는] 제약만 부과된다. 정치란 전통주의자들이 말하듯이 그렇게 다루기 어려운 섬세한 것은 아니다. 그것은 훨씬 소박하고 단단하며, 쉽게 만들 수도 있고 쉽게 부서지기도 하는 그런 것이다. 전통주의자는 모든 것은 헛되며 정치란 단지 전통과의 대화일 뿐이라고 우리에게 말한다. 그러나 오크숏주의자의 낯선 아이러니에서, 우리는 사실 정치에서 하나의 지배적 전통이 **있어야 한다**는 익숙한 충고를 듣게 된다. 그렇지 않다면, 정치적 보수주의자와 전통주의자를 동일시하는 것은 그저 말장난에 지나지 않는다고 말이다. 만일 모든 정치가 다 전통적인 것이라면, 실제 보수정당이나 보수적 신조 역시 다른 정당들이나 신조들과 마찬가지로 특정한 시공간에서 특정한 사회적 정치적 신조에 대한 옹호로 이해돼야 한다. 그리고 이렇게 되면 그 전통은 단지 지배계급이 전통이 되는 것처럼 보인다.

보수주의자는 대체로 정치의 실제와 국가의 역사에서 순전히 우연적으로 나타나는 사건들 — 잘 갖춰진 정책이나 계획을 범람하는 강물처럼 일거에 뒤집어 버릴 수 있는 사건들, 곧 마키아벨리가 "포르투나"Fortuna라고 부른 모든 것 — 을 결코 부정하지 않을 것 같은 사람이다. 그러나 보수주의자는 그런 사건들이 미치는 충격을 전통이 흡수할 수 있을 것이라는 근거 없는 낙관주의에 기댄다. 그렇지 않다면 그는 어깨를 으쓱거리며 "내가 죽은 뒤에 무슨 일이 일어나든 말든"après moi le déluge이라는 병적인 현실주의에 입각해 말할 것이다 — 물론 이것은 일을 어떤 식으로 처리해 나가야 할지에 대한 태만과 상상력의 부족에서 나온 태도로 실제로는 작동할 리 없다. 전통이라는 개념은 사실 모든 국가의 생존에 필수적인 창의력, 혁신, 그리고 의지적인 수완에 대해서는 빈약한 그림만 제공할 뿐이다. 이에 대해서는 인류학자들이 정치철학자들에게 많은 것을 가르쳐 줄 수 있다. 인류학자들은 원시사회들에도 대부분 공동체의 생존에 대한 새로운 위기에 대응할 수 있는 창조적 기능을 제공하는 관습이 존재한다는 점을 발견했다. 관습은 생존이라는 우선적 필요와 문명이라고 불리는 방향으로의 적절한 발전 사이의 관계를 설명하는 데 분명히 전통보다 명확한 개념이다. 국가는 변화하는 상황에 끊임없이 적응함으로써만 살아남을 수 있다. 사건들은 우리에게 선택을 강요할 것이다. [그때] 우리가 내린 모든 선택을 정당화할 수는 없겠지만, 그렇다고 뒷자리에 앉아 흘러가는 세태를 마냥 즐기고만 있을 순 없다. 전통은 지침이 될 수 있지만 그것만으로는 생존에 필요한 충분한 자극이 될 수 없다 — 살아남기

위해서는 농업 기술, 군사 전략, 무역의 방식, 산업의 소유 방식, 정부의
제도적 틀 등 어디에서든 대단히 의식적인 변화가 요구될 수 있다. 합리
주의자와 교조주의자에 대한 전통주의자의 비판은 대체로 가치가 있다.
하지만 그것만으로는 충분치 않다. 때로 합리주의자는 낡은 옷에 덧댈 수
있는 조각천의 수에 한계가 있다는 점을 말해야 한다. [정치적] 신조나 전
통, 둘 다 그 자체로는 충분치 않다. 그들 사이의 관계와 그들 사이에 언
제나 존재하는 다양한 형태들이야말로 정치 그 자체다. 정치가 "최고의
과학"이라는 점에 확신을 가져야 한다. 그런 확신은 안전을 위한 습관을
북돋는 것이기도 하지만, 또한 행운이 우리에게 가져다줄 것들을 다룰 수
있는 창의력을 열렬히 사랑하는 것이기도 하다.

그래서 정치에는, 버크의 위대한 격언처럼 "보존하기 위해서 개혁이
필요한 때"가 있을 뿐만 아니라, 보존하기 위해 실제로 창조해야 할 때도
있다. 존 애덤스는 1775년 대륙회의'에서 벌어진 논쟁에 대해 아이러니
한 정의라고 회고한 바 있다.

나는 그 당시 내 친구들 모두가 …… 치안 판사와 사법부를 담당하는 위
원회, 그리고 경멸을 받을 만한 단원제 의회 이외에 다른 어떤 정부 형
태도 생각하고 있지 않다는 것을 알고 있었다. …… 나는 즉석에서 전통
적 관례에 부합하는 다양한 계획들에 대한 짧은 스케치들을 보여 주는

┃ 1775년의 대륙회의는 보통 제2차 대륙회의라고 불린다. 1774년의 제1차 대륙회
의는 아메리카 식민지가 영국의 인지세법에 대항해 영국 상품의 수입 중단을 선언
했고, 1775년의 제2차 대륙회의에서는 독립 전쟁을 결의했다.

것으로 대응했다. …… 버크가 시에예스는 서랍 속에 여러 계획을 준비해 두고 있다고 말한 것처럼, 나는 내 머리와 입안에 정부에 대한 다양한 구상을 담고 다녔다. 물론 그것들은 시에예스의 것처럼 충분히 완성된 것도, 철학적으로 잘 다듬어진 것도 아니었다. 하지만 나는 균형 잡히지 않은 정부에 대한 모든 계획에 대해 언제나 철저하게 반대했다.

바로 여기에 전통에만 의존하지 않아야 하는 상황에서 출현한 진짜 정치가 있다. 정치에는 여러 계획들이 존재하며 그것들은 서로 경쟁한다. 누군가는 그것들 가운데서 최선의 하나를 선택해야 하지만, 준비된 계획이 아예 없다는 것은 용납될 수 없는 일이다. 기존의 경험들은 그 계획들에 대한 판단을 내릴 수 있도록 몇 가지 추상적 원칙과 기준에 따라 정리될 필요가 있다. 상당수의 영국 보수주의자들이 마치 [식민지] 아메리카에 정치가 존재하지 않는 것처럼 여겼다는 것은 놀랄 만한 일이 못 된다. 물론 미국의 독립 과정에서 활약한 건국의 아버지들에 대한 초기 신화들이 바로잡히는 과정에서, 그들이 얼마나 전통적인 사고를 가지고 있었는지에 대해서는 이미 수많은 이야기들이 쏟아져 나왔다. 그럼에도 전통에 대한 보수적 신화와 달리, 아메리카에서 [정치]제도에 대한 사려 깊은 발명이 정치적 수단을 통해 그리고 정치적 질서를 위해 이뤄졌고 또 이뤄졌어야 했다는 점은 분명한 사실이다.

보수주의자들이 달가워하지 않을 정도로까지 정부의 기본적 틀을 개혁하거나 변경하지 않은 채 정치적 관계를 지속하는 것이 항상 가능한 것은 아니다. 신중함을 넘어선 대처가 필요한 때가 있다. 아메리카 식민지 문제를 다룰 때 신중을 기해야 한다는 버크의 탁월한 호소는 얼마나 자주 정치적 진리와 진정한 보수주의의 모습으로 여겨졌는가? 그는 오민함 위에서 또는 법률적 관점에서만 보지 말고, [아메리카 식민지에 대해] 회유와 관대함으로 접근해야 한다고 말했다. "반복해서 말씀드리오니 ─ 평화를 추구하고 그것을 지키고자 했던 ─ 과거의 원칙으로 돌아가서, 아메리카를 그냥 내버려 두십시오. 아메리카에 세금을 부과할 부분이 있다면 스스로 부과하게 두십시오. 나는 여기서 [아메리카 식민지인들의] 권리를 별도로 구분하지도 않을 것이고, 그들의 국경을 표시하려 하지도 않을 것입니다. 나는 그런 형이상학적 구분을 하지 않을 것입니다. 나는 그런 구별을 경멸합니다……." 그러나 법적 권리를 제쳐 놓는 이 같은 호소는 또한 식민지인들에게 아무런 보장책도 제시하지 않은 채 신뢰를 호소하는 것에 불과하다는 점이 쉽게 망각되곤 한다. 1775년이 되자, 이 같은 호소가 더는 작동하지 않으리라는 점이 명백히 드러났고, 결국 신뢰는 완전히 사라져 버렸다. 아메리카 식민지인들은 영국 의회에서 자신들보다 더 뛰어난 사람들이 그들을 대표하는 것[1] 대신에, 자신들이 직접 뽑은 대표 없이는 세금이 부과될 수 없다는 점을 약속할 것을 요구했다. 이렇게 되자 ─ 당시 수상이었던 노스 경만큼 버크 역시 안고 있었던 ─ 의회 주권이라는 도그마가 문제가 되었다. 연방제적 방식으로 문제를 해결하기

---

[1] 여기서 구분되는 것은 '사실상의 대표'와 '실제의 대표'이다. 보통선거권이 확립되지 않은 당시 영국에서는 투표권이 없는 무지하고 재산이 없는 사람들은 일정한 자격을 갖춰 투표권이 있는 사람들과 선출된 대표를 통해 사실상 대표된다는 개념이 채택되고 있었고, 이는 식민지 아메리카에도 예외가 아니었다. 식민지는 이에 반대해 직접 스스로 선출하지 않으면 그 대표는 자신들의 실제 대표가 아니라는 입장으로 맞섰다.

싫어했던 보수주의자들의 태도는, 가능한 모든 정치적 해결책들을 가로막았다. [보수주의자들이 거부했던, 아메리카 식민지의 권리를] 성문법적으로 보장하는 방안은 정치의 종말이 아니라 정치의 한 유형일 뿐이었다. 아메리카와의 기존 관계를 지속할 수 있는 또 다른 유일한 대안 역시 실패했다. "아메리카 문제"에 대한 정치적 의견이 나뉘어 있는 동안은 필요한 수준의 군사력을 동원할 수 없었기 때문이다.

보수주의 역시 다른 것들과 마찬가지로 하나의 정치적 신조일 뿐이다. 보수주의는 언제나 부분적으로 진실이지만, 상황에 따라 변할 수 있어야 정확한 진리가 될 것이다. 보수주의는 스스로 반교조주의라고 말하지만 그 역시 — 오크숏이 "전통"이라고 부른, 그리고 버크가 "주권"이라고 부른 — 자의적인 도그마의 편린들을 포함한 특정한 형식 안에 존재한다. 그것이 단지 경험에 자문을 구하라고 우리에게 충고해 주는 정도라면, 그것은 모든 유형의 정치에서 진리이며 우리를 너무 멀리 데리고 가지는 않을 것이다. 보수주의가 누군가를 멀리까지 데려간다면, 이는 보편적인 것[진리]과는 아주 동떨어진 상황이 될 것이다. 정치의 좋은 친구인 보수주의에는 특별히 주의를 기울일 필요가 있다. 다른 신조들과 비교해 볼 때, 내가 옹호하고자 하는 정치의 의미를 자신이 가장 잘 안다고 그토록 자주 주장하기 때문이다. 그러나 바로 그렇기 때문에 또한 보수주의자는 자주 심한 질투를 하고 집착을 보일 수도 있다. 보수주의자는 다른 사람들과 마찬가지로 자신의 이해관계를 관철하거나 유지하려는 과정을 통해 정치에 기여한다. 그러나 그가 자신이 비정치적이라고 주장한다면, 우리는 그가 항상 정치적인 방식으로 행동하지는 않으리라고 의심할 수밖에 없다. 그런 사람은 정치를 초월해서 생각하기를 좋아하고, 공공의 문제를 사적으로 사고하기를 더 선호하는 사람이다.

정치에 무관심한 자유주의자

보수주의자가 기대가 너무 적은 사람이라면, 자유주의자는 기대가 너무
많은 사람일 것이다. 자유주의자는 어떤 비용이나 고통 없이 정치의 모든
열매를 즐기고자 하는 사람이다. 그는 나무가 아니라 그 과실에 찬사를
보내고 싶어 한다. 그는 열매 ─ 자유, 대표제 정부, 정직한 정부, 경제적
번영, 무상교육이나 보통 교육 등과 같은 ─ 를 수확하기를 바라지만, 수
확한 후에는 그것들을 정치와의 접촉이라는 위험으로부터 보호하려 한
다. 그는 어떤 가치들을 ─ 정치의 밖에서 정의함으로써 ─ 자연적 권리
로 취급하거나 정치란 단순히 정당이나 정치인들의 일이라는 식의 ─ 그
래서 정치에 대해 극단적이고 비현실적으로 매우 좁은 ─ 견해를 가질 수
도 있다. 이런 자유주의자는 정치와 행정, 국가와 사회 사이에 분명한 구
분이 존재한다고 믿는 테크노크라트에 가깝다. 그러나 그렇게 엄격한 구
분에도 불구하고, 그는 언제나 정치를 위해 어느 정도의 여유 공간을 남
겨 둔다. 좋게 말해, 그는 이 애완견[정치]이 생기를 잃을 때까지, 닦고,
씻기고, 말뚝에 잘 고정시켜 놓으려 노력하는 것일 뿐이다. 그는 이성의
힘과 여론의 일관성을 과대평가하는 반면, 정치적 열정이 가진 힘과 자신
들에게 분명히 좋은 것을 원하지 않는 것처럼 보이는 인간의 괴팍함을 과
소평가한다.[1] 그는 정당을 좋아하지 않는다 ─ 정당에 가입한다고 해도,

그는 실용성을 위해 원칙이 훼손되는 것을 강력히 반대할 것이다. 그는 계몽된 여론이 [어떤 조정이나 타협도 없이] 있는 그대로 단순 명료하게 대표 기관에 영향을 미친다고 생각하는 경향이 있다. [자유주의자들이 보기에] 정치인들은 단지 그 여론의 힘 안에서 눌려 찌그러지는 존재다. 그들은 창조적 힘을 가진 사람들이 아니라 단지 중개인들에 불과하다. 사실 미국 영어에서 "정치인"politician이라는 단어에는 18세기적인 부당한 비난의 의미가 여전히 남아 있다. 여기서의 정치인이란 부당한 수단도 마다하지 않는 "해결사"이며, 사업가들조차 이들을 나쁜 사람 취급한다. 이런 생각을 갖고 있는 자유주의자는 이런 요소들을 정화해 버리기 위한 정치적 성전聖戰에는 참여하겠지만, 직업 정치인은 혐오한다. 그래서 만약 그가 정당에 가입한다면, 그 정당은 지금 영국에서처럼 반反정당을 표방하는 정당일 것이다. 그는 어떤 한 개인[특히 자신]을 대통령보다 더 옳은 사람이라고 찬양하면서도, 그것이 가져올 위험과 그것이 얼마나 무책임한 태도인지 알지 못한다. 달리 말하자면, 이것은 독선과 내숭이라는 악덕을 품은 정치의 유형이다. W. H. 오든은 이처럼 아이러니한 문구를 남겼다. "우리는 모두 서로를 돕기 위해 세상에 존재한다. 하지만 다른 사람들이 무엇을 위해 존재하는 것인지는 오직 신만이 아신다."

정치적 경험의 다양성은 그런 내숭에 비하면 너무나 위대한 것이다. 정치는 우리 자신의 구원이나 우리가 가진 박애주의를 실천하기 위한 책

▎ 자유주의자들은 보수주의자와 달리 개인과 집단들이 이성을 통해 정치에서 무엇인가를 할 수 있다고 여긴다는 장점이 있지만, 그런 자유에 대한 맹신이 가져올 수 있는 부작용에 대해서는 지나치게 낙관적이라는 비판이다. 사람들은 자신들에게 좋지 않은 잘못된 선택을 얼마든지 할 수도 있기 때문이다.

무가 아니라, 타인들과 진정한 의미의 관계를 맺고자 하는 일과 연관돼 있다. 물론 타인들은 우리에게 정말로 불편한 존재일 수 있다. 하지만 우리가 그들에게 의존할 수밖에 없는 한, 우리는 그들과 함께 사는 법을 배워야 한다. 그런데 자유주의자들은 이런 불쾌함을 무시하려 노력한다 ― 그리고 더 자주, 통치에 완전히 실패할 때의 비용을 무시하곤 한다. 자유주의자는 모든 문제가 사회의 제1원칙[재산권]과 관련된 문제가 아니라고 생각되는 경우에만 통치에 참여하거나 책임 있는 정당의 구성원이 되려는 사람이다. 이런 태도는 ― 정치적 가치를 수호해야 하는 상황에서조차 권력의 행사를 거부하는 ― 실천에서의 무능이라는 위험을 조장할 수 있다. 이것이야말로 루이 나폴레옹, 그리고 한 세기 뒤에 드 골과 마주했던 프랑스 의회가 저지른 엉거주춤한 태도가 빚어낸 비극이었다. 이것은 또한 애스퀴스의 자유당 정부가 아일랜드에서 일어난 보수주의자들의 폭동에 직면했을 때 보여 준 실천의 무능, 바이마르공화국이 나치와 맞닥뜨렸을 때 보여 주었던 두려움과 법 형식주의, 그리고 세계적 수준의 정치에서 보면, 미국 행정부가 유색인종의 법적 권리를 실질적으로 보장하는 데 걸렸던 그 끔찍하게 지지부진한 시간들에서도 반복되었다. 이 모든 사건들은 자유주의자들의 과도한 신중함과 고상한 척하는 내숭이 빚어낸 전형적 사례들이다. 1931년, 대표적인 자유주의 신문인 『맨체스터 가디언』은 바이마르공화국의 대통령이었던 파울 폰 힌덴부르크에게, 나치가 독일의 제1정당인 이상 그들을 정부에서 배제하는 것은 비민주적인 처사라고 근엄하게 충고하기도 했다. 또한 독일의 수많은 "순진한 자유주의자들"과 "품위 있는 보수주의자들"은 법이 작동하기만 하면 나치의 행위들이 일반적인 정치의 수준으로 **당연히** 돌아오리라고 믿었다.[3] 자유주의자들의 좁은 식견은 "정치"를 수호하기 위해 권력을 행사하는 것조차 혐오하는 태도들을 조장했던 것이다.

정치에 대해 자유주의자들이 가진 고상한 척하는 위선은, 그다지 고상하지는 않지만 사회에 필수적인 요소들을 이해하기 어렵게 만든다. 영국에서의 노동조합이라든지, 미국에서 새로운 이민자들처럼, 세상에는 그들이 꼴 보기 싫어하는 것들이 존재한다. 1897년, 영국의 자유주의 성향의 언론인 W. T. 스테드는 대서양을 건너던 중 "호랑이 딕"으로 알려진 뉴욕 시장 크로커의 옆자리에 우연히 앉게 되었다. 스테드는 뉴욕의 정치를 실제로 좌지우지한다고 알려진 유력 정치인들의 모임인 태머니 소사이어티에 대해 그가 갖고 있던 생각을 말했는데, 이에 대한 크로커 시장의 답변 역시 솔직하게 있는 그대로 기록했다.

"당신네 영국인들이 우리나라에 대해 다른 무엇보다 먼저 주목하는 하나의 사실이 뭔지 아시오? 우리가 지금 말하고 있는 저 수많은 군중들이오. 교양 있는 소수의 유한계급 시민들은 정치적인 활동을 전혀 안 하려 하오. 정말 손 하나 까닥하지 않지. 당신들이 가지고 있는 그 모든 고상한 원리들은, 가끔 있는 선거에서조차 머그웜프mugwump¹에게도 잠

￼ 19세기 후반 미국의 지식인·명사 집단으로, 정치적으로 무당파이면서 스스로를 독립적이고 고상한 정치집단으로 여긴 일단의 엘리트들이다. 하버드 출신에 상속받은 재산도 상당하며, 변호사, 사업가, 금융가, 언론인, 의사가 많았다. 이들은 미국의 산업적 성장과 발전이 미국의 정신을 타락시키고 있다고 비판하면서, 특히 노동자와 이민자들이 늘어나는 것을 두려워했다. 이에 대해서는 강택구(2006), 「Mugwump의 보수적 사회관과 反제국론」, 『경주사학』, 24·25호 참조.

깐의 관심조차 불러일으키지 못하지. 상류계급들은 정치적 활동을 진지하게 계속하기가 어렵소. 그들도 그걸 솔직하게 인정하지. 모든 사람이 상황이 이렇다는 것을 알고 있소. 무당파의 원칙들이 무당파들조차 움직이지 못하는데, 대중들이 정치에 관심을 갖게 하는 데 고상한 동기만으로 어떻게 충분하다고 생각할 수 있단 말이오?"

내가 답했다. "그렇다면, 당신은 그들을 어떤 성과 같은 것으로 매수하려 하겠군요." 그가 말했다. "우리는 성과를 통해 그들을 매수할 필요가 있소. 당신이 그걸 매수라고 부르고 싶다면 그렇게 하시오. 그 성과란 나라마다 대단히 다르고, 그것이 공직을 결정하지. 정치라고 하는 매일매일의 힘든 일에 사람들이 관심을 갖게 하려면 모종의 유인이 필요하오. 당신이 우리나라의 대중을 상대하고자 한다면 어떤 방식을 터득해야 할 텐데, 그 유일한 방법이란 그들의 마음을 사로잡는 것이라오."[4]

이것은 참으로 주목할 만한 구절이다. 왜냐하면 이 구절은 정치를 있는 그대로 받아들여야 하고, 그 외에 다른 길은 없다는 것을 알려 주기 때문이다. 정치가 크로커의 말처럼 작동하는 동안에도, 그것은 어떤 좋은 목적을 위해 봉사하고 있는 것이다. 가난한 아일랜드 이민자들을 국민으로 만들고 그들에게 권력의 일부를 나눠 줌으로써 과거 미국 땅에 왔던 그 선조들처럼 그들도 그들의 힘[권력]을 기를 수 있도록 하는 방식이 바로 여기에 존재한다. 정치란 사회적으로 배제된 사람들이 성장하는 방식이었다 — 그 방식이 부정직하든 아니든 간에, 이것은 그들이 가진 힘[투표권]에 대한 존중을 통해서 그들에 대한 존중을 이끌어 내는 방법이었다. 비록 크로커는 노동운동의 정치적 부상을 막았다는 점에서는 적어도 미국 자유주의자들에게 칭송을 들을 만하지만, 그처럼 부패한 민주당 정치인을 옹호하기란 쉽지 않아 보인다 — 영국에서는 크로커와 같은 사람들이 훨씬 일찍부터 비난을 받았다. 하지만 그는 — 계급적·인종적 차별은 "실제로 존재하지 않는 것"이라고 여기면서 — 진정한 정치적 문제들을 외면하는 고상한 자유주의자들과, 또한 부패한 정치보다는 정직한 독재가 더 낫다고 생각하는 사람들의 비난으로부터 옹호돼야 한다. 대부분의 자유주의자들은 부패보다 독재 정부를 더 선호할 수도 있다. 독재 정부가 더 청렴하고 — 정직이나 신실함 같은 — 개인적 덕목에 더 많은 명예를 부여할 수 있기 때문이다(자유주의자들은 그런 덕목에 과도한 신뢰를 갖고 있는데, 이를테면 "만약 사람들이 모두 정직하고 신실하다면 모든 정치는 사라지게 될 것"이라고 말하는 식이다). 하지만 부패는 헌신적인 도덕주의자들에 의해 운영되는 경직된 정부의 끔찍한 완고함과 비교해 보면, 적어도 인간적인 차원에서 다른 선택이나 기회를 생각하다가 저지르는 실수에 해당할 것이다. 정치에서 부패가 나쁜 진짜 이유는, 그것이 그 자체로 비도덕적인 — 비록 누군가를 죽이기 위해 군복을 입었더라도 동료 인간을 죽이는 것이 그렇듯이 — 행위이기 때문이 아니다. 그것이 나쁜 이유는 정치적 대표성을 왜곡시키고, 그래서 효율적이고 책임 있는 통치를 불가능하거나 대단히 어렵게 만들기 때문이다. 실제로 전체주의국가에서 부패는 자유의 싹을 보존할 수도 있다.

이런 자유주의자들은 정치의 종말, 그리고 자유와 질서의 조화를 바라지만, 모종의 수단을 활용해서 그것을 달성하려 하지는 않는다. 그들은 참으로 경건하게도 "개인의 이해관계"라는 명분으로 — 오! — 지방정부, 학교, 노조, 기업, 언론, 교회 등 사실상 의회를 제외한 모든 부문에서 정치를 제거하고자 한다. 심지어 이제는 정치에서 정당을 없애려 하거나 선출된 모든 정치인들은 당적을 가지면 안 된다고 주장하는 걱정스러운 이상주의자들까지 나타났다. 이 주장은 정치에서 정치를 제거해야 한다는(통치에서 정치를 제거해 그 자신이 독재자나 테크노크라트가 되려는 속셈이 아니라면 말이다) 명백하게 말도 안 되는 주장을 피하기 위한[은폐하기 위한] 장치에 불과하다. 왜 모든 정치인들이 무정부주의자나 은둔자처럼 보이도록 요구받는지 모르겠지만 — 어쨌든 이 이상주의자들은 국회의원이 [어디에도 소속되지 않고] 한 개인으로서 자유롭게 결정을 내릴 수 있어야 한다고 주장한다.

자유주의자들은 정치를 한편에 제쳐 놓고 다른 대안들을 찾았다. 자유의 순결성에 대한 애착이 너무나 큰 나머지, 그들은 정치라고 하는 남자들의 세계로부터 그녀를 떼어 놓으려 애쓸 정도다. 자유에 대한 그의 사랑은, 정치와의 관계만을 제외하면 모든 면에서 대단히 훌륭하고 분명하다. 하나의 신조로서 자유주의를 본다면 그것이 추구하는 개별적 목표들은 가치가 있겠지만, 동시에 그것은 정치에 대해 적절하지 않은 설명과 이해를 제공한다. 자유주의자는 정치적 견해를 이유로 개인에게 가해지는 모든 박해에 반대한다. 그러나 [자유주의자들에 따르면] 그 견해들은 — 마치 정치적 견해가 도덕적·종교적 견해와 같은 수준의 경험에 기초하는 것처럼 — 그것이 [단지] 개인적인 것이기 때문에 가치가 있는 것처럼 보인다. 만약 그 견해들이 정말로 정치적인 어떤 것이라면, 그것들이 특정한 집단의 이해나 이상으로부터 나왔다는 사실은 [그들에게] 대단히 유감스러운 일이다. "개인주의"란 정치적 행위에 대한 잘못된 설명일 뿐만 아니라 — 모든 인간이 자기만의 개성을 가진 존재라는 경험적 사실로부터 완전히 잘못된 추론을 통해 얻어진 ─ 독선적 도그마다. 자유주의자들은 ─ 공리주의자들과 마찬가지로 ─ 인간이란 자기 자신의 이익을 추구해야 한다거나 ─ 후기 자유주의자들처럼 ─ 공동선을 지향해야 한다고 말한다. 그러나 [동시에] 이런 관점에서 자연스럽게 제기되는 협력적 수단들을 제거해 버리기를 원한다. [사실을] 엄밀하게 말하자면, 정치적이지 않은 자기 이익이란 없으며, 정치적이지 않은 공동선이란 존재하지 않는다. 우발적인 자기 이익이나 공동선에 대한 자의적인 견해들은 자유로운 공동체를 통치하는 충분한 근거가 되지 못하기 때문에, 그래서 정치가 필요한 것이다. 개인주의는 그 자체로는 정치적 신조가 될 수 없다. 인간은 다른 무엇이 아니라는 점에서 바로 인간일 수밖에 없는 것이다. 그가 가진 자기 정체성은 인간 조건의 한 부분이다. 정치가 자기 정체성을 부여한 것도 아니고, 그래서 정치가 그것을 제거할 수도 없다. 정치는 이데올로그들이 하듯이 개별성을 해소해 버리려 하기보다는 그것을 존중해야 한다. 물론 어떤 유형의 정치도 자기 정체성이라는 위대하고 분명한 사실에서 곧바로 도출되는 것은 아니다. 정치 그 자체는 분명한 자기 정체성에 기반을 두고 있는데, 모든 행위란 결국 개별 인간의 행위이기 때문에 그렇다. 그러나 정치를 만들어 내는 서로 다른 이해관계들은 전체로서 하나의 도덕적·사회적 통일체로 간주될 수 없는 영역 내에서의 집단적 이해들이다. 많은 자유주의자들은 이런 상황을 한 번도 경험해 보지 못했을 것이다. 한 집단의 이해는, 자신의 양심이라는 책을 읽어 낼 수 있는 사람들이 가진 온화하고 명확한 것이라기보다는 매우 거칠고 즉흥적인 것임에 분명하기 때문이다. 앞서 이야기한 대로, 자유주의자들은 옹이투성이의 비틀어진 나무를 돌볼 생각은 없이 그저 부드러운 열매만 좋아하는 사람들이다.

　물론 우리는 ─ 자유를 사랑하고 관용을 추구하는 한 ─ 모두 자유주의자에 가깝다는 생각도 가능하다. 같은 방식으로 우리가 모두 보수주의자에 가깝다고 말할 수 있는 것처럼 말이다. 하지만 자유주의는 여러 사람들이 생각하는 것보다는 훨씬 [정체성이] 명확한 정치적 신조다. 그리고 자유주의자들이 부정하는 많은 도그마적 요소들은, 사실 [정치로 해결해야 할] 문제들을 정치의 외부에 두려는 바로 그 시도 때문에 나타나는 것이다. 자유주의자들은 보수주의자들에 비해 사적으로는 더 겸손한 편이지만 공적으로는 더 창의적이다. 자유주의자들은 항상 자연법이나 헌법의 일부를 정치 밖에 두려 하고, 심지어는 자기 자신에게 그런 생각을 강제하기도 한다. 한때 그들은 로크를 따라 "생명, 자유, 재산"이, 제퍼슨을 따라서는 "생명, 자유, 행복의 추구"가 정치와 정부의 밖에 존재하는 자연권이라고 믿었다. 그러나 모든 정부는 실제로 구성원들의 생명, 자유, 재산에 어느 정도 제한을 가하는 입법을 할 수밖에 없다. 자유주의자들은 자연권 개념을 포기하는 대신 그것을 자연적 질서라는 개념으로 대체하려 하기도 한다 ─ 이 경제체제는 국가의 개입으로부터 실질적으로 자유롭기만 하다면 정치의 역할을 거의 필요로 하지 않을 정도로 지속적인 번영을 가져다줄 수 있다고 여겨진다. 하지만 정치와 독립적으로 존재하는 경제라는 자유주의적 발상은, 정치에 대한 경제의 우선성을 주장하는 마르크스의 언명을 낳았을 뿐이다. 그렇지 않다면 그들은 자유 지상주의가 급격하게 파산을 맞은 상황에서, 선거만 유지되면[곧 분배 문제는 내버려두고 정치적 자유만 존재하면] 사회의 조화를 보장하는 방법은 있을 것이라고 믿고 있는 것이다. 자유주의자는 언제든지 성문법 또는 최소한 근본법이라는 관념을 강조해 왔다. 자유가 존재하려면, 정부의 행위를 합법적으로 제한하는 어떤 것이 존재해야만 하기 때문이다. 자유주의자들은 일종의 최종적 개혁 — 선거권 또는 경제활동에 대한 정부 개입의 범위를 법으로 제한하려는 시도 — 을 시도해 왔지만, 지속적으로 실패해 왔다. 물론 모든 것이 단번에 정치적으로 처리될 수 없다는 것은 정치의 본질적 속성이다. 그럼에도 인간 활동의 확고한 영역을 정치적 개입이나 영향으로부터 모두 차단해 버리겠다는 시도는 지나치게 독단적인 것이다. 단언컨대 그것은 불가능하다. 우리가 말해 왔던 것처럼, 정치란 지배적인 사회적 활동이지만 전능하지는 않다. 그리고 여기서 지배적이라는 것 역시 필요할 경우 생존을 위해서 또는 무시될 수 없고 조정돼야만 하는 이해관계들의 충돌로 인해서, 그 방향이 어느 쪽으로든 전환 가능해야 한다. [예를 들어] 자유주의자들은 종교가 반드시 정치로부터 독립적이어야 한다고 말한다. 미국 헌법은 교회와 국가 사이에 "분리의 담장"을 확고하게 못 박고 있다. 하지만 그것이 정치에서 종교적인 이슈가 등장하는 것을 완전히 봉쇄할 만큼 그렇게 확고한가? 자유 자체를 파괴하지 않는다면, 그 원칙은 분명히 그렇게 확고부동한 것은 아니다. 미국 헌법은 국가가 교회를 직접적으로 지원하는 것을 제한할 수 있다. 그러나 그것은 물질적 보상을 전혀 바라지 않으며 오로지 윤리적 혹은 종교적 정당화를 통한 대표성을 기대하는 신도들이 특정 정치인을 직접적으로 후원하는 것을 막지는 못한다. 만약 미국에서 가톨릭교회나 가톨릭 신자인 정치인들이 가톨릭 계열 고등학교들에 대한 연방 정부의 지원을 위한 캠페인을 벌인다면, 그때 이것이 헌법에 위배된다고 말해 봐야 그것이 정치적 이슈로 다뤄지는 것을 막을 수는 없을 것이다. 한 그처럼 규모가 큰 집단이 가진 요구가 모조리 좌절된다면, 그들은 학교에 대한 직접 지원보다 더 쉬운 방법으로 보조를 받을 수 있는 방법을 모색할 것이고, 결국에는 정치적으로 행동하기를 중단하게 됨으로써 오히려 위험이 증가하게 된다. 정치의 실로 중요한 능력 가운데 하나는 (주어진 조건 아래서) 불가능한 요구들을 가능한 대체물로 바꾸는 것이다.

발전되고 복잡한 사회에서는 대부분의 사람들이 하나 이상의 집단에 속해 있고, 집단들의 정치적 이해관계가 서로 충돌할 가능성이 있기 때문에, 정치적 거래가 훨씬 쉽게 이뤄진다. 이와 같은 성찰은 [오늘날] 자유주의의 수사들 속에 여전히 남아 있는 전통적 자유주의의 모습이 가진 불합리성, 곧 사회의 종servant으로서의 국가, 국가와 [다른 매개 집단 없이] 직접적인 관계에서 고립된 개인들로 구성된 사회 등과 같은 문제들을 더욱 잘 보여 준다. 이렇게 보면, 마르크스주의는 단지 (경제적) 사회의 최종적 지배를 예언한 자유주의의 어깨 위에 올라서 있을 뿐이라 할 수 있으며, 이때의 사회는 위대한 자유주의 철학자들과 경제학자들이 요구한 바대로 빈약한 (정치적) 국가 장치로부터 마침내 해방된 존재다. 물론 이런 의미의 사회 같은 것은 존재하지 않는다. 사회란 일정한 영역 내에 존재하는 다양한 집단들의 이해관계 사이에 모종의 관계가 존재한다는 사실을 추상적으로 표현한 것에 불과하다. 사회는 보편적 관계를 표방한다는 점에서 여타의 집단들 같은 그런 종류의 어떤 집단이 아니다. 사회에 존재하는 보편적 관계는 정치 혹은 다른 형태를 통한 지배의 산물이다. 자유주의자들은 [이런 사실을 받아들이기보다는] 사회에 대한 보수주의자나 사회주의자들의 설명에 비해 자신들이 가진 이론의 설득력을 떨어뜨리는 집단적 이해관계에 대해 그저 반감을 갖는다. 또 그들이 "사회"를 설명하는 데 동원하는 너무 큰 캔버스는 사회적 질문들을 흐릿하게 만들어 버린다. 그리고 사회가 논리적으로 국가에 앞선다는 그들의 주장은, 결국 정치가 어떻게 다양성을 파괴하지 않으면서도 분열된 사회를 유지시키는가라는 커다란 질문으로 귀결될 뿐이다.

국가에 대한 불신 때문에 자유주의자들은 종종 공공 부문에서 발생하는 이익과 소비[지출]를 무시하곤 한다. 전체주의 이데올로기의 신봉자가 공적 권력을 모든 사적인 사안들에 주입하려 한다면, 자유주의자는 사적인 이익을 위해 봉사하는 경우를 제외한 모든 공적 권력을 축소하려 한다. 자유주의자들은 공공 부문을 무시할 뿐만 아니라, 모든 정치체제를 불신하고 그에 반대하려다 보니 공공의 도움과 보호가 필요한 사람들에게 불가피한 고통을 안겨 준다. 존 갤브레이스 교수가 말했듯이, 자유주의자들은 사적인 화려함과 공적인 누추함 위에 부유한 사회를 구축하려는 것이다. 자유주의자들은 자유를 너무나 사랑한 나머지, 자유라는 추상적 개념이 많은 사람들에게 실제로 의미 있는 것이 될 수 있도록 하는 외적인 사회적 조건들을 유지하기 위해서는 정치라는 공적 권력을 활용해야 한다는 사실을 너무나 쉽게 무시해 버린다.

정치란 자유주의자들이 생각하는 것처럼 제한적인 행위다. 하지만 이런 제한이 모종의 일반적 규칙에 따라 정확히 정해질 수 있다고 여기는 그들의 생각은 잘못된 것이다. 그런 규칙[의 역할을 하는 것]은 특정한 시간과 조건 속에서 경쟁적인 관계에 있는 요구들을 조정하고 합의에 이르게 하는 정치적 시도 그 자체다. 정치가 모든 것을 포괄할 수는 없겠지만, 어떤 것도 정치로부터 완전히 동떨어져 존재할 수는 없다.

반정치적 사회주의자

정치 이론으로서의 사회주의는 보수주의의 편협성과 자유주의의 보편주의에 대한 더할 나위 없이 강력한 비판이다. [그런데] 영국에서처럼 사회주의적인 정책을 보수정당이 채택해 집권에 성공한 사례는 매우 중요하다 ─ "보수주의적 정치인들과 사회주의적 수단"의 결합은 실로 강력하다. 사회주의자들 역시 자유주의를 내재화해서, 그것을 파괴해야 한다고 말하기보다는 그것을 완성시켜야 한다는 식으로 더 자주 말하고 있다. 말하자면, 자유란 그것이 실현될 수 있을 때 의미가 있다는 것이다. 만일 다수가 단지 생존을 위해 고통스러운 노동을 할 수밖에 없는 수준의 빈곤에 시달리고 있다면, 자유란 아무런 의미가 없을 것이다. 그래서 자유는 기회와 더불어 넓은 의미에서 조건의 평등이 보장될 때만 중요한 가치가 될 수 있다. 정치적 정부의 안정화를 위해서는, 자유를 일상적으로 누릴 수 있는 기회가 소수가 아닌 다수에게 보장돼 있어야 한다. 사람들이 겪는 고통이 불평등하면 자유로운 정부에 위협이 된다. "재산권"이나 "자유로운 경제활동"을 보호한다는 교조주의 때문에 생산을 확대하고 보다 공평한 분배를 이루는 데 어려움을 겪게 된다면, 그들은 이런 것들을 약속하는 다른 [정치적] 신조들을 찾게 될 것이다. 저술가들이 그런 [교조적] 믿음을 갖는 것은 그 자체로는 별 문제가 없다. 하지만 사회주의 정당과 사상가들이 가진 특징적인 위험은 인내심이 부족하다는 것인데, 그것은 확실성을 추구하고 정치를 경멸하는 경향을 낳는다. 정치적 방식의 느린 속도를 견디지 못하게 되면, 그들은 정치가 평등의 진전을 방해하거나 지연시키기 위해 부르주아들이 이용하는 속임수나 음모에 불과하다는 마르크스주의의 유혹에 다시 빠지게 된다. 존 스튜어트 밀도『대의정부론』에서 이렇게 썼다.

> 사람들의 무지와 무관심, 완고함, 뻐딱한 고집, 그리고 자유로운 정치제
> 도의 허점을 이용한 부패와 이기적 사익의 결탁 같은 것이 종합적으로
> 작용해, 꼭 필요한 공공 부문의 진보가 가로막히는 경우가 있다. 이런
> 사태에 울화가 치민 나머지, 참을성이 바닥나고 실망에 빠진 개혁가들
> 이 때로 이 모든 걸림돌을 제거하고 말 안 듣는 사람들을 굴복시킴으로
> 써 강권에 호소하고 싶은 마음이 들지도 모른다.[1]

사민주의적인 정책이 집행된 실제의 경험을 보면, 그것은 공상적 이상주의나 진보의 이름으로 행해지는 자유에 대한 대대적인 공격과는 대단히 거리가 멀다. 사민주의적 정책의 실제 사례는 분명히 매우 작은 나라들에서 나타나는데, 사실 거의 전적으로 서유럽의 경험이나 영향력 아래 있는 나라들에 국한된다. 일반화하기 어려운 라틴아메리카의 몇몇 정권을 논외로 한다면, 스칸디나비아 국가들, 영국의 [1945~51년 사이의 노동당] 단독정부, 뉴질랜드의 강력한 사례, 독일 바이마르공화국의 불안정했던 경험, 그리고 프랑스 제3공화국에서 짧은 시기 동안 존재했던 몇몇 사례들 정도가 여기에 해당할 것이다. 영국인들은 1945~51년 사이에 집권한 노동당 정부에 특별한 중요성을 부여할 수 있다고 말할 수 있을

| 밀,『대의정부론』3장, 57쪽에 나오는 구절이다.

것이다. 가장 앞서 나간 선진 산업국가에서 가장 강력한 사회주의 정부가 등장했다고 말이다. 그러나 다른 사민주의 정부들과 마찬가지로 그 역시 기존에 이미 존재하고 있던 정치적 맥락에서 출현한 것이다. 사민주의 그 자체는 기존의 정치적 관습과 가치를 확장시킨 것이지, 비정치적 정부를 지향한다는 쪽으로의 급작스런 방향 전환이나 [전에 없던] 도전이 아니다. 자유로운 사회에서 권력을 행사해 본다는 것은 책임감이 무엇인지 알게 해주는 위대한 스승이다. 1950년의 영국 노동당은 자신들의 모든 비전을 포기하지 않으면서도, 정치란 가능성의 예술이라는 놀라운 인식을 확실히 얻었던 것이다. 이런 놀라운 인식의 주요한 계기는, 그들이 그동안 매진해 왔던 국유화라는 목표와 [실제 국가의] 행정이 얼마나 동떨어진 것인가를 알게 되어서가 아니라, 그들이 사회적 개혁, 특히 교육 문제에서 얼마나 창의적이지 못한가에 대한 깨달음에서 왔다.

이렇게 되자 (스스로 두려움을 키우고 있던 사람들에게는) 사회주의의 실천보다 사회주의적 수사가 더 두려운 것이 되었다. 수사는 반대파들의 위대한 무기다. 그러나 이것이 오랫동안 반대만 해온 사람들에게 반정치적 성향을 불러일으켰다는 사실을 부정하는 것은 아니다. "압제는 현자를 광인으로 만든다"라는 말이 있다. 마찬가지다. 너무 오랫동안 반대만 하는 것은 선한 사람들을 자포자기하게 하거나 공상주의자로 만든다.

❙ 본래 이 표현은 성경의 「전도서」 7장 7절에 나오는 표현으로, 우리말 개역 개정판에서는 "탐욕이 지혜자를 우매하게 한다"라고 돼 있다. 여기서 '탐욕'이라는 번역은 영어 성경 새국제판 번역본(NIV) 버전에 나오는 'extortion'을 우리말로 옮긴 것이다. 다만 크릭은 본문에서 탐욕 대신 '압제'oppression라는 단어를 사용했는데, 이는 킴 제임스 번역본(KJV)을 따른 것이다. 여기서는 크릭의 의도를 따라 번역했다.

영국 노동운동에 참여한 일반 구성원들 중에는 참으로 많은 "성자들"이 있었다. 여기서 "성자"란 자기 자신을 희생할 수 있는 명분을 찾고자 하는 사람이다. 물론 그는 이미 그것을 가졌다고 생각하겠지만, 동시에 그는 자신을 대체로 좀 더 새롭게 타오르는 빛을 여전히 찾고 있는 "탐구자"로 생각할 것이다. 그는 [자신이 지지하는] 정치인들이 단호하고 현실적이라는 평을 듣기를 원한다. 그러나 그 속에 잠재돼 있는 비정치적인 보수주의자의 성향처럼, "성자"는 (처음부터 끝까지 모든 것들이 매우 명명백백한) 미래에 대한 희망 속에서만 살 수 있다. 하지만 이 같은 심리학 — 그 자체의 역사와 전통을 갖고 있는 — 은 실제 노동운동 조직 바깥으로까지 침투한다. 우리 시대에 "뉴 레프트"라고 불리는 것처럼, 그것은 사회주의적 원리들의 순수한 정신을 타락시킨다고 비판 받는 모든 현실 정치의 수단들을 거부할 수 있다. 노동당이 새롭게 태어나기 전까지, 성자들은 결코 그들의 왕국에 들어오려 하지 않을 것이다. 이렇게 그들은 실제의 정치적 경험이나 영향력이라는 진정한 희망으로부터 스스로를 단절시킴으로써 정치적 방식을 무시하고, 그들이 말하는 이론적 사고, 주요하게는 예지적 사고visionary thinking에 탐닉하는 경향을 보인다. 그리고 [그들이 믿는] "리얼리즘"은, 진정으로 좋은 어떤 것이 나타나기 전까

▌ 1960년대에 전 세계적으로 나타난 좌파 사회운동을 말한다. 프랑크푸르트학파의 마르쿠제와 블로흐가 사상적 주창자로, 전통적인 마르크스주의의 계급투쟁과 노동운동 중심의 혁명을 부정하고 시민권, 동성애, 낙태, 페미니즘, 예술, 표현의 자유, 약물 사용의 자유 등 새로운 사회 이슈를 중심으로 나타난 사회운동이다. 영국에서는 1960년 E.P. 톰슨과 페리 앤더슨, 스튜어트 홀 등을 중심으로 『뉴레프트 리뷰』가 창간되면서, 하나의 사상적 조류로 자리하게 되었다. 전 세계적 베트남 전쟁 반대 시위 및 68혁명과 밀접한 영향을 주고받았다.

지는 자유를 억압하는 것은 물론, 광범위하고 폭력적인 수단을 통해 반대파를 궤멸하는 것이 필수적이라는 확신으로 탈바꿈하게 된다. 그들은 혁명을 달콤한 악몽처럼 곱씹고, 달걀을 깨뜨리지 않고는 오믈렛을 만들 수 없다는, 이러저런 모습으로 끊임없이 재탄생하는 로베스피에르의 경구를 되뇌어 읊조리며, 스스로를 현실주의자라고 생각한다. 물론 이것이 그들이 가진 자유에 대한 열정적인 사랑을, 특히 그들의 (신선하고 활기차며 즐거운) 행위들 속에서 부정하는 것은 아니다. 다만 그들은 혁명, "과도기적 시기", "창조되는 세계"들이야말로 자신들의 재능에 특히 적합한 일상적인 상태인 척한다. 그리고 그들은 피델 카스트로 같은 무장한 보헤미안들은 물론, 소련이 자행한 모든 불필요한 정치적 부정의와 유혈 사태가 경제 발전을 위해 **선행적으로** 필요한 행위였다는 식으로 변호에 나선다. 그들은 자신들이 실제의 정치를 얼마나 불신하고 있는지를 깨닫지 못하기 때문에, 진정으로 정치와 자유를 증오하는 이데올로그들에게 항상 속아 넘어간다. 그들은 모든 정치적 이슈들을 선과 악의 대척점에 서있는 도덕적인 것으로 생각한다. 그리하여 수에즈에 대한 영국의 공격이 비난 받아야 하기 때문에 독재자 나세르가 칭송 받았으며, 실패한 쿠바 침공[1961년 피그만 침공]에 대한 미국의 묵인이 비난 받아야 했기에 카스트로가 시복諡福[1]되었던 것이다.

이것은 실로 "그릇되고 완고한 성자들의 무리"들이 가진 전통인데, 새뮤얼 버틀러가 쓴 『휴디브라스』에 잘 나타나 있다. 여기에 등장하는

▎ 시복은 가톨릭에서 '성인'의 아래 단계에 있는 '복자'가 되는 의식이다. 미국을 비난하기 위해 반대편에 있는 카스트로를 신성화했다는 비유적 표현이다.

한 청교도 기사는 다음과 같이 말한다.

그들의 신앙이

거룩한 **창과 총**이라는 성경 위에서 만들어진 것처럼

모든 논쟁은 종결될 것이다.

무적의 **포병**에 의해

그들의 전통적 교리는 증명될 것이다.

사도들의 **주먹과 발길질**에 의해

불과 칼로 폐허를 만들자,

신성하고 철저한 개혁을 위해……

이 시에 나타난 폭력은 순전히 수사적인 것이지만, 이 같은 수사는 그들의 행동에 실제로 어떤 영향을 미친다. 그들은 보수주의자들처럼 현실에 안주하거나 자유주의자들처럼 고상한 척하는 것에 그치지 않는다 ― 그들은 어디로든지 가서 사회의 모든 층위를 들여다볼 것이고, 그들의 연민은 더욱 열정적이며 광범위해질 것이다. 물론 이런 그들의 태도는 [결국에는] 위선적인 것이 된다. 사람들이 사회주의자들이 세운 기준이나 원칙에 따라 행동하지 않는다면, 바로 그 사람들이 나쁜 사람들이기 때문이다. [같은 맥락에서] "노동당이 사회주의적 원리들을 포기하느니 차라

■ 영국 내전기의 풍자시인 버틀러는 열렬한 청교도인 사무엘 루크 경의 비서로 일하던 중 그와 그 주변 사람들의 광신적 태도를 보고 풍자시 『휴디브라스』를 지었다. 왕정복고 직후인 1660년대에 세 차례에 걸쳐 나누어 발표했다.

리 선거에서 지는 게 더 낫다"라는 식의 말을 누구나 듣는다. 복잡하게 이야기할 필요는 없을 것 같다. 요지는 간단하다. 그런 태도는 결코 정치적이지 않다. 막스 베버의 구분에 따르면, 그들은 책임 윤리보다는 신념 윤리ethic of ultimate ends¹를 추구한다. 그들은 "순전히 정치적인" 고려 사항들, 곧 모든 정치 공동체에는 상호 조정돼야 하는 서로 다른 다양한 이해관계와 도덕적 목표들이 존재한다는 사실을 경멸한다. 이 같은 사실은 누구든지 정치적으로 행동하기 위해 반드시 받아들여야 하는 것이다. 만약 그렇지 않으면, 이와 같은 사실은 한동안 무시되거나 아예 영원히 사라져 버릴 수도 있다. 그들[반정치적 사회주의자들]은 정치적 행위 ─ 타협이지만 정말 창조적인 타협일 수 있는 그런 것 ─ 를 신뢰하지 않는다. 이같은 타협은 또한 과거부터 전해져 온 모든 최상의 요소들에 대한 광범위하면서도 분별력 있는 공감을 통해, 더 나은 미래를 만들어 내기 위한 것임에도 말이다. 대신 그들은 도덕적인 척하는 겉치레나 밖으로 드러난 것들을 믿는다. 그것들은 사람들 앞에 드러나기는 하지만, 사람들로부터 나온 것은 아니다. 정치에서 윤리의 궁극적 효용은 잘해 봐야 평화적 위선일 뿐이며, 그것의 최악의 형태는 무자비한 스탈린주의다. 그들은 실제 행동보다는 말에 따라 판단한다 ─ 그래서 소련에 대해 그렇게 구제할수 없을 정도로 감상적인 태도를 보이는 것이다. "비전이 없는 곳에서 사람들은 살 수 없다"라는 말은 참으로 진실이다. 그러나 그 비전은 설득을

▌ 직역하면 '궁극적인 목적의 윤리' 혹은 '최종 목적을 추구하는 윤리' 등이 되겠지만, 본래 베버의 개념인 Gesinnungsethik가 일반적으로 '신념 윤리'로 번역되기 때문에 이를 따랐다.

통한 것이어야지, 강압적이고, 불관용적이며, 위협적인 것이어서는 안 된다. 그 비전은 있는 그대로의 사람들, 곧 도박도 하고, 텔레비전 앞에서 시간을 보내며, 자동차 할부금을 걱정하는 그런 사람들로부터 나온 것이어야 하지, 추상적인 비전으로부터 그들을 비판하고 폄하하려는 전도된 욕망에서 출발한, 도무지 정이 가지 않는 그런 비전이어서는 안 된다. 그들은 인민의 궁전을 짓고 싶어 하지만, 실제로 사람들이 그 안에서 살고 싶어 하는 집을 지으려 하지는 않는다. 그들은 인류에 대한 사랑에 빠져 있지만 실제 사람을 만나면 몹시 당황하고 어색해 한다.

이런 부류의 정치적 반反정치가 가져오는 최종적인 부조리는 너무나 편협한 나머지 "학생 정치"라고밖에 부를 수 없는 그런 행동 유형으로 나타난다. 이런 유형은 다양한 시공간에서 발견된다. 그것은 (현실의 정치적 활동을 회피하고자 하는) 아마추어들이 (정치적 교리들과 대의명분들을 구분할 수 있는 기준을 원하기보다는, 하나의 교리와 하나의 "대의명분"을 원하는) 광신자들의 행동 양식에 빠질 때 나타나는 유형이다. 이것은 선거에서 승리해 유권자들에게 가져다줄 수 있는 평범하고 제한적이지만 직접적인 이익보다는, "푸르고 상쾌한 대지 위에 세워지는 영국의 새로운 예루살렘"을 꿈꾸는 사람들의 행동 유형이다. "학생 정치"는 확신의 정치다. 집단들, 특히 학생 집단은 그들이 가진 대의명분이 무엇이든 간에 당대의 모든 개별 이슈들에 대해 특정 원칙이나 "그들만의 기준"을 확정적으로 적용하려는 전형적 집단이다. 필요하다면 단지 그것만을 실현하기 위해 특정한 집단을 발명해야 할 때도 있다. [그러나] 그런 확신의 단계에는 끝이 없다. [그들은 자신들이] 중요하다고 생각되는 모든 것들에 대해 판단을 내려야 한다[고 생각한다]. 이 같은 확신은 대체로 ― 그들이 젊을수록

— 그들의 의견이 특히 더 받아들여져야 한다는 식의 오만함과 더불어 나타난다. 이것은 물론 그들이야말로 다음 세대이기 때문에 또는 부패하고 인위적인 시대에 그들만이 루소의 순수함처럼 순결한 눈을 가진 사람들로서 경험 **부족**에서 우러나오는 긍정적인 힘을 갖고 있다는 식의 — 별로 말이 안 되는 — 믿음에 근거하고 있다. 그리고 이런 모든 생각은 그런 정치가 실제 정치와는 거리가 멀다는 사실을 완전히 망각하게 만든다. 정치적 개입에 대한 그들의 태도는 결혼은 하고 싶어 하면서도 내숭을 떠는 사람들이 보여 주는 태도 같은 것인데, 그들이 쏜 화살은 너무 깊은 공포와 너무 높은 희망 사이의 어딘가로 날아가 버린다. 사람에게나 야수에게나[I] 학생들이 만든 조직보다 해롭고, 나쁘고, 정치적인 것도 없다. 그들은 이런 확신을 종종 시위의 형태로 밀고 나갈 수 있으며, "공중의 눈을 사로잡기 위해", 말하자면 석간신문의 한 단락을 차지하기 위해 경찰들과의 사이에서 어떤 문제를 일으키려고 — 문제를 일으키는 것 자체를 목적으로 삼아 — 필사적으로 싸우기도 한다. 의사를 표현하는 행위 그 자체가 목적이 되는 것이다. 이런 방식의 정치교육에서 정치는 일련의 위대한 도덕적 사건들로 간주된다. 그런 사건들 속에서 그들은 시위대를 지지하는 목소리를 높이거나 다양한 사회에서 투박하지만 정의로운 지도자들에게 결별을 고하거나 비슷한 확신을 가진 해외의 대표단에게 인사를 건넨다. "신이여, 감사합니다"라고. 그러나 애석하게도, 정치는 그와 같은 것이 아니다. 다시 말하지만, 바로 여기에 거대한 이슈들을 다루는 유

I 아리스토텔레스가 폴리스를 설명할 때의 표현을 빌려 쓰고 있다. 정치 공동체의 '모든 사람에게'라는 의미다.

사 정치가 존재한다. 거대한 이슈들 — 핵무기라든지, 인종 문제, 저개발 지역의 문제 등 — 만이 고려될 만한 가치가 있다는 태도는 의심의 여지 없이 따뜻한 마음 자세에서 나온 것이지만, [실제로는] 위태로우며 대단히 비정치적인 것이다. 정치인이라면 설혹 그것이 지루하다든지 또는 비도덕적이라는 평을 듣게 되는 위험을 감수하고라도 다음과 같이 말해야 한다. 이런 문제들은 모두 다 중요하거나 또는 진정한 진보나 통제에는 시간이 걸리기 때문에, 무엇인가를 희생하는 대가로 어떤 시점에 어떤 노력을 경주해야 하는지를 선택하는 것에는 항상 인내심과 고통이 따른다고 말이다. [사람들의] 요구는 무제한적인 것처럼 보이지만, 우리가 시간과 에너지, 자원이 한정된 세계에 살고 있는 한 이것은 피할 수 없는 것이다. 예를 들어, 영국의 학생 정치가 "핵무기 금지"를 주장할 때 보여 준 핵 물리학에 대한 과학적·기술적 지식에 대한 무지는 실로 형편없는 것이었다. 여기서 "금지"라는 말의 의미는 사형제를 폐지하기 위해 모든 마약과 강철, 전기를 없애 버려야 한다고 주장하는 수준이다. 원자력의 군사적 활용에서의 문제점은 그것을 어떻게 **통제**할 것인가의 문제이지, 원자력을 없애 버릴 것이냐 아니냐 라는 이분법의 차원이 아니다. 통제란 복잡한 정치적 문제다 — 정치를 내팽개치고 그저 일방적으로 "핵무기를 금지하라"라고 주장하는 것은, 어떤 형태의 정치나 외교에도 관심이 없다는 것을 보여 주는 것일 뿐이다. 바로 이것이 반정치적 사회주의의 유형인 "학생 정치"의 특징이다. 학생 정치의 추종자들은 계획을 수립하거나 통제하는 방식은 물론이고, 심지어 수많은 실제적인 대안들 가운데 어떤 행동을 우선적으로 실천할 것인지에 대한 기준을 세우는 과정에서조차 그들의 [정치적] 기술을 전혀 사용하지 않는다. 대신 그들은 각각의 이슈들이 마치 그 자체로 정치적 타협 — 그것에 생략한 체, 확신이라는 다음의 단계로 재빨리 넘어가 버린다 — 을 넘어서는 하나의 "원칙"의 문제인 것처럼 다루려는 경향이 있다. 그들은 비정치적 보수주의자들이 그렇듯이, "무기 체계"와 그것들의 사용과 통제에 대해 연구하는 사람이라면 누구든 [호전주의자라는 식으로] 의심한다. 이런 어색한 동맹 관계는 "전략적 연구"의 종사자들 대부분이 미국인들이라는 사실에 의해 더욱 강화된다 (이런 사실은 반정치적 사회주의자들과 비정치적 보수주의자들이 실제의 정치적 책임성을 구현할 수 있는 그 어떤 중간 지대도 거부한다는 원리적 차원에서 손을 잡게 되는, [타협할 수 없는 수많은 원리들로 구성된] 실로 거대한 원환상의 다양한 지점들 가운데 하나에 불과하다). 모든 문제를 원리적 차원의 문제로 치환시키는 사람은 정치에 만족하지 못한다. "x나 y를 얻기 전까지" 우리는 결코 타협할 수 없다든지, "우리는 a나 b를 결코 포기할 수 없다"라고 말하는 사람들은 결코 정치적으로 행동하지 않으며, 심지어 정치적 시스템 안에서도 그렇게 행동한다. "우리의 이상에 대해서는 결코 타협할 수 없다"라고 말하는 사람은 스스로를 절망 속에 내던지거나 권위주의에 빠져 있는 것이다. 이상이란 이상으로서 가치가 있는 것이지, 가까운 시일 내에 나타날 새로운 질서를 위한 계획이 아니다. 또한 이상은 그들이 지향하는 목표를 위한 수단과 결코 혼동되어서는 안 된다. 진정한 이상 — "진정한 평등"이나 "사회적 정의" 같은 — 과는 타협하지 않아도 된다. 그러나 "더 많은 국유화"나 "민주주의"가 결코 포기되거나 수정될 수 없는 첫 번째 원칙이라고 말할 필요는 없다. 이런 것들은 우리가 절대적으로 얻고자 하는 것들을 위해 필요한 상대적 수단일 뿐이기 때문이다(뒤에서 더 살펴보겠지만, 정치를 옹호하기 위해 그런 절대적 목표나 이상이 유의미한 것인지를 판가름해야 할 필요는 전혀 없다). 그것들이 적절한지의 여부는 전적으로 시간과 장소에 따라 다른 것이다. 절대적 요구 사항 ― "생활임금의 보장"이나 "소유권"(혹은 보상권) 같은 ― 을 주장하는 사람은, 적어도 이런 것들이 다양한 형태의 대안적 선택지들을 통해서 확보되거나 어쩔 수 없이 포기해야 할 경우도 있다는 점을 인식하고 있어야 한다. 요컨대, 그것들은 협상 ― 이 협상은 정치적인 것이며 모든 것을 완전히 보장하는 약속이 아니다 ― 이 가능한 것들이다. 정치를 제대로 즐긴다는 것은, 자신이 무언가를 바라는 만큼 어떤 것을 희생할 수도 있다는 점을 인식하는 도덕의 세계로 들어가게 된다는 것을 의미한다(또한 "절대적 원칙"은 물질적 재화나 개인의 행복만큼이나 다른 유의미한 목적을 위해 종종 희생될 수 있어야 한다). 그 안에서 개인들은 사적인 양심만큼이나 공적 책임을 인식하게 된다. 누군가가 링컨에게, 왜 그렇게 "슬프면서도 그처럼 현명하게" 보이느냐고 물었을 때 그는 이렇게 답했다. "저는 제가 원하는 것을 모두 가질 수 없다는 것을 알고 있으니까요."

정치의 적과 거짓 친구들에 대한 비판을 계속하는 대신, 정치란 정말로 무엇인지에 대해 잠시 생각해 보기 위해 보다 직접적인 정치의 차원으로 내려가 보는 것도 괜찮을 것 같다. 그렇게 함으로써 우리는 정치에 대한 찬사를 시작할 수 있을 테니 말이다. 1959년 선거에서 패배한 이후, 영국 노동당은 대단히 예외적인 위기의 한복판에 있는 것으로 간주되었다. 거의 2년 동안 매주 당의 구성원들은 외부 개입 없이도 내부적으로 갈가리 찢겨져 가는 것처럼 보였다. 사회주의의 "첫 번째 원칙들"로 돌아가자고(혹은 나아가자고) 주장하는 사람들과 수정주의와 현대화를 주장하는 사람들 사이의 싸움이 지속되고 ― 지금도 계속되고 ― 있다. 양측 모두 서로를 교조주의적이라 간주했고, 둘 다 당의 **진정한** 목표에 대해 이야기했으며, 자신들이야말로 운동의 진정한 본질과 역사를 표현한다고 주장했다. 또한 "둘 다" 그 자체로 이러저러한 원칙에 의해 형성되는 수많은 경쟁 파벌들의 단순화[논리]에 따라, 논의의 지반이 바뀌면 어느 경우에는 이 무리들과 연합하고, 다른 경우에는 그들과 대립하는 그런 형세를 보여 주었다. 흥미로운 점은 이를 유례없는 위기로 본 저널리스트들의 견해를 반박하는 평론가들이 거의 없었다는 점이다. 사실 영국 노동당과 노동운동이 항상 이런 상황에 있었다는 것은 역사적 식견이 조금만 있다면 누구나 확신할 수 있는 사실이다. 만약 당이 계속 살아남거나 선거에서 이기고자 한다면 "좌파"나 "우파" 중 어느 하나가 반드시 논쟁에서 승리해야 한다든지, 실제로 그럴 수 있다든지 하는 신화는 사실 상당히 우스꽝스러운 것이다. 노동당은 그 지지자들을 [노동자라는 단일 계급이 아니라] 사회의 매우 다양한 곳에서 발견해 왔기 때문이다. 단일한 정치적 신조라는 것은 당 내에서 한 번도 존재한 적이 없다. 또한 그 단일한 신조라는 것이 사회주의라고 불리는 것이라 할지라도(사실 사회주의에는 다양한 신조가 존재한다), 이것이 실제의 노동운동에서 하나의 부분에 지나지 않는다는 것은 명백하다. 당이 처음 생겨났을 때처럼 동기를 부여하는 주요한 힘은 항상 조직된 노동자들의 대표를 의회에서 더 많이 확보하겠다는 의지였다 — 그리고 여기서의 조직된 노동에는 대단히 비사회주의적인 노동조합들도 포함되는 것이다. 영국에서의 노동운동은 이해관계와 이상에서 모두 놀라울 정도의 광범위한 연대를 형성해 왔는데, 그것은 보수당과 자유당 중 하나가 집권하고, 그들 모두가 노동자계급의 요구와 그들의 자존심에 부응하는 반응성과 공감 능력을 보여 주지 못한 데서 느낀

부정이라는 상식에 기반을 두고 있다. 노동당이 "진정으로 사회주의적인" — 그것을 단일한 신조로 정했던 — 정당이었던 적은 단 한 번도 없었던 것이다. 비국교도를 포함해 기득권에 대한 반대를 표방한 수많은 목소리가 영국 노동운동이라는 연합 전선에 언제나 참여하고 있었다.[5]

영국 노동당의 성장과 생존을 생각할 때 감명을 받게 되는 부분은 하나의 단일한 신조가 가진 효율성이 아니라 정치의 경이로움이다. 그처럼 다양한 힘들을 하나의 정당으로 묶어 낸 것이 정치적 행동이었다는 것, 그리고 그 안에서 지적인 사회주의가 단지 하나의 부분에 불과했다는 점은 너무나 명확하다. 물론 [지적인] 사회주의 사상은 당의 운영 동력으로서, 또한 핵심적인 요소로서 적절한 역할을 해주었고 앞으로도 그럴 것이다. 그러나 그것이 조직의 전부는 아니다. 대부분의 정치조직들 또는 정당들도 이와 같다. 이데올로그의 눈으로 보기에 그것들은 — 항상 부적절하게 결합된 — 연합coalitions이다(또한 정당에 대한 오해의 상당 부분은, 그들이 서로를 실제보다 훨씬 더 교조주의적으로 묘사함으로써 상호 불신을 조장하는 정당들 자체의 자연적 경향에서 비롯된다). 연합은 정치적 지배를 요구한다. 과거의 세속적 교조주의자였던 제임스 막스턴이 한때 발견했지만, 이제는 "성자들"은 물론이고 훗날의 휴 게이츠컬조차도 망각해 버린[1] 정치의 진실은 이렇다. "동시에 두 마리 말을 탈 수 없는 사람은 목숨을 건

▮ 막스턴은 스코틀랜드의 극좌파 정치인으로 세계대전에 반대한 평화주의자이자 독립노동당 지도자였다. 게이츠컬은 애틀리 내각에서 재무장관을 지냈으며, 1955년에 노동당 대표로 선출됐다. 1959년 총선에서 패배했지만 당 지지율을 크게 끌어올렸고, 승리가 예상되던 1964년 선거를 앞두고 갑작스레 사망하면서 당 대표와 수상직이 해럴드 윌슨에게 넘어갔다.

서커스에서 일할 자격이 없다." 정치는 실로 거친 일이지만, 그럼에도 실로 유용한 것이다.

이 장에서 우리는 보수주의, 자유주의, 사회주의의 정치적 신조들이 가진 특정한 유형이나 경향에 대해 비판했다. 그러나 그 신조들의 모든 면을 비난한 것은 아니다. 개별적으로 보면 그것들이 통치를 정치적인 방식으로 하는 데 반대하는 것처럼 보이는 경우조차 사실 정치에 대한 반대만 보여 주는 경우는 거의 없다. 이들 가운데 그 무엇도 이데올로기적 사상이나 전체주의적 교리에서 특징적으로 나타나는 정치 자체에 대한 진정한 혐오를 지속적으로 갖고 있지는 않다. 그것들은 상대를 설득하거나 배제하려 하지만 파괴하려 하지는 않는다. 그것들은 다른 정당이나 신조들과 밀고 당기는 관계에 있지만 보통은 이런저런 다양한 방식을 이용하고, 일정한 정도를 넘어서지 않으며, 정치적 체계 안에서 그렇게 한다. 정치적 체계는 그 자신도 모르는 사이에 비정치적, 심지어 반정치적 행위들까지도 잘 견뎌 낼 수 있을 만큼 역사와 관습, 신뢰에 충분히 잘 뿌리내릴 수 있을 것이다(정치가는 그가 모종의 이데올로기적 원칙에 기초해 행동하고 있다고 생각할 수도 있다. 그러나 그가 정치적 압력에 **따르기만 한다면**, 그의 실제 행동은 그의 수사보다 더 합리적일 것이다). 정치적 신조란 시간과 공간의 산물이다. 물론 그런 신조의 모든 요소들이 필요한 것처럼 보이는 때가 있다. 그러나 그것들을 조화시켜서 어떤 완벽한 정치적 조합으로 만들어 내려는 것은 합리적이지 않다. 왜냐하면 그것들은 서로 다른 이해관계를 대

변하며, 그들이 공통적으로 수용하는 정치적인 방식이 그것보다 더 근본적인 어떤 것들에 대한 동의를 의미하는 것은 아니기 때문이다. 이것이 아마도 이 장에서 주장하고자 하는 전부일 것이다.

7

정치를
찬미함

최고가 되고자 하는 자는 모든 일에 절제하나니.[1]

사도 바울

그대가 보낸 세월의 감옥 속에서 자유인에게 찬미하는 법을 가르쳐라.

W. H. 오든, <예이츠를 기억하며>

정치는 찬사를 받을 자격이 있다. 정치는 자유인의 마음을 사로잡는데, 그것의 존재 여부가 곧 자유의 기준이다. 자유인에게 받는 칭찬이야말로 가치가 있다. 자유인의 칭찬만이 노예근성과 잘난 척하며 겸양을 떠는 위선, 양자 모두로부터 자유롭기 때문이다. 정치는 필요악으로서가 아니라 — 아리스토텔레스의 말처럼 — "최고의 과학"으로 찬양받을 만하다. 그 것이야말로 최대한 아무것도 파괴하지 않으면서 모든 것을 풍요롭게 하는, 다른 모든 "과학들"이나 행위들 중에서 좋음을 추구하는 유일한 "과학" 또는 사회적 행위이기 때문이다. 정치란 그래서 문명화이다. 정치는, 국가를 거친 바다라는 적대적 환경에 위태롭게 떠있는 배처럼 여기는 병적인 딜레마로부터 인류를 구원하고, 대신 우리가 국가를 어머니 대지라는 안정되고 풍요로운 땅에 자리 잡은 도시로 이해하도록 한다. 정치는 바다에서 폭풍이 몰려오는 것을 막지는 못하지만, 긴급한 상황이나 재앙

---

[1] 신약성서 「고린도전서」 9장 25절. 우리말 성경에서는 앞부분이 '이기기를 다투는 자마다'로 돼 있는데, 이는 새국제판 번역(NIV)의 'competes in the games'를 번역한 것이다. 원문에서 크릭은 킹 제임스 번역(KJV)을 따라 앞부분을 'striveth for the mastery'로 했는데, 여기서는 그 맥락을 살렸다.

의 위협 속에서 우리가 지킬 만한 가치가 무엇인지를 알려 줄 수 있다.

정치란 ― 기존 질서가 제공하는 최소한의 이익을 보존한다는 점에서 ― 보수주의적이다. 정치란 ― 특정한 자유들과 결합돼 있고 관용을 요구한다는 점에서는 ― 자유주의적이다. 정치란 ― 여러 집단들이 공동체의 번영과 생존을 위한 공정한 기준을 확보하고 있다고 느낄 수 있게 하는 의식적인 사회적 변화를 이끌어 내기 위한 조건들을 제공한다는 점에서 ― 사회주의적이다. 이 가운데 무엇에 강조점을 둘 것인가는 시간, 장소, 조건은 물론 사람들의 정서 상태에 따라 다양하며, 어떤 경우에는 이 모든 요소들이 동시에 나타나야 한다. 그들 간의 대화를 통해 진보가 가능하다. 정치란 단지 요새를 지키기만 하는 것은 아니다. 그것은 성벽의 밖에서 다양한 언어를 가진 풍요로운 공동체를 만들어 낸다.

정치란 그래서 폭력에 의존하지 않고 분화된 사회를 통치하는 방식이다. 이것은 역사적으로는 서로 다른 이해관계와 도덕적 관점에 대한 다양성을 품은 사회들이 적어도 몇몇은 존재한다는 주장이며, 윤리적으로는 보통 사람들에게는 강압보다 조정이 그래도 더 낫다는 주장이다. 그러나 우리는 이런 최소한의 차원에서 나오는 주장보다 더 나아가고자 한다. 기술적으로 발전된 사회들은 **대부분** 분화된 사회들이고, 일원적 사회가 아니라 다원적 사회다. 또한 평화적 통치가 폭력적인 통치보다 본질적으로 낫다. 그리고 정치적 윤리란 윤리적 행위의 어떤 하위 유형이 아니라 그 자체로 완전히 자족적이며 완전히 정당화될 수 있는 윤리적 삶의 수준을 의미한다. 정치란 그저 필요악이 아니라 실제적인 선인 것이다.

정치적 행위는 도덕적 행위의 한 유형이다. 그것은 자유롭고, 창의적이며, 유연하고, 즐거움을 주는, 인간적 행위다. 정치는 모종의 공동체의식을 만들어 낼 수 있지만, 그렇다고 민족주의의 노예가 되어 버리는 그런 식은 아니다. 정치는 모든 문제를 해결한다거나 모든 슬픔을 기쁨으로 만들어 주겠다고 말하지 않는다. 다만 모든 문제에 대해 어떤 방식으로 도움을 줄 수는 있다. 또한 정치가 강력하게 작동하면 이데올로기적 지배의 무자비한 잔혹함과 기만을 방지할 수 있다. 정치가 실제로 이루어지는 방식은 종종 거칠고 불완전하지만, 그 결과는 전제정이나 전체주의적 통치에 비해 늘 더 선호할 만한 것이다 — 한 가지만 예를 들어 보자면, 국가가 생존하기에 충분한 질서가 정치에 의해 창조되거나 보존되기 때문이다. 사랑할 때와 마찬가지로, 정치에서도 칭찬은 용기를 불어넣는다. 만약 그것이 앞으로도 계속 함께 살 수 있기에 충분할 정도로 가슴 뛰는 그림을 제시한다면 말이다. 여기서 제기되어야 할 질문은 "정치라는 것이 도대체 언제 가능한가?"라는 것이다. 그것은 발전된 또는 복잡한 사회, 일정한 기술적 다양성을 가진 사회, 곧 단일 기술이나 단일 작물, 단일한 자원에 그것의 번영이나 생존을 의존하지 않는 사회에서 가능하다. 모든 사회가(혹은 사람들이) 이런 수준에 도달한 것은 아니다. 어떤 원시 사회는 생존하기에도 급급해서 지속적인 노역勞役과 불안정한 수확, 단일 상품의 교역에 의존할 수밖에 없다. 그런 상황에서 사람들은 그 어떤 자본도 축적하지 못하고, 여가를 누릴 수도 없으며, 관용을 베풀기 힘들고, 결과적으로 정치적인 문화를 발전시킬 가능성이 없어진다. 대안을 찾기 위한 추론적 인식을 가능하게 하는 이해관계의 다양성조차 존재하지 않을 것이다. 이런 경우에 정치란 육체적인 생존을 위협하는 사치스러운 것에 지나지 않는다. 발전된 국가도 전쟁이나 위기 상황에서는 이 같은 조건으로 되돌아가곤 한다. 모든 것이 군대에 달려 있다면, 모든 것이 군사적 고려에 종속되는 것이다. 물론 정치가 무엇인지 알고 있는 사람들일수록 이런 조건을 결코 받아들이지 않을 것이고, 목숨을 걸고 자유를 보전할 수 있는 기회를 잡으려 할 것이다.

자원과 이해관계의 다양성은 그 자체로 하나의 교육적 토대가 된다. 그런 사회에 살고 있는 사람은 — 불확실한 가능성이긴 하지만 — 대안적인 행위의 유형들에 대해 어느 정도는 생각하기 때문이다. 이런 과정을 통해 어떤 하나의 행위를 실천하는 기술뿐만 아니라, 다른 일들이 어떻게 실행되는지에 대한 추상적인 지식들이 생겨나게 된다. 거기에는 일정한 분업이 존재하고, 이 같은 분업은 그 자체로 분업들 사이의 관계를 파악하려는 시도, 곧 추상적 지식을 만들어 낸다. 그리스의 **폴리스들**이야말로 분업이 이해관계의 분화(또는 불확실한 대안들)와 함께 나타났으며, 분업의 정도가 그런 사회를 통치하는 데서 발생하는 문제에 대한 타당한 대안으로서 정치라는 것을 탄생시킬 수 있을 정도로 충분했던 최초의 장소일 것이다. 정치란 말하자면, 전체의 상호 의존성과 부분들의 어떤 독립성 사이에서 나타나는 상호작용이다. 분명히 이 도시들의 작은 크기는 정치를 가능하게 하는 데 도움이 되었다. 정치의 이념과 습관은 로마제국과 같은 광활한 크기의 제국에서는 행정적으로 살아남을 기회가 거의 없었다. 제국의 많은 부분들이 식량을 자급자족했고, 군사적 힘은 중앙에 전적으로 의존했기 때문이다. 제국에서 정치는 제국의 수도로부터 모든 곳으로 확장돼야 한다. [변방에서는] 생존을 위한 가혹한 투쟁이라는 짐과 진정한 시민들에게조차 뿌리 깊은 전제적 지배의 습관들 때문에 정치가 사라지고 만다. 영국이 제국으로 남아 있기 위해 치러야 했던 비용 중 일부는 확실히 영국 자체의 전제정적 요소였을 것이다 — 프랑스가 알제리를 지신의 식민지로 계속 유지하고자 했을 때 거의 그렇게 되었던 것처럼 말이다. 또한 로마인들은 다른 독립적 세력들[국가들]과 정치적으로 협상해야 할 필요 ─ 국제 관계라는 유사 정치에서 필요한 상황─ 를 느끼는 행운조차 갖지 못했다. 따라서 자원과 이해관계의 다양성은 그 자체로 정치를 위해 필수적인 교육이 된다. 정치에 필요하다고 선험적으로 정해진 ─ 문해력이나 다른 테스트들을 포함해서 ─ 어떤 수준의 교육이란 것은 존재하지 않는다. 교육의 수준은 기술 발전의 수준과 관련돼 있을 것이다. 진보한 서구의 산업 기술이 그전까지 식민지였던 곳이나 저발전 지역에 급작스럽게 도입되면, 특유의 근대적 문제가 발생한다. 국가가 이처럼 특수한 기술을 다룰 수 있는 수준의 능력을 갖추는 것, 그것을 발전시키고 추상적인 의미를 이해할 수 있는 능력을 갖는 것, 나아가 이런 기술과 자본을 다른 대안적인 부문에 사용하는 수준에 이르는 것 사이에는 불가피하게 시간의 지체가 나타난다. 자유 정치를 포함해 서구의 이념들을 [기술과] 함께 도입하는 것이 도움이 될 수는 있다. 그것들 역시 하나의 자원이자 기술이기 때문이다. 그러나 정치는, 과학이나 산업 기술의 도입이 총체적이면서도 압도적으로 좋은 어떤 것이라는 선입견과 싸우지 않으면 안 된다. 산업화는 그것이 시작될 무렵부터 매우 넓은 의미의 슬로건이었다. 새로운 기계의 출현이라는 사실이, 기술이 모든 문제를 해결하며, 모든 문제는 곧 기술적인 것이라는 "기술주의"의 교리와 혼동되는 것이다. 사람들은 산업화의 모든 단계에서 정책적인 선택이 요구될 뿐만 아니라, 그것을 둘러싸고 새롭고도 실제적인 이해관계의 차이가 나타나게 된다는 점을, 아마도 오랜 시간이 지난 후에야 비로소 깨닫게 될 것이다.

물론 기술 중심적 사고 때문에 많은 사람들이 소련이나 중국에서도 자유가 성장하리라고 크게 기대하기도 한다. 산업사회의 복잡성 때문에 당, 관리자, 과학자들 사이에는 물론 숙련 노동자들까지 포함한 관계에서 먼저 진정한 의미의 협상이 나타날 수밖에 없을 것이라는 주장이다. 그들 각자가 가진 기능적 역할 때문에, 적어도 관리자들과 과학자들이 만나는 것, 그리고 [그들이] 당이나 당의 이데올로기로부터 벗어난 공동의 이해관계를 발전시키는 것을 막을 수 없다는 것이다. 이것은 합리적이면서 또한 유일한 희망일 것이다. 그런데 근대에 존재하는 특정 조건들이 이런 발전을 가로막는다. 이 특정 조건은 관료제라는 힘이다. 근대를 통틀어 국가의 통합 및 중앙집권화 과정을 가능케 한 가장 중요한 조건과 성과는 중앙 집중화되고 숙련된 관료제의 성장이었다. 기술과 능력, 일관성을 갖춘 합리적 관료주의는 모든 현대 국가에 필수적이다. 우리가 살펴보았듯이, 민주주의와 마찬가지로 관료제는 어떤 국가든지 ― 정치적 국가든, 독재국가든, 전체주의국가든 ― 강화시킬 수 있는 힘이다. 중세 기독교에서의 사제직처럼 관료제는 과학자, 관리자, 노동자, 그리고 권력을 가진 사람들 사이에서 매개체 이상의 역할을 할 수 있다. 관료제는, 거대한 변화가 시작되는 시기에 국가를 통제하는 자의 이름으로 행동하는 보수적 권력이 될 수도 있다. 모든 국가에 필수적이며, 자유와 비非자유를 모두 강화시킬 수 있는 관료제의 이 같은 양면성은, 산업화가 그 자체로 자유를 창출할 것이라는 희망에 대한 두 번째 장애물이라는 맥락에서 봐야 한다.

산업화의 한 부분으로서, 우리는 정치에 대한 진정한 반감과 증오, 이론적 공격이라는 슬프고 고통스러운 요소들을 또한 목도했다. 정치는 공동체를 분열시킨다든지, 비효율적이라든지, 결론에 이르지 못한다든지, 반反과학적이라는 — 과학에 대해 완전히 잘못된, 그러니 강력한 관념으로서 — 이유로 공격받는다. 그리고 정치적 사고는 이데올로기적 사고로 대체된다. 추상적 사고의 힘이 무시되어서는 — 물론 그것이 오늘날 학문적 유행이기는 하지만 — 안 된다. 그래서 우리가 정치적 지배가 언제 가능한 것이냐고 물을 때, 우리는 거기에 — 공식적으로는 아니라고 해도 — 적어도 사회에서 모종의 강력한 힘이 그것을 원하고 그것에 가치를 부여할 때만 가능하다는 말을 덧붙여야 한다. 여기서 도출되는 결론은, 정치란 다수의 사람들이 그것을 원하지 않을 때에는 가능하지 않다는 것이다. 의지라는 요소가 상황으로부터 독립적인 것은 아니다. 하지만 의지는 정치가 나타나는 규모에 있어 이러저러한 방식으로 영향을 미칠 수 있고, 또 미쳐 왔다. 서구 문명의 두 가지 큰 성취 — 정치와 기술 — 가 비서구 세계에서 더욱 강하게 요구되고 있다는 점에는 의심의 여지가 없다. 그러나 서구 역사에서 그 둘이 동시에 나타났다는 사실이, 그것이 이식되는 곳에서도 이것들이 함께 받아들여질 것이라는 점을 보장하지는 않는다.

숙련된 인력은 그 자체로 저발전 지역에서 정치를 가능하게 하는 중요한 요소다. 교육받은 자원들, 곧 소수의 과학자, 의사, 엔지니어들처럼 기술적 재능을 가진 인력에 대한 수요는, 정치라는 직업을 정당화하기 어려운 사치품처럼 보이게 하거나 자유 사회에서 어쨌든 늘 존재하기 마련인 대표자들의 무리들 가운데 이류 정도도 아닌 완전히 삼류인 자들의 피난처처럼 보이게 할 것이다. 이 같은 딜레마에서 법률가들이 종종 중요한 위치를 차지하고 있다는 점은 주목할 만하다. 예를 들어 나이지리아가 그렇고, 과거 영국의 식민지였던 나라들 대부분에서도 법조인들은 상당히 존경 받고 있으며 실제로 사람들이 앙망하는 직업이기도 하다. 그것은 교육받은 사람들이 사회적으로 지위 상승을 할 수 있는 거의 유일한 길이었고, 정치로 뛰어들기 위한 도약대이기도 했다. 법률적 사무에 엄격하게 한정해서 보자면, 법률가들의 공급은 이미 그 수요를 넘어섰다. 이것은 정치의 가치가 활력을 보존하고 있다는 것을 의미할 수도 있다 — 재능은 있지만 그에 걸맞은 일을 하지 못하고 있는 사람들에게 정치라는 무대가 제공되는 것이다. 그러나 정치적 반대자들의 목소리가 어떤 원리나 모종의 필요성 때문에 침묵을 강요당하게 된다면, 이는 전제적 관료제에 필요한 숙련된 인력들만 공급됨을 의미하게 될 것이다. 다시 한 번, 희망과 공포가 정확히 같은 요인에서 비롯되는 것이다.[1] 그리고 이것을 결정하는 것 역시 다시 한 번 — 적어도 그것의 큰 부분은 — 정치에 대해 의식적인 애정을 갖고 있는지, 아니면 그것을 혐오하는지에 달려 있다.

————

이것을 결정하는 요인과 밀접한 연관을 맺고 있는 것은, 일단의 저술가들이 자유 사회의 조건으로서 "정치적 윤리" 또는 "헌정적 윤리"를 칭송할 때 그것이 의미하는 바다. 간단히 말하면, 이것은 사람들이 사회적 문제를 해결하는 데 정치적·법적 수단을 활용하는 데 동의하거나 그것을 받아들여야 한다는 것이다. [사회적] 문제들은 항상 전제적인 방식으로도 해결될 수 있다. 우리가 살펴본 것처럼, 자유주의자들이 정당과 파당에 대해 깊은 불신을 가졌던 시절이 있었다. 제임스 매디슨은 (위대한 정치적 저서 가운데 하나인) 『페더럴리스트』[박찬표 옮김, 후마니타스, 2019] 10장에서 파당이란 참으로 이기적이며 분열을 초래한다고 주장했다. 그러나 그는 또한 파당이 불가피한 것이며(그는 "자연스럽다"라고 말했다), 자유를 제거하는 비용을 치르고서야 (만약 그것이 가능하다면) 제거될 수 있다고 말했다. 파당은 억제될 수 있고 그래야 하지만, 완전히 없어지지는 않는다. 사실 국가가 커지고 복잡해짐에 따라 우리는 [파당을 없앨 수 있느냐 없느냐 하는] 이런 수준을 넘어서, 조직된 파당이 — 그것의 보다 나은 형태인 정당이 책임 정부를 구성함으로써 — 현대 국가의 자유 정치에 필수적이라고 말하고 있다. 그들의 정치적 신조가 무엇이든 또는 거기에 신조가 있든 없든 간에, 정부의 행위에 책임을 부여하는 것은 선거이기 때문에, 파당들은 일종의 수단으로서 "이기적인" 목표들을 추구해야만 한다. 파당들은 무엇이 안전하면서도 적절하게 실행될 수 있는지에 대해 정부가 참고할 수 있는 지표인 것이다. 물론 그들이 자신들의 목적을 달성하는 방식은 공적 질서를 위협하지 않는 것이어야 하며, 그런 목적들이 자유인들의 지지를 받을 가치가 있을 때에도 그것들은 정치를 파괴하지 않는 수준에서 제한돼야 한다. 제아무리 자신의 정당이 [지향하는 바가] 옳다고 확신한다 해도, 사람들은 당의 주장을 선거와 법적인 틀이라는 요건에 맞춰 타협해야 한다. 적어도 집권당을 몰아내는 유일한 방식이 혁명이 될 필요가 없도록 말이다. 정치적 타협은 자유를 위해 치러야만 하는 비용이다. 우리는 그런 비용을 치르지 않고 있다[곧 우리 사회는 그렇게 파당으로 분열돼 있지 않다]고 스스로를 기만하지 말자. 대신, 그것이 치를 가치가 있는 비용이라고 생각할 수 있도록 이성을 발휘하자.

정치적 권력이란 (문법적으로 보자면) 가정법의 권력이다. 정책이란 과학에서의 가설과 같을 수밖에 없다. 그 가정을 옹호하는 사람들은 그에 대해 제기될 수 있는 반론을 상정하고 수용하는 방식을 통해서만 그것이 진실인지 확인할 수 있다. 과학과 마찬가지로 정치 역시 창조적인 쪽과 회의적인 쪽 모두에 열린 태도를 가지고 있을 때 찬사를 받아야 한다. 만일 누군가가 자신이 추진하는 정책의 일환으로, 어느 정부가 들어서더라도 그 정책을 바꿀 수 없도록 하는 어떤 장치들을 고안해 내려 한다면, 그는 정치적으로 행동하고 있는 것이 아니다. 이런 상황은 헌법 제정자들이 정치에 무엇인가 영구적인 것을 담아내려는, 선의에서 비롯된 것이지만 무용한 시도인 동시에 (어떤 제스처를 취하는 것도 정치의 일부이기는 하지만) 반대를 금지하거나 파괴해 버리려는 독재적 시도이다. "과학주의"라는 신화가 아니라, 과학자들의 진정한 활동이 ― 그것이 가능하다면 오로지 유비를 통해 ― 정치인들에게 모종의 위안을 줘야 한다. 어떤 것이, 그것이 무엇이든 간에, 발화하는 사람의 권위로 말미암아 확정적인 진실로 간주된다면, 이것은 정치도 아니고 과학도 아니다. 모든 것은 경험이라는 시험대를 통과해야 한다 ― 비록 어떤 사람들이 다른 이들보다 가설이나 정책을 세우는 데 더 뛰어나다 하더라도 그렇다. 전체주의 정당이 말하듯이, 아무것도 되돌릴 수 없고, 모든 주장이 정언명령이 된다면, 진보의 속도는 격렬하고 필사적인 것이 될 수밖에 없다. 그러나 과학과 마찬가지로 정치 역시 언제나 물러날 수 있는 여지를 남겨 놓기 때문에 찬사를 받을 만한 것이다.

사회에서 독립적인 입장들이 살아남기 위해서는 모종의 제도적 틀이 존재해야 한다. 그리고 이런 틀이 그와 같은 입장들의 독립성을 보장하는 것으로 봐야 한다. 서구 정치사상에서는 자유의 핵심을 헌정적인 보호의 구축이라고 보는 오랜 전통이 존재한다. 정부와 대표제의 틀을 징의하는 법률이나 관습은 일반적인 관습이나 보통의 입법 행위와는 다른 방식으로 접근해야 한다. 말하자면, 정부나 유권자의 일시적인 변덕으로부터 보호되는 근본법 — 적어도 일반 법률보다는 바꾸기 어려운 어떤 것 — 이 존재해야 하는 것이다. 그래서 일단의 저술가들은 자유 정부를 "민주적"이라고 부르는 것의 위험성을 적절히 깨닫고, 그것들을 "헌정적 민주주의"라고 부르면서 "헌정주의"에 자유 정치의 핵심이 있다는 점을 역설했다. 이런 관점은 찬사를 받을 만한 것이다 — 그러나 이런 찬사에는 단서가 붙어 있다.

　이것이 바람직하지만 확실한 것은 아니라는 것부터 확인해 보자. [실제로] 어떤 정치사회들은 그들의 기반을 그런[헌정주의적인] 방식으로 강화하지 않고도 살아남았다. 헌정주의는 그 자체로 하나의 정치적 신조인 것이다. 여느 정치 신조들처럼, 헌정주의는 어떤 것은 이렇고, 어떤 것은 이래야만 한다고 말한다.[1] 그것은 정치적 정부는 제한 정부라고 말한다. 즉, 정부는 우리나 다른 사람들이 원하는 모든 것을 할 수는 없다는 것이다. 이것은 사실이다. 그런데 헌정주의는 또한 정부가 그런 시도를 하지 않도록 우리가 보증해야만 한다고 말한다 — 그런데 그것은 불가능하다. 정치에서 보증이란 존재하지 않기 때문이다. 물론 보증은 정치의 한 부분으로 제공돼야 하는 것일 테다. 또 이 같은 보증은 기존의 하위 집단이나 종속 집단에게 독립성을 제공할 수 있는 여지를 제공한다. 하지만

---

[1] 사실에 대한 주장과 당위에 대한 주장을 모두 포함하고 있다는 뜻이다.

이와 같은 보증은 변화와 협상은 물론 가장 엄격해 보이는 성문헌법에 대해서도 해석이라는 변수에 종속된다. 헌정주의는 정치에서 실로 중요한 것이다. 그것은 서구 사상의 가장 위대한 테마 가운데 하나이고, 추상적 이념은 언제나 제도적으로 표현될 필요가 있음을, 나아가 현존하는 제도는 어떤 목적을 위해 존재하는 것이라고 생각하도록 이끌어 주는 유익한 개념이다. 그러나 헌정주의로서의 정치에 대한 찬사는 현실적일 필요가 있다. 즉, 법률에 강제력을 부여하는 것은 근본법 또는 헌법에 대한 믿음 그 자체라는 것을 깨달아야 하는 것이다. 그런 믿음 없이는 그 어떤 법도 살아남을 수 없다. 새로운 필요와 요구의 증가 앞에서 살아남을 수 있는 법은 없다. 다시 말해 근본법이 유연하지 않다면, 그것은 자유 정치에 도움이 되기보다는 방해물이 될 것이다. 헌법이라는 것 자체는 정치의 한 수단이다. 헌법은 단기간 동안에는 자기 완결적인 진리처럼 보이지만, 긴 시간의 맥락에서 보면 헌법에 의미를 부여하고 그것을 변화시키는 것은 바로 정치적 활동이다. 우리가 하나의 헌법에 찬사를 보낸다는 것은, 특정한 시간대의 특정한 정치가 특정한 방식으로 축약된 것에 찬사를 보내는 것 이상의 의미를 갖지 않는다. 그런 축약이 기술적으로 잘 이루어지고 여건이 괜찮다면, 그 헌법은 상당히 오랜 기간 동안 지속되고 한 국가에 안정을 가져다주는 데 도움이 될 것이다. 그러나 장기적으로는, 단어들이 동일하며 공식적으로 수정된 부분이 거의 없더라도, 그것의 의미는 달라질 것이다. 구舊앵글로 아메리카 휘그당의 아름답고 견고한 헌법의 제정자들조차도 [그 헌법을] 운용하는 사람들의 성품보다 더 나은 헌법이란 없다고 말하곤 했다.

확실히 잘 뿌리내린 법적 질서는 자유와 정치를 위해 언제나 필요하다. 법은 모든 복잡한 사회에 필요하며, 사람들은 비교적 정확히 그것이 무엇을 의미하는지 알 수 있어야 하고, 그것을 상당히 저렴한 비용으로 이용할 수 있어야 한다(자유 사회의 필요악은 정치가 아니라 소송이다). 독재자는 ─ 그 어떤 협의 절차나 소송 없이 법을 제정했다는 점에서 ─ 진정한 의미에서 자의적인 통치자였다. 또한 전체주의적 지도자들은 법을 정책과 같은 것으로 생각했다. 사람들은 특정한 법을 위반했기 때문이 아니라, 그 정권의 일반적 이상에 부합하는 생활을 하지 않았다는 이유로 재판을 받는 것이다. 정치란 분명히 절차라는 측면에서 찬사를 받아야 한다. 정치의 업무가 서로 다른 이해들을 조정하는 것인 한, 정의는 그저 구현되는 것이 아니라 그것이 구현되는 과정을 사람들이 볼 수 있어야 한다. 이것이 "법의 통치"라는 문구가 담고 있는 의미에서 중요한 부분이다. 조정을 위한 체계는 절차적으로 복잡하고 양측 모두에게 불만족스러운 것이지만, 모든 중요한 반대의 목소리와 불만을 듣기 전까지는 결정이 내려질 수 없다는 점을 분명히 하는 것이기도 하다. [그러나] 절차가 그 자체로 목적은 아니다. 그것은 무엇인가를 가능하게 하지만, 이는 반대의 목소리가 얼마나 타당한지를 평가한 후에야 가능한 것이다. 절차는 정부와 소송당사자 모두가 그들이 실천할 수 없는 주장을 하지 못하도록 하는 데 도움이 된다. 절차는 그것이 사법적 절차든 의회 내 절차든 잠정적으로 독립적인 권한을 갖게 되면, 비록 그것이 성가시고 방해만 되며 좀스러운 것이긴 하지만, 적어도 그들이 자신의 입장을 공개적으로 설명하는 실로 획기적이며 위대한 행위를 가능하게 하고, 정부가 정책에 반대하는 세력이 가진 힘을 오판했을 경우에 그것을 철회하거나 수정할 수 있는 문을 열어 놓을 수도 있다. 헌법으로서의 정치보다 절차로서의 정치에 더 많은 찬사가 필요한 것은, 정치에 절차가 필요하다는 데는 의심의 여지가 없을뿐더러, 모든 특정한 절차는 시간과 장소에 따라 제한적이라는 데에도 의심의 여지가 없기 때문이다. 프랑크푸르터 판사는[1] 한때 흥미로운 질문을 던졌는데, 그것은 미국의 실체법과 러시아의 절차법을 갖는 것이 나은지, 아니면 러시아의 실체법과 미국의 절차법을 갖는 것이 나은지 하는 것이었다. 여기서 수수께끼 하나 정도 남겨 둬도 괜찮을 것이다.[2]

헌법에 대한 몇 가지 일반적 견해들을 정치적인 용어로 재진술해 보는 것은 상당히 도움이 된다. 정치 질서에 법적 요소들이 필수적이라는 몇몇 주장들은, 그 요소들이 정치적 질서 자체의 일부분으로서 또는 배제적이지 않은 정치적 질서의 유형에 필요한 것으로 이해할 수 있다. [그중 한 예로] 자유 정부는 권력분립 그리고 법적으로 제도화된 견제와 균형에 기초하고 있다는 관점이 있다. 그런데 문제는 사람들이 이 주장에 대해 종종 지나칠 정도로 확신하고 있다는 점이다.

알렉산더 해밀턴은 『페더럴리스트』9장[73쪽]에서 이렇게 썼다.

---

[1] 오스트리아계 미국인 법률가로, 1939년부터 1962년까지 23년간 미국의 대법관을 지냈다. 프랭클린 루즈벨트의 뉴딜 정책의 수립과 집행을 법적 측면에서 지원했다.

[2] 실체법은 권리와 의무의 실체적 사항을 규정한 것으로, 민법, 상법, 형법 등이 이에 속한다. 절차법은 실체법의 목적을 달성하기 위한 절차를 규정한 법으로, 민사소송법, 형사소송법 등이 여기에 속한다. 여기서는 시간과 장소에 따라 법의 요건과 형식은 다양할 수 있다는 맥락으로 이해된다. 또한 크릭 역시 이런 수수께끼에는 한 가지 답만 있는 것이 아니니 대답하지 않아도 좋지 않을까 하는 문장으로 마무리하고 있다.

하지만 다른 모든 과학처럼 정치 과학도 크게 개선되었다. 고대인들은 전혀 알지 못했거나 불안전하게 알고 있던 여러 원리들의 효능을 지금은 잘 이해하게 되었다. 서로 다른 별개의 부처에 권한을 정기적으로 분배하는 것, 입법부의 균형과 견제를 도입하는 것, 적법행위를 하는 한 직을 유지하는 법관들로 법원 조직을 구성하는 것, 인민이 직접 선출한 대리인들에 의해 입법부에서 인민이 대표되는 것 등은 완전히 새로운 발견물이거나 아니면 근대 들어 완벽을 향해 주요한 진전이 이루어진 것들이다.

하지만 이것들은 원리가 아니다. 그것들은 실제로 대단히 예외적인 수준으로 권력이 분할돼 있었던, 이미 기존에 존재하는 정치적 사실을 요약한 것이다. 이것은 [형식적으로는] 영국 총독과 식민지 의회 사이에서, 실제로는 의회 내의 당파들 사이에 존재했던 오랜 투쟁의 절차적 산물로서, 대부분의 분할된 식민지 주 의회 또는 지방 의회에서는 입법 과정에서 견제와 균형이 이미 정치적 실제로 존재했던 것이다. 미국 연방헌법은 기존에 존재하던 권력의 분할을 공동의 생존에 필요한 최소한의 권력만을 갖는 연방적 통합체로 압축하고 종합해 내고자 했던 발명품이었다(연방주의는 어떤 원리에 따라 권력을 분할하고자 한 것이라기보다는 이미 분할돼 있는 권력에 대한 현실적 대응이었다). 아메리카에서 이 같은 분할은 놀라울 정도의 정치적 현실로 이미 존재해 왔다. 확실히 이 같은 분할은 기존 13개의 정치적 단위들이 가진 개별적 이익들을 의미했다. 이런 정치적 단위들을 통해서만, "국가적"이면서도 동시에 지역적인 수준의 사회·경제적 차이들이 표현될 수 있었던 것이다.

물론 이것은 해밀턴의 원리들(그렇게 엄격한 수준의 원리들이 아니더라도)이 오직 아메리카 식민지라는 조건과만 관련이 있다는 말은 아니다. 그렇다면 이 같은 원리들에 우리가 보내는 찬사는 퇴색하고 지엽적인 차원에 머물고 만다. 우리가 말했듯이, 발전한 사회에는 권력의 분할이, 곧 국가로부터 독립적인 힘을 갖춘 다양한 집단의 이해관계가 존재한다 — 이것은 중앙집권적인 국가가 적어도 그것들을 파괴하려 하기보다는, 그들 사이의 이익을 조정해야만 한다고 자각하고 있다는 점에서 독립적이다. [이미 실재하는] 이 같은 분할로 말미암아 헌법이 필요했던 것이지, 헌법이 권력의 분할을 만들어 낸 것이 아니다. 권력분립이라는 헌법적 원리는 정치라는 것이 왜 발생하는지를 확인시켜 줄 뿐이며, 강력한 정부가 국내외적 안전을 모두 확보하려면 권력분립이 필수적이라는 점을 확실하게 해둔 것이다. 견제와 균형이라는 헌법상의 원리는 조직된 정치의 참여자들에게 그들의 의지만이 유일한 의지는 아니라는 사실을 상기시키도록 하기 위한 장치일 뿐이다. 자유화되었던 일부 식민지의 첫 세대에서 전형적으로 나타나는 것처럼, 특정 정치집단의 의지가 실제로 유일한 의지인 것처럼 보이는 때조차 다수의 합의를 통해 무오류성과 영속성이라는 환상이 커나가는 것을 방지하는 것이 필요하다. 미국의 많은 주州 헌법에는 실제로 통일된 다수가 그들 스스로를 구속하려 했던, 칭찬받아 마땅한 부분들이 있었다. 그런 구속이 결코 영속적일 수는 없지만, 위대한 혁신을 향한 초반의 추동력이 저열한 생각으로 변질되는 것을 막는 데는 충분한 역할을 할 수 있다.

모든 헌법은 다양한 시공간이라는 상대성 속에서 만들어진다는 사실이, 곧 좋은 정부의 유일한 기준은 질서를 유지하는 것일 뿐이라는 것을 의미하지는 않는다. 질서만으로는 현실의 인간들을 만족시킬 수 없다. 물론 프랑스 제4공화국처럼 질서조차 유지할 수 없다면 정치는 실패할 것이다. 그러나 공공의 질서와 "자애롭고 정의로운 통치자" 정도가 우리가 품을 수 있는 희망의 전부라면 그것은 비관적인 생각이다. 좋든 싫든, 우리는 민주주의의 시대에 살고 있다. 권력을 제한하거나 정부를 통제하는 장치들 가운데 그 어느 것도 항구적이거나 확실한 것은 없지만, 심지어 정부가 경제를 광범위하게 통제하고 있는 상황에서도 우리는 보수주의자들처럼 지치거나 절망하기보다는 그런 통제 장치들과 헌법을 제정할 수 있는 방법에 대해 더 많은 것들을 배워 왔다. 다시 말하지만, 정치는 그것이 보수적인 것만큼이나 생동감 있고 창조적인 것이다. 우리는 선하고 신중한 목적을 위해 정치를 활용할 수 있다.

———

정치란 그것이 할 수 있는 것 때문에 찬사를 받아 마땅하지만, 또한 그것이 할 수 없는 것을 시도하지 않는다는 점에서도 찬사를 받아야 한다. 정치는 많은 비정치적 활동들을 풍성하게 만드는 조건을 제공할 수는 있지만, 어떤 확실한 결과를 보장하는 것은 아니다. 월터 배젓¹이 말했듯이,

---

￪ 19세기 영국의 언론인. 17년간 『이코노미스트』 편집인 겸 사장을 지냈다. 1867년에 펴낸 『영국 헌정』 *The English Constitution*은 영국 근대 정치체제에 대한 고전으로 꼽힌다. 그를 기리는 의미에서 『이코노미스트』 영국판의 주간 논평은 지금도 '배젓'이라는 코너 제목을 달고 있고, 영국 정치학회는 매년 박사 학위 논문 중 한 편을 골라 '월터 배젓 상'을 시상하고 있다.

"어떤 개인도 다른 사람들을 선하게 만들 수는 없다. 그것은 의회가 만든 법에 의해서만 가능하다." 사람들의 행복을 보장할 수 있는 정부는 없는 반면, 사람들을 불행하게 만들 수 있는 능력은 모든 정부가 가지고 있다. 모든 것을 정치화하려는 시도는 정치를 파괴하는 것이다. 모든 것이 정치와 관련된 것으로 간주된다면, 그때의 정치는 실상 전체주의적인 것이다. 전체주의자들은 모든 예술을 선전에 활용하고자 하지만, 그들은 실상 선전과 구분되는 예술의 존재를 받아들이지 못할 것이다 — 전체주의자들은 철학자의 추상적 추론이나 예술가의 창조성, 곧 정치적 권력 따위와 전혀 무관해 보이는 활동들을 파괴하거나 노예화하는 데 관심을 가지는데, 이는 [역으로] 정치권력과의 이 같은 무관함이야말로 자유로운 삶과 자유로운 사회에 필수적이라는 사실을 증명할 뿐이다. 독재자들과 마찬가지로 전체주의자들은 그들이 종교를 파괴할 수 있을 만큼 충분히 강한 경우에는 그것을 활용하려 한다. 하지만 전체주의자들은, 육체적 상해를 두려워할 필요가 없는 영혼이란 존재하지 않는다는 것을 보여 주기 위해, 결국에는 영혼을 타락시키려는 충동에 사로잡힌다.

정치가 존재하려면, 정치와 무관한 것들이 적어도 얼마간은 반드시 존재해야 한다. 전체주의적 정치인과 전혀 무관한 위대한 것 가운데 하나는 인간의 사랑이다.

어떻게 내가, 저기 저 소녀가 서있는데
내 주의를
로마나 러시아
스페인의 정치에 집중할 수 있을까?'

여기서 시인은 적절한 질문을 던지고 있다. 물론 그 소녀가 정치에 휘말릴 수도 있다 ─ 예이츠에게는 [사모했던 아일랜드 혁명가] 모드 곤이, [『닥터 지바고』의] 지바고에게는 라리사가 그랬다. 그러나 시인과 소녀가 맺고 있는 관계의 가치는 정치적인 것이 아니다. 예이츠는 이 시의 제목을 "정치"라고 붙였고, 서두에 다음과 같은 토마스 만의 문장을 따서 옮겼다. "우리 시대에, 인간의 운명은 정치적 용어로 표현된다." 토마스 만은 정치를 폄하하는 이 같은 비판에 과연 동의했을까? 예이츠는 정치를 정말 경멸한 것일까? 모든 형태의 권력이나 권위가 그렇다는 것이 아니라, 정치가 갖는 의미를 가장 잘 보여 주기 위해서 그처럼 좁은 의미를 활용한 것이라는 데 둘 다 동의하지 않을까? 인간에게 운명이란 것이 있다고 해도, 정치가 그것을 법적으로 제도화하는 것은 분명히 불가능할 것이다. 그러나 정치는 인간의 생존을 보장하고 자신의 운명을 자유롭게 찾아 나설 수 있도록 할 수는 있다. 예술적 행위가 그 자체로 목적이라면, 예술에 대한 법을 제정하는 것은 정치를 부정하는 것이다. 시인과 작가들이 정치적 가치와 예술, 사랑이 충돌하는 주제에 대해 끊임없이 천착해 왔다는 데에는 의심의 여지가 없다. 제법 위로가 되는 생각이지만, 예술과 사랑의 독립은 한 사회가 자유롭다는 분명한 징표에만 그치는 것이 아니다. 그것은 이데올로기가 제공하는 확실성 앞에 무기력하게 항복하고 싶은 유혹에 직면한 사람들이 자유의 가치를 곰곰이 다시 생각해 볼 수 있게 하는 데 깊은 영향을 준다. 정치가 예술가와 연인들의 자유분방함과 무책

▌ 예이츠의 <정치>라는 시의 앞부분이다. 여기서는 2008년 3월 19일자 『주간 동아』에 실린 최영미 시인의 번역을 바탕으로 일부 수정했다.

임으로부터 자신을 방어해야 할 필요는 없다. 모든 사람이 정치에 관여하고 무엇을 지지할 필요가 있다는 말은 더욱 필요치 않을 것이다(그런 주장은 실로 커다란 냉소에 직면할 수 있다. 정치에 대체로 무관심했던 사람들이 갑자기 정치적 문제에 큰 관심을 갖게 되면, 사실 그것은 종종 위험의 징표가 된다). 물론 자신의 일에 대해 얼마간의 적절한 자부심을 갖고 있는 정치인이라면, 그런 비판자들에게 적어도 다음과 같은 질문을 할 수는 있다. 그들이 보편적인 국가권력과 특수한 정치적 지배를 혼동하고 있는 것은 아닌지, 혹은 보다 미묘한 차원에서 정치적 정부를 순수한 민주주의라고 비난하고 있지는 않은지 말이다 ─ 다시 말하지만, 여기서 민주주의는 모든 인간이 어떤 점에서 평등하기 때문에 모든 면에서 평등하다는 믿음을 말한다. 철학자와 예술가, 연인들의 존재야말로 이런 믿음에는 대항하는 유일한 증거일 것이다.

그러나 진정한 정치에서도, 별로 바람직하지 않은 상황이기는 하지만 공공의 이익과 개인의 양심이 충돌하지 않을 것이라고 보장할 수 없다. 사실 정치철학이라는 새로운 어떤 것의 출발점이 된 패러다임적 사례는 소크라테스의 재판이라고 하는 사건에 대해 플라톤이 그려 낸 그림이었다. 물론 이 그림에서 플라톤은 철학적 지혜에 대한 사랑이 국가에 대한 사랑보다 의심할 여지없이 우선돼야 한다고 말하면서, 특정한 민주적 정권을 비난하고 있다. 그러나 ─ 위대한 예술가들이 그러하듯이 ─ 그는 소크라테스가 아테네에 진정으로 위협적인 인물로 여겨질 수 있었다는 그 사건의 이면 또한 우리에게 보여 주지 않을 수 없었다. 소크라테스는 그 도시가 전쟁에서 살아남기 위해 가능한 모든 군사적 역량과 시민적 애국주의를 절실하게 필요로 하던 시기에, 자기 회의라는 기예를 통해 도시의 가장 유능한 젊은이들을 타락시켰던 것이다. 확실히 플라톤이 그려 낸 소크라테스는 죽음 이외에 다른 방법으로는 자신이 이 딜레마에서 벗어날 수 없다고 보았다. 탁월한 철학자로서 그는, 전쟁 시기에는 침묵해야 한다는 서약을 할 수는 없었던 것이다. 이런 진정한 비극 — 어떤 상황에서는 도덕적인 덕이 재앙을 야기할 수 있다는 — 에 직면해서 우리가 대처할 수 있는 방법은 없다. 모든 희생을 곧 집단의 목표라는 미래의 이익을 얻기 위한 무미건조한 계산식에 포함시킴으로써 그 비극을 무화無化하는 이데올로기적 신념을 제외한다면 말이다.

민주주의의 영향이겠지만, 근대 자유주의에서 가장 유감스러운 점 가운데 하나는, 그것이 전쟁은 물론이고 전쟁의 위협이 존재하는 정도의 상황에서조차 징병제를 필요로 했고 또 그것을 가능하게 했다는 점이다. 징병제는 자유주의자들에게 사적인 자유보다는 생존이 우선이라는 슬픈 교훈을 남겼다. 그러나 진정한 의미에서 총력전이었던 제2차 세계대전 때조차 영국은 물론, 다소 약화된 형태였지만 미국에서도 양심적 병역 거부를 허용하는 엄중한 규정을 만들었다는 사실은 참으로 위대하고 찬사를 받을 만하지 않은가. 병역 면제 심사에서 제기되는 "양심"이라는 기묘한 개념에 대해서는, 누군가 그것을 선호하는 만큼 누군가 그것을 비판하는 것도 허용돼야 한다. 다시 말해, 양심적 병역 거부를 그저 [징병에 반대하는] 하나의 몸짓에 지나지 않는 것으로 간주하는, 다시 말해 [그 의도의 순수성과는 별개로] 그런 사람들의 숫자나 사례가 알려지면 전쟁 수행 노력에 방해가 될 것이기에 결코 용납되어서는 안 되는 의사표시라고 주장하는 마키아벨리주의자들의 비판까지도 수용해야 하는 것이다. 그러나 그런 몸짓이야말로 정치적 정부가 [전쟁을 통해] 수호하고자 하는 삶의 유형에 부합하는 몸짓일 것이다. 만약 자기 정체성에 대한 누군가의 인식이 동료로서의 다른 인간을 죽이는 것을 불가능하게 하는 감정과 깊게 결합돼 있다면, 이는 존중받아야 한다. 사회적 힘으로서 평화주의는 사실 큰 문제가 되지 않는다. 게다가 평화주의자들은 외려 국가에 유용하다고 할 수 있다. 왜냐하면 그들이 복무해야 할 병역을 [국가의 명령을 충실히 따를 줄 아는] 농업 노동자들이 대신했기 — 그들 중 일부는 슬프게도 이 같은 사실을 깨닫게 되었다 — 때문이다. 그러나 이데올로기적인 정권과는 달리, 실로 오만한 원리들에서 도출되는 비효율적인 반대에 대해서도 비난하지 않는 것이 정치적 정부의 징표다. 어떤 이념들이 제도적이고 강력한 형식을 갖추지 못했을지라도, 그 이념들 자체가 금지되거나 마녀사냥을 당하지 않는 것이야말로 자유의 상징인 것이다. 우리가 원하는 것을 항상 얻을 수는 없다. 그러나 우리가 우리에게 주어진 것 이외에 다른 것을 원할 수 있는 사고 능력을 잃게 된다면, 게임은 영원히 끝나 버리고 마는 것이다.

정치적 행위가 중요한 이유는, 절대적인 이념이나 그 자체로 해볼 만한 가치가 있는 어떤 것이 존재하지 않기 때문이 아니라, 그런 것들이 보통 사람들의 판단 속에 여럿 존재하기 때문이다. 정치적 도덕성은 이상적인 행위에 대한 그 어떤 믿음과도 모순되지 않는다. 정치적 도덕성은 사람들이 원할 때 그런 진리들을 자유롭게 주장할 수 있는 무대를 마련할 뿐이며, 그들이 진리라고 주장하는 것들을 정부의 강압적 수단으로 격하시키지도 않는다. 진리가 "너희를 자유롭게" 하고 어떤 이념의 활동이 "완전한 자유"에 의해 보장된다면, 그런 진리나 이념을 주장하는 사람들이 다른 사람들을 강요된 복종이라는 가짜 자유에 끌어들이지 않는 한,

그렇게 될 수 있도록[자유를 충분히 보장하도록] 하사. 절대적 이상들에 대한 믿음(또는 칼 포퍼가 "본질주의"라고 부른 것)이 정치적 자유에 위험하다고 보는 관점은 그 자체로 관용적이지 않다. 이런 관점은 사회를 보는 인간적인 관점이 아니라 그것이 거세된 관점, 곧 과잉 문명화되고 독단적 논리에 기반을 둔 관점으로, 자유로운 제도들은 말할 것도 없고 가치가 있는 수많은 감정[의견]들을 배제하는 것이다. 물론 자유freedom and liberty는 그 자체로 목적이 아니며, 도덕성을 대체하는 수단도 아니다. 그것은 정치의 일부이며, 정치 역시 정치일 뿐, 그 어떤 절대적 목적과도 관련이 없다. 거기에는 확신도 부정도 필요치 않다. 회의주의자나 진리를 신봉하는 자들이 정말로 정치적으로 행동하는 것을 본다면, 우리는 그것을 곧 이곧대로 믿을 것이 아니라 그들이 실제로 추구하는 "순전히 실제적"이거나 "순전히 이상적"인 구성을 염두에 둬야 한다. 정치적 도덕성이란 그저 [정치적 선택으로 인해] 세상에서 실제 나타난 결과의 논리를 있는 그대로 따르는 수준의 도덕적 삶을 의미한다(만약 어떤 수준이라는 것이 있다면 말이다). 정치에서 도덕적으로 행동한다는 것은 행위에 따르는 결과를 고려한다는 뜻이다.

링컨은 노예 문제에 대한 공화당의 새로운 입장을 정의하면서 (1858년 10월 15일의 연설에서) 다음과 같이 말했다.

| 본질주의는 철학이나 과학이 절대적 진리를 추구하며 그것이 가능하다고 보는 학문적 관점으로, 칼 포퍼는 플라톤이 주장한 '이데아론'의 성격을 비판적으로 규정하면서 이 용어를 사용하고 그 대안으로 유명론을 주장했다. 유명론에 따르면 개체적 존재만이 실재하며 이데아와 같은 보편적 개념은 언어적 기호에 불과하다.

모든 사람들의 마음을 짓누르고 있는 이 논쟁에서 진정한 문제는 노예제도를 **잘못된 것으로** 보는 한 집단에 대해 그것이 **잘못되지 않았다고 보는** 또 다른 집단이 가지고 있는 감정입니다. …… 공화당은 …… 노예제가 도덕적·사회적·정치적으로 잘못되었다고 봅니다. 그것에 대해 그처럼 심각하게 생각함에도 불구하고, 공화당은 그것이 우리 안에 실제로 존재하고 있다는 것과 그것을 만족스러운 방식으로 제거하는 데 따르는 어려움, 그리고 그것에 관한 모든 헌법적 의무들을 특별히 고려해 왔습니다. 여기서 다시 반복해서 말씀드립니다. 우리 중에서 노예제가 제가 말씀드린 어떤 측면에서도 전혀 잘못되지 않았다고 생각하는 사람이 있다면, 그는 장소를 잘못 택한 것이며 우리와 함께 있어서는 안 됩니다. 우리 중에 노예제가 너무나 잘못되었기 때문에 이를 도저히 용납하지 못하는 나머지, 그것이 우리 사회에 실제로 존재한다는 사실과 그것을 만족스러운 방식으로 단숨에 제거하는 데 따르는 어려움을 무시하는, 또한 그와 관련된 헌법적 의무들을 무시하는 사람이 있다면, 그리고 그 사람이 우리와 같은 정당에 있다면, 그 역시 잘못된 곳에 서있는 것입니다. 우리는 실제 행동에서 그 사람에 대한 공감을 부인하는 바입니다.

이것이 진정한 정치적 도덕이며 진정한 정치적 위대함이다. [정치를 하면서] 이런 길을 걷지 않는 이는 누구든 사실 정치를 저버린 것이나 다름없다는 점을 깨달아야 한다. 그는 당장 내일 노예제를 종식시키겠다고 약속하는 자비로운 독재자의 영도에 자신을 내맡기거나 아니면 그처럼 "끔찍한 타협"이나 모호한 말로 자신의 양심에 진흙을 묻히고 싶지 않은 나머지 아무것도 하지 않으려 할 것이다. 이 같은 쟁점을 이처럼 선명하게 그려 낼 수 있는 사람의 위대함과 관련해, 그의 연설을 달리 해석할 수 있는 여지가 있음을 나는 인정한다. 말하자면, 이 연설은 모두 위선이라는 것이다. [이렇게 비판을 하면서] 자신의 신념과 일치하지 않는 무언가를 할 수 없다는 식의 핑곗거리를 늘어놓는 사람들도 있다. 이것은 판단의 문제다 ― 그리고 올바른 공적 행위가 [어떤 말의 다음에] 뒤따를 경우, 본인의 영혼과 그의 전기 작가를 제외한다면 행위의 동기는 중요하지 않다. 스위프트는 "위선이란, 악덕이 미덕에게 보내는 찬사"라고 말했다. 정치에서 중요한 것은, 인간이 실제로 한 것이 무엇인가 하는 점이다 ― "신실함"sincerity은 비정치적으로 행동하는 데 대한 변명이 될 수 없으면 오히려 위선이 정치를 통해 좋은 결과를 가져오는 통로가 될 수도 있다. 아주 적은 수준이지만, 위선이 미덕의 일부분을 살아 있게 만들기도 한다. 물론 노예제와 같은 문제에 대해 "성자들"이나 광신도, 개혁가, 지식인들은 순수한 도덕적 관점을 견지할 수도 있겠지만, 결국 공공 정책을 통해 그런 관점을 실현하려 시도할 경우에만 부분적으로라도 그것이 성취될 수 있을 것이다. 링컨의 경우, 그가 노예제를 "도덕적·사회적·정치적으로 잘못된 것"이라고 진정으로 믿었다는 점에 대해서는 의심의 여지가 거의 없다. 그러나 한 국가의 지도자가 절대적 윤리와 책임 윤리를 결합시킬 수 있다는 것은 대단히 드문 행운이다. 그리고 이 둘의 조화는 오로지 시간 속에서만 가능하다.

정치인들은 늘 시간을 기다려야 한다. 위선자들, 그리고 개혁의 반대자들은 아무것도 하지 않는 데 대한 변명을 할 때 시간을 들먹인다 ― 그들은 말 그대로 "기회주의자들", 곧 시간의 노예인 것이다. 그들의 비전은 순전히 근시안적인 수준으로 제한돼 있다. 그러나 시인 윌리엄 블레

이크가 말했듯이 "영원은 시간의 산물들과 사랑에 빠져 있다." "영속적 가치"들을 단기적 가치들과 같이 취급할 수는 없다. 그러나 시간은 우리가 그 안에서, 그리고 그것을 통해서 ─ 그리스인들이 공적인 삶에서 추구했던 ─ "불멸의 행위들", 곧 문명이 진보할 수 있다는 믿음에 대한 불후의 기념비가 될 영원히 기억될 만한 개혁을 성취하기 위해 노력하지 않는다면, 삶이란 그 자체로는 죽음에 이르는 길에서 벌어지는 지루한 사건일 뿐이다. 1955년에 미국 연방대법원은 공적 지원을 받는 미국의 모든 학교에서 인종에 근거한 차별은 위헌이라고 선언했다. 그러면서 대법원은 책임 당국에 즉각적으로가 아니라 ─ 이것은 자유 사회에서는 상상할 수 없는, 폭력의 사용이 아니라면 불가능한 것이었다 ─ "신중한 속도"로 통합할 것을 명령했다. 이것은 도덕적으로 (그리고 아마도 법적으로) 대단히 중요한 행위였을 뿐만 아니라, 정치적 지혜가 담긴 행위였다. **그 법**은 이제 잘 알려져 있다. 그것이 법원과 도덕주의자들이 도달할 수 있는 한계다. 물론 현재의 연방 정부 기구들이 시간이 걸린다는 핑계를 대면서 기존의 입장[차별 관행]을 시정하지 않는 사람들을 방치한다면, 그것은 정치적으로 비열한 행위가 될 것이다. 시간 그 자체는 아무것도 해결하지 못한다. 하지만 모든 정치적 시도는 또한 시간을 필요로 한다.

실로 어려운 상황에서 위대한 정치인이었던 링컨에 대한 찬사를 계속해 보자. 당시 상황은 좋은 시절에만 친구인, 실제로는 별로 믿을 수 없는 정치적 동료들 ─ 혹은 『천로역정』에서처럼' 허영의 저잣거리나 죽

▌ 영국의 설교가인 존 버니언의 『천로역정』 *The Pilgrim's Progress* (1678)은 주인공이 성경을 읽고 하나님 나라로 떠나는 순례길에서 여러 상징적인 사건들을 겪는 줄

음의 골짜기를 걷는 것만 아니라면 좋은 일을 할 사람들 — 을 두렵게 하고 있었다. 남북전쟁 중 가장 어려운 시기에 호레이스 그릴리라는 급진적인 노예제 폐지론자는 원칙적인 차원에서 즉각적인 노예해방을 링컨에게 요구했다. 그러자 링컨은 이렇게 답했다.

이 싸움에서 나의 가장 중요한 목표는 연방을 구하는 것이지, 노예제를 유지하거나 폐지하려는 것이 아닙니다. 만약 단 한 명의 노예도 해방하지 않고 연방을 구할 수 있다면, 나는 그렇게 할 것입니다. 만약 모든 노예를 해방시켜서 그렇게 할 수 있다면, 나는 그렇게 할 것입니다. 어떤 노예는 해방시키고 어떤 노예는 그대로 내버려 둠으로써 연방을 구할 수 있다면, 나는 또한 그렇게 할 것입니다. 내가 노예제나 흑인들에 대해 하는 일은 그렇게 하는 것이 연방을 구하는 데 도움이 된다고 믿기 때문이며, 내가 무엇인가를 참는 이유는 그것이 연방을 구하는 데 도움이 되지 않는다고 믿기 때문입니다. 나는 공적 의무에 대한 내 견해에 입각해서 내 목표를 말하고 있는 것이며, 제가 자주 언급했던, 모든 사람은 어디에서든 자유로워야 한다는 개인적인 견해를 수정할 생각이 없습니다.

링컨은 연방의 수호라는 정치적 질서 그 자체를 다른 모든 것들보다 우선시했는데, 그것은 그가 흑인들의 고통과 배제에 무관심했기 때문이

거리로 구성돼 있다. '허영의 저잣거리'와 '죽음의 계곡'은 주인공이 시험과 고난을 겪는 주요한 배경이다.

아니다 ― 그는 그것을 염려했다. 그가 그렇게 한 것은 연방이, 곧 북부와 남부 사이에 공동의 정치적 질서가 다시 복원되어야만, 이와 관련된 문제들을 해결할 수 있기 때문이었다. 링컨이 실제 맞닥뜨렸던 것보다 더 안 좋은 상황 ― 노예를 해방하기 위해 최고사령관으로서 그가 가진 비상 지휘권을 사용하지 **않겠다**는 [거짓] 약속을 해야만 전쟁에서의 승리와 연방의 보존을 확신할 수 있었던 ― 에서 정치적 위험을 무릅써야 한다고 가정해 보자. 이때 그런 약속은 정당화될 수 있을까? 내 생각에 어렵지만 분명한 답은 "그렇다"이다. 정치 지도자의 첫 번째 책임은 그를 따르는 사람들의 이익을 위해 국가를 보전하는 것이다. 그 지도자가 [노예해방을 명령하지 않겠다는] 약속을 했지만, 개인적으로는 전쟁이 끝난 직후에 입법부가 그 약속을 뒤엎을 것이라고[곧 노예를 해방할 것이라고] 믿고 있는 경우를 생각해 보자. 그래도 그 약속이 속임수는 아니다. 그는 의회의 행위에 대해서까지 책임질 수는 없는 것이다 ― 그리고 만약 그렇게 되었다면, 그것은 공적 책임의 우선성에 직면한 개인적 양심의 고뇌였을 것이다. 모든 조건이 가장 암울한 상황도 가정해 보자. 정치 지도자 본인은 노예해방을 약속했지만, 그가 전쟁 중에 가졌던 권력이 사라지고 나면 의회가 노예해방을 하지 않을 것이라고 개인적으로 믿고 있는 경우 말이다. 이런 상황에서의 개인적 고뇌는 피할 수 없는 것이며, 그 상황에서 직위를 사임한다고 해서 그가 정치를 내팽개쳤다고 비난하기는 어려운 일이다. 그러나 링컨과 같은 사람조차 권력을 포기하지는 않았을 것이다. 진정으로 정치적인 정치가는, **정치적** 권력이라는 것이 존재하고 대표자들로 구성된 의회가 있음에도 실제로 확실한 것은 아무것도 없고, [반대로] 정책에서 어느 정도 협상이 불가능한 것도 없으며, 그것은 자유로운 의회에서 다소가의 변형과 개입을 통해서만 실현될 수 있다는 것을 알고 있기 때문이다.

링컨의 경우는 정치를 옹호하는 사례로 사용하기에 그렇게 나쁘지 않은 예다—물론 경건하게 채색된 신화들 속에는 인간적인 면모를 보여 주는 일화들이 가려져 있다. 그는 당대의 여러 책임 있는 사람과 사적으로 진지하게 대화하려 하지 않았고, 짜증을 불러일으키는 농담이나 오래된 우스갯소리를 늘어놓으며 슬슬 후퇴함으로써 사리에 맞지 않는 공세를 폈다. 그가 보여 준 품격의 수준은 실로 다양했다. 행정가로서 그는 그저 그런 수준의 무질서하고 일관성이 없으며 심지어 나태한 사람처럼 보였다. 그는 의회와의 관계에서 종종 매우 서툴렀고, 관계는 거의 대부분 나빴다. 그러나 모든 것을 종합했을 때, 그는 그저 한 사람의 정치인으로서 우리가 찾을 수 있는 최상의 사례다. 만약 이 주장이 영국인들보다 미국인들에게 더 이상하게 들린다면, 그것은 미국식 영어 또는 그보다 미국 자유주의가 "정치인"politician이라는 단어를 폄하해 왔기 때문일 것이다. 진실로, 그는 한 사람의 정치가statesman로서 국가를 보존했다. 그는 최악의 위기 상황에서도 국가를 정치적인 방식으로 보존했다(대단하지 않지만 정직하기는 한 모든 정치인들을 "정치가"로 부름으로써 미국식 용어를 과장하는 것은 도움이 되지 않는다). 링컨은 죽기 전에, 의회가 남부를 헌법적 권리가 없는 정복된 영토처럼 다루고자 한다면 그것에 반대할 것이라는 뜻을 분명히 했다. 그는 [전쟁 이후의] 과제는 "[남부]주들과 연방 사이에 적절한 실제적 관계를 복원하는 데 필요한 행위를 취하는 것"이라고 말했으며, 이 주들을 연방에서 제외하기로 "결정하거나 그것을 고려하는 것" 조차 경멸했다. 그가 제안한 것은 아이러니하게도 자신의 스타일을 거의 패러디한 것이었는데, "그 주들을 무조건적으로 연방에 [재]가입시키거나 아니면 이 주들이 연방을 탈퇴한 적이 없기 때문에 적절한 원조만 제공하면 될 것인지에 대해 모든 사람이 자신의 의견을 영원토록 간직하고 있게 하자"는 것이었다. [링컨의 이런 입장에서] 우리가 볼 수 있듯이, 정치란 실로 "실제적인 관계"의 문제이지 고결한 원리로부터 연역되는 것이 아니다.

링컨에게서 위엄을 찾아보기는 어려웠다. 그에게는 충분한 권위가 있었지만, 자만심[자부심]pride은 없었다. 자만심이란 대중들의 눈에 띄는 직업을 가진 사람들이 흔히 빠지기 쉬운 악덕이다. 진정한 정치인이라면 자만심에 심취되어서는 안 된다. 정치인은 공개, 비방, 왜곡, 모욕이라는 세계에 살고 있다. 그는 종종 고상한 사회에서 그저 "해결사"이자 "기회주의자"로 폄하되곤 한다(기회주의라는 용어가 왜 항상 나쁜 의미를 갖는지는 의문이다). 또한 지식인들은 정치인들이 자기 생각을 갖고 있는 경우가 거의 없다고 조롱한다.

정치인은 똥멍충이라네
사람만 빼고는 누구나 그것이 될 수 있지

이것은 E. E. 커밍스가 지은 [〈정치인〉이라는] 시의 전문이다. 사실 정치인에게 필수적인 유연함을 감안하면, 그에게 보통 사람들이 갖는 정도의 유연함과 야망이 없을 가능성은 희박하다. [그럼에도] 그를 지켜보는 사람들은 신랄하고 비열한 조롱을 보낼 것이다. 물론 그는 이것을 마음에 담아 두지 않을 것이다. 성공하는 정치인은 모욕을 삼키는 법을 배우게 된다. 성공한 정치인은 영국의 초등학교에서 배우는 다음의 격언을 마음에 새기고 있다.

작대기와 돌멩이는 내 뼈를 부러뜨릴 수 있지만
욕을 먹는다고 다치는 일은 없어.

성공한 정치인은 권력을 획득한 후에도 자신이 받았던 모욕을 마음에 담아 두지 않고, 그에게 수많은 비열한 의혹을 제기한 상대를 원칙적으로 따져 가며 대응하거나 불경죄로 다루는 사적인 보복을 하지도 않는다. 정치인들 역시 그런 사소한 점들에 대해 여느 보통 사람들처럼 그냥 넘어가지 못할 수도 있다. 그러나 정치인은 그럴 필요도 없고, 그래서도 안 된다. 물론 유혹은 매우 크다. 지금 가나에서 은크루마 대통령의 명예를 훼손하거나 그를 비난하는 것은 3년의 징역형에 처해질 수 있는 범죄다. 이 법은 은크루마가 야당 정치인이었을 때 실로 대단한 열정과 능력을 보여 주었던 사람이었다는 것을 생각하면 매우 서글픈 기념비다. 링컨은 실리적인 겸양을 보여 주며 이렇게 말한 바 있다. "사람은 인생의 절반을 싸움에 보낼 시간이 없다. 누군가가 나에 대한 공격을 멈춘다면, 나는 그에 대한 과거를 결코 기억하지 않을 것이다." 그의 장군들 가운데 한 명에게는 이렇게 말했다. "나는 당신이 그저 복수를 위한 것이라면 아무것도 하지 않기를 바랍니다. 귀관이 할 수 있는 것은 오로지 장래의 안전과 관련된 것입니다." 정치인이 자부심을 갖겠다는 것은, 팔스타프 경[셰익스피어 희곡들에 등장하는 허풍쟁이 기사]이 명예를 좇는 일만큼이나 허망한 것이다. 팔스타프가 돌연 인기를 멀리하고 자부심을 들먹이며 자리와 명예를 요구한다면, 그는 (우리와 마찬가지로 그 역시 곰곰이 따져 보았을) 자신의 가치를 스스로 걷어차고 있는 것일 뿐이다. 물론 직업으로서의 정치란 가장 불안정한 것이기 때문에, 우리는 정치인들에게 부수적인 보상을 안겨 주는 것을 아까워해서는 안 된다. 우리는 그들이 "정치 따위"에 권태를 느끼거나 쉽게 좌절하지 않도록 늘 유의해야 한다 ─ [보상을 얻기 위한] 타협의 필요성을 느끼게 되면, 정치인은 국가에 명백하게 최선인 일을 할 수 없다. [결국 우리가 치러야 하는] 정치의 비용이란 우리가 영원히 그것과 함께 살아가야 한다는 바로 그 사실일 것이다.

우리가 살펴본 대로, 정치적 리더는 국가를 보전하기 위해 자유를 훼손하는 위험을 감수해야 할 수도 있다. 그는 "주권"에 호소해야 할 수도 있는데, 필요한 때 그런 결단을 하지 못하는 지도자는 가치가 없다. 그러나 그가 그렇게 이끌어 간다면, 정치는 살아남을 것이다. 링컨은 후커 장군에게 다음과 같은 편지를 썼다. "당신이 최근에 군대와 정부에 모두 독재자가 필요하다는 말을 했다고 들었는데, 당신이라면 그렇게 말했을 수 있다고 생각합니다. 물론 내가 당신을 장군으로 임명한 것은 그렇게 말했기 **때문**이 아니라, 그럼에도 불구하고 한 것입니다. 군사적으로 성공을 거둔 장군들만이 독재자를 세울 수 있습니다. 내가 지금 당신에게 요구하는 것은 군사적 승리이며, [그것을 위해서라면] 나는 독재의 위험도 무릅쓸 것입니다." 자유의 정치는 독재만큼은 아니지만 [그 역시 어느 정도의] 위험을 감수하는 일이다. 내가 보여 주려 했던 것처럼, "자유 정치"는 실로 동어반복이다 ─ 두 단어가 서로에게 모두 그럴 것이다. 만약 정치인에게 허용되는 어떤 자부심이 있다면, 그것은 아리스토텔레스가 구별했듯이 ─ 회유하는 직업의 기술로서의 **자만심과는** 다른 ─ "자존심"

[긍지]proper pride일 것이다. 한 사람의 인간 이성이고자 하는 시도는 내체로 그 사람을 더 못한 사람으로 만들 뿐이다.

————

달래어 조정하는 것이 폭력보다 낫다 ― 물론 이것이 항상 가능한 것은 아니다. 다양성이 획일성보다 낫다 ― 물론 이것이 항상 존재하는 것은 아니다. 그러나 두 가지 모두 항상 더 바람직하기는 하다. 그것이 가능한지의 여부는 정치의 위대한 두 적의 존재 ― 인간의 고통에 대한 무관심과 정치적인 문제에서 본질적인 확실성에 대한 열광적인 탐색 ― 에 달려 있을 것이다. 인간의 고통에 대한 무관심은, 자유 정부가 자유의 습관과 가능성을 소수에게서 다수로 확대하는 것을 불가능하게 하거나 그런 시도에 대해 두려움을 갖게 함으로써 정부에 대한 신뢰를 떨어뜨린다. 확실성의 추구는 통치에 대한 유사 과학, 완전무결하다고 생각되는 윤리나 특정 이데올로기, 그리고 인종이나 경제 문제에서 전 세계 수준의 거대한 계획 등을 선호하며, 정치적 덕 ― 신중함, 조정, 타협, 다양성, 융통성, 활력 같은 것 ― 을 우습게 여긴다. 일상적으로 사고나 질병의 가능성을 안고 살아가는 인간이 죽음과 같은 불확실성에 직면해서도 존엄과 명예를 지키며 살아갈 수 있다는 것은 당황스럽거나 부자연스럽게 느껴질 수 있다. 또한 사랑처럼 불안정함과 모호함, 타인의 의지와 변덕에 좌우되기 쉬운 정치의 속성은, 인간들이 통치에서 광적으로 확실성에 집착하게 하는 원인이기도 하다 ― [그러나] 이 확실성은 정치와 자유의 죽음을 의미한다. 자유 정부는 정치적으로 결정을 내리지 이데올로기적으로 결정하지 않는다.

정치에 보낼 수 있는 찬사에는 한이 없다. 정치에는 존재하지만 경제에서 발견할 수 없는 것은 상대와의 창조적 대화. 정치는 자유로운 문명이 의지하는 대담한 신중함, 다양한 통합성, 무장된 유화책, 자연적인 인공물, 창의적인 타협이자 진지한 게임이기 때문이다. 정치인은 개혁하는 보수주의자이며, 회의하는 신자이고, 다원적인 도덕주의자다. 정치는 활기 넘치는 냉철함, 복잡한 단순성, 난잡한 고상함, 거친 정중함, 그리고 장구한 신속성을 지녔다. 그것은 대화로 귀결되는 갈등이며, 우리에게 인간적인 차원에서 인도적인 과제를 부여한다. 그것이 직면하게 될 위험에는 끝이 없는 반면, 자유에 대한 책임이나 그것의 불확실성을 회피하려고 내세울 수 있는 그럴듯한 이유들은 너무나 많다. 우리가 지금까지 노력한 모든 것은 왜 정치적 행위가 오로지 권력관계의 한 형태로 가장 잘 이해되고, 정치적 지배가 정부의 한 형태로 잘 나타나는지를 보여 주고자 하는 시도였다. 또한 통치의 문제에 대한 정치적 해결책이 일반적으로 다른 것들보다 더 선호되는지를 보여 주기 위한 몇 가지 주장을 제기하기 위한 것이었다. [정치를] 옹호하고 그것에 찬사를 보내는 이처럼 불완전한 글의 유일한 목적은, 우리가 지금까지 묘사한 것이 과연 어떤 것인지를 무미건조하게 반복해서 말하기 위해서이다.

아리스토텔레스는 우리가 처음에 인용했던 문구와 거의 똑같은 말로 그가 내린 정의를 반복했다. 이는 다름 아닌 "'폴리스 전체가 가능한 한 하나의 통일체가 되는 것이 최선이다'라는 …… 소크라테스의 가정을 염두에 두고 하는 말이다. 그러나 폴리스가 계속해서 점점 더 하나의 통일체가 되어 가면, 그것은 마침내 폴리스가 아니게 될 것이다. 폴리스는 본질적으로 하나의 복합체다. 따라서 폴리스가 복합체에서 점점 더 통일체가 되어 갈수록 그것은 폴리스 대신 가정이 되고, 종래에는 가정 대신 개인이 될 것이다. …… 따라서 폴리스를 그런 통일체로 만들 수 있다 하더라도 그렇게 해서는 안 된다. 그 결과는 폴리스의 파멸일 것이기 때문이다."

▌ 이 부분은 아리스토텔레스, 『정치학』 2권 2장(1261a)에 나오는 대목으로 나종일·천병희의 번역(삼성출판사, 1990, 71쪽)과 천병희의 번역(숲, 2013[제2판], 65-66쪽)을 참조해 수정했다.

옮긴이의 글

한국에서 정치를 품평의 대상이 아니라 실천의 기예Ars Praxia로 여기는 사람들이 탐독하는 책은 크게 두 가지다. 하나는 막스 베버의『소명으로서의 정치』이고, 다른 하나는 사울 알린스키의『급진주의자를 위한 규칙』(박순성·박지우 옮김, 아르케, 2016)인데, 전자는 신념을 정치인의 가장 중요한 덕목으로 여기는 사람들에게 책임의 중요함을 상기시켰고, 후자는 의지를 가진 사람들이 어떻게 그것을 실현할 수 있는가에 대한 지침을 알려 주었다. 그런데 실제로 정치가 무엇인지를 이해하려면, 그 둘 사이에 약간의 공백과 아쉬움이 있다. 전자는 정치 일반에서의 큰 원리에 대해, 후자는 구체적인 실천 차원의 전략과 전술에 집중하고 있기 때문이다.

그런 맥락에서 볼 때, 이 책은 우리가 보통 '정치'라고 생각하는 바로 그 수준에서 무엇을 이해해야 하고 무엇을 해야 하는지에 대해 알려 준다. 이 책에서 말하는 정치는 우리가 일상적으로 텔레비전에서 보고, 술자리에서 비난하고, 선거 때가 되면 접하게 되는, 대통령과 국회의원과 일반 국민들이 생각하는 바로 그 살아 있는 '정치'다. 그래서 이 책은 정치나 사회과학을 전공으로 하는 사람들이 읽어 볼 만한 책이지만, 동시에 정치라는 것이 도대체 무엇인지에 대해 알고자 하는 보통의 사람들도 한 번쯤 읽어 볼 만한 책이기도 하다.

조정하는 행위로서의 정치

영국의 정치학자 앤드류 헤이우드는 전 세계적으로 가장 많이 팔린 정치학 입문 교재 중 하나인 『정치학』*Politics*(조현수 옮김, 성균관대학교출판부, 2014)을 썼다. 그는 이 책에서 정치를 네 가지로 정의하는데, 통치 기술로서의 정치, 공적 업무로서의 정치, 권력으로서의 정치, 타협과 합의로서의 정치다. 첫 번째는 정치에 대한 가장 유명한 정의 중 하나인 데이비드 이스턴의 "가치의 권위적 배분"과 관련된 것으로, 주로 국가와 관련된 일을 가리킨다. 두 번째, 공적 업무로서의 정치는 아리스토텔레스의 공사 구분에서 출발한다. 이 구분에서 공적 영역에 관련된 일들을 가리키는 정치에 대한 참여는 모든 시민들의 권리이자 의무다. 한나 아렌트는 이 관점에 대한 가장 확실한 지지자였다. 세 번째, 권력으로서의 정치는 인간사의 모든 곳에 정치가 존재한다고 본다. 이 정의에 따르면 모든 인간 관계는 권력관계이며 본질적으로 억압적이다. 푸코가 이런 입장에 있었고, 페미니즘이나 마르크스주의의 일부가 이런 관점에서 정치를 바라본다. 네 번째, 타협과 합의로서의 정치는 그것이 적용되는 영역이나 주체보다는 그것이 수행되는 방식에 초점을 맞춘 정의다. 정치란 가능성의 기예이며, 인간 사회에서 필연적으로 발생하는 갈등을 폭력이나 강압이 아니라 조정과 합의를 통해 해결할 수 있는 유일한 방법이라는 것이다.

　책을 읽은 독자들은 눈치챘겠지만, 버나드 크릭이 바로 이 입장에 서 있다. 크릭은 1장에서 마지막 장에 이르기까지 "조정"conciliation을 강조한다. 간단하게 한 단어로 줄이면 조정이 되겠지만, 그 의미를 풍부하게 살려 본다면 "말로 달래어 설득하고 회유하고 타협하는 모든 과정"쯤

이 될 것이다. 요컨대 물리적이든 다수의 힘을 비는 것이든 간에 모든 종류의 강압적 수단을 최대한 피하면서 이성적·감성적으로 상대와 대화를 통해 문제를 해결하려고 하는 것, 그 과정과 조건으로써 공동체 구성원의 '자유'를 훼손하지 않으려고 노력하는 것, 그리고 불완전한 세계에서 불완전하지만 가능한 많은 사람이 동의할 수 있는 최선의 결과를 얻으려고 하는 것, 이것이 조정을 통한 정치다.

그리고 이 '조정'은 구체적인 정치 행위를 통해서만 구현될 수 있다. 정치란 곧 '활동activity'이라는 정의는 정치에 대한 버나드 크릭의 가장 독창적이며 영향력 있는 관점이다. 이 책에서 '활동'은 맥락에 따라 행위, 행동 등으로도 번역했는데, 그것이 의미하는 바는 대체로 일관되게 인간의 정치적 자율성과 작위성을 강조하는 것이다. 이것은 강한 구조주의, 보수주의, 혹은 결정론에 대항하는 담론이자, 인간 사회에서 정치의 필수 불가결함을 강조하는 정의다. 19세기 이래 사회과학에서 나타난 거대 이론들은 그 자체로는 학문적 발전의 결과이기도 하다. 그러나 동시에 당대를 살아가는 인간들에게 아무것도 할 수 없다는 무력감을 안겨 주거나 혹은 그 반대로 구조 전체를 바꾸려는 거대한 기획에 대한 광적인 열광을 갖게 만들었다. 그리고 크릭은 그 원인이 정치를 잘못 이해한 데서 비롯한다고 본다. 정치란 단순히 구조의 산물이나 사람들을 호도하는 모호한 언술이 아니라, 실제로 당면한 문제를 해결할 수 있는 유일한 '행위'다. 그리고 그 행위의 핵심은 매일매일의 '조정' 행위에 있다. 그것 이외에 문제를 해결할 수 있는 방법은 없으며, 그러한 문제를 정치 이외의 방법을 통해 해결하지 않으면 인간 사회는 문명으로부터 멀어지게 된다. 크릭의 비유대로, 성적 행위가 없다면 인류 사회가 유지될 수 없는 것처럼, 정치 역시 인간 사회의 유지와 발전을 위해 필수 불가결한 행위인 것이다.

　이런 크릭의 정의에 대해 비판도 없지 않다. 어떤 이론가들은 크릭의 개념이 서구의 다원주의 관념에 지나치게 치우쳐 있다고 지적한다. 적어도 서구 중심적인 측면이 있다는 점은 분명해 보인다. 한편으로 그가 미국식 행태주의 정치학을 맹렬히 비판했다는 점을 감안하면, 크릭은 서구라기보다는 유럽, 특히 앵글로색슨, 그중에서도 실용주의적인 영국 전통에 정치의 본질이 살아 있다고 보는 듯하다. 1장에서 본인이 옹호하는 정치적 전통이 "유럽의 경험에서만 발견된다", "정치란 자유인들의 공적 행위다"라고 자신 있게 서술하고 있는 부분을 보면 특히 그렇다. 이런 의미에서 그는 유럽식 자유주의와 다원주의 정치관을 대표한다고 볼 수 있을 것이다.

　그러나 다른 한편으로 이러한 유형의 정치는 그것이 이념적·제도적으로 서유럽에서 다소 먼저 확립되었을 뿐, 실은 어디에서나 찾아볼 수 있는 상식적인 것이기도 하다. 공적인 일의 이해 당사자라면 누구나 그에 대해 말할 수 있어야 하고, 통치자와 사람들은 그 말을 '들어야' 한다는 것은, 서구에서는 로마 시대를 거치면서 이미 확립된 원칙이었고, 동양에서는 『맹자』에서도 이미 발견되는 구절들이다.

자유와 정치

우리는 흔히 정치를 어떤 문제를 해결하는 힘이나 능력, 특히 국가권력의 행사 방식으로 생각하는 경향이 많다. 이것은 냉전 시기 소위 자유세계에서나 공산 세계에서 모두 그러했다. 제한된 재화를 사회적으로 어떻게 분배할 것인가를 결정한다든지, 국가가 경제에 개입하는 것이 옳은지 그른지, 개입한다면 어디까지 할 것인지 등의 문제를 결정하는 힘을 곧 정치라고 여겼던 것이다. 이런 맥락에서 어떤 이들은 정치와 권력을 구분하지 않고, 그것의 원천이 총구에서 나온다고 굳게 믿기도 했다. 그러나 한나 아렌트 같은 정치철학자는 이에 반대해 정치권력이란 어떠한 경우에도 폭력이나 강압으로부터 나올 수 없으며, 충분한 숫자의 시민들로부터 나온다고 생각했다.

크릭은 이런 시민들의 언어를 통한 정치의 기반이 자유에 있다고 보고 있다. 크릭의 정치관은 제2차 세계대전 이후 대서양 이편과 저편에서 제기된 자유주의 정치관의 맥락을 공유하고 있었다고 할 수 있다. 그는 인류 사회가 가장 진보했다고 생각되는 20세기에, 가장 바람직하다고 믿었던 정치제도인 민주주의가 전 세계를 멸망시킬 뻔했던 전체주의의 시발점이 되었다는 사실에 절망했고, 민주주의가 아니라 정치 자체에 관심을 갖게 되었다. 그리고 그것은 민주주의가 '자유'와 어떤 관련을 갖는가에 집중되었다.

크릭은 우리말에서는 자주 사용되지는 않는 "자유 사회", "자유 정치", "자유 정치"라는 표현을 자주 사용한다. 그런데 이 자유는 20세기에 '자유 진영'을 대표했던 미국의 자유주의 주류와는 다소 거리가 있다. 크릭에게는 민주주의와 마찬가지로 자유 역시 정치의 한 요소일 뿐 그 자체로 신성불가침의 어떤 것이 아니다. 크릭에게 인간 사회가 잘 유지되고 발전되기 위한 기반은 "정치를 유지하는 것"에 있고 자유는 그것을 위한 하나의 조건이기 때문에, 자유는 종종 정치를 위해 자신의 영역을 양보해야 한다. 특히 소유권, 시장에서의 자유가 그러하다.

이러한 자유에 기반을 두고 크릭은 정치를 "타인의 말을 경청하는 것"이라고, 학자들이 보기에는 지나치게 부정확하고 일반 시민들이 보기에도 다소 거친 방식으로 정의했다. 물론 이러한 정의는 오늘날에도 여전히 다수의 학자들이 이론적인 수준에서 보편적으로 받아들이는 정치의 정의는 아니다. 그러나 정치에 대한 다른 모든 정의의 기반은 분명히 이러한 크릭의 견해를 벗어나서 존재할 수는 없을 것이다.

정치와 민주주의

크릭의 정치에 대한 정의에서 유별나 보이는 것 중 하나는, 그가 정치와 정치 아닌 것을 명확하게 구분한다는 것이다. 우선 그는 정치를 통치와 구분한다. 그가 보기에 통치는 모든 인간 사회에서 항상 필요하다. 통치가 없는 무정부 상태는 질서가 부재한 약육강식의 상황이기 때문에 반드시 피해야 할 상황이다. 그래서 크릭의 생각에는 이렇다. 인간 사회라면 통치가 존재하거나 존재해야 한다. 통치에는 정치적 방식과 그렇지 않은 방식이 있다. 정치적 방식의 통치는 민주주의, 자유주의, 사회주의, 사민주의 등 다양한 방식으로 가능하다. 정치가 아닌 통치에는 전제 왕정, 군부독재, 전체주의 등이 해당한다.

사실 통치는 강압을 포함해서 어떤 방식으로든 가능하다. 가령 전체주의국가는 독재를 통해 통치하는 것이다. 그리고 크릭은 이런 나라에 "독재"라는 정치가 있다고 보지 않는다. 독재는 정치가 아니다. 우리가 이런 크릭의 정의에 당혹해 하는 것은, 흔히 이런 상황에서 독재를 정치가 아니라 민주주의와 대비해 왔기 때문이다. 즉, 정치에는 독재와 민주주의가 다 포함되는데, 독재는 나쁜 정치이고 민주주의는 좋은 정치라는 식이다.

그러나 크릭은 이런 방식의 구분을 명확하게 거부한다. 그는 민주주의를 상대화한다. 민주주의 그 자체로는 그것이 좋은 것인지 나쁜 것인지 알 수 없다. 크릭은 "민주주의에서는 모든 것이 반짝이고 아름답다"는 식의 생각이 얼마나 잘못된 것인가를 지적하고, 그것이 다수의 힘이나 선동가의 수사 앞에 얼마나 취약한가를 보여 준다. 민주주의란 인간들이 운용하기에 따라서 최선의 정치가 될 수 있지만, 또한 최악의 통치가 될 수도 있는 것이다.

개인적으로는 이런 발상이 한국 정치에 큰 의미가 있다고 생각한다. 민주주의란 그 자체로 신성한 무엇이 아니라, 모든 사람들이 가장 공정하고 정당하다고 생각하는 게임의 규칙 중 하나일 뿐이다. 게임 그 자체로는 선악을 따지기 어렵고, 게임의 승패도 마찬가지다. 이 게임의 참여자는 누구든 이기고 질 수 있으며, 자신이 이기면 선이고 다른 편이 이기면 악이라는 식의 주장을 할 수는 없다. 민주주의란 하나의 조건이지 결과를 담보하지는 않기 때문이다. 그래서 이 상황에서는 선악을 따지는 것이 아니라, 누가 어떻게 '정치'를 더 잘 할 것인가가 중요하다.

그런데 요즘 한국의 정치에서는 헌정주의와 자유주의, 그리고 정치 그 자체를 모두 민주주의라고 지칭하는 바람에, 정치인들이나 시민들은 모두 모호하고 추상적인 담론에 빠져서 허공에 주먹질을 하면서 싸우기 일쑤다. 실제로 각 정당이나 그 지지자들이 서로를 '반민주적'이라고 비판하는 상당 부분은 실은 민주주의와는 관련이 없다. 크릭의 분류에 따르면 우리 정치에서 나타나는 잘못된 행위들은 '불법적'이거나 '반자유적'이거나 '반정치적'인 경우에 해당할 것이다. 그런데 이런 구분을 잘 하지 않고 언제나 민주주의가 희망이거나 민주주의가 문제라고 말하는 셈이다. 이 같은 상황에서 시민들은 희망과 절망의 악순환에 빠지는 반면, 정당들은 적대적 상호 공존이라는 안전한 틀 안에서 생명을 유지하게 된다. 만약 이러한 정치를 바로잡고자 한다면, 그것은 민주주의를 상대화하고 정치와 민주주의를 구분하는 것에서 출발할 수 있을 것이다.

크릭에 대해

이 책의 저자 버나드 크릭(1929~2008)은 20세기 영국을 대표하는 정치학자 중 한 사람이다. 영국을 대표한다는 것은 그가 단순히 영국 태생으로 영국에서 활동한 학자라는 것 이상을 의미한다. 그는 20세기 중반 미국을 비롯해 세계적으로 유행했던 '행태주의' 정치학에 반대하고 유럽 전통의 자유주의와 역사주의, 실용주의에 기반을 둔 정치학을 옹호했다. 그는 정치와 정치학이 구분되지 않는 상태를 '이데올로기'로 비판하는 한편, 정치와 정치학이 분리되어 후자가 완전히 객관적이고 중립적인 입장에서 '과학'이 될 수 있다는 발상을 조롱했다. 이 비판은 여전히 유효하고 논쟁적일 것이다.

크릭은 원래 런던 대학UCL에서 경제학을 공부했고, 런던정경대LSE에서 박사 학위를 받았다. 박사 학위 과정 동안 미국에 건너가 하버드와 맥길, 버클리 등 다양한 분위기의 대학에서 지냈는데(1952~56년), 당시 상황은 이 책의 서문에 잘 나타나 있다. 런던정경대로 돌아온 크릭은 미국에서의 경험을 바탕으로 행태주의 정치학을 비판하는 학위 논문을 제출하고 부교수로 일하다가, 1965년에 셰필드 대학의 정치이론 정교수로 부임한다. 크릭은 1972년 버크벡 대학이 정치학과를 신설할 때 다시 자리를 옮기는데, 이 대학은 지금도 일반 시민, 영국적 맥락에서 말하자면 노동계급을 위한 저녁 시간대의 평생교육 강의 프로그램Extra-Mural course으로 잘 알려져 있다. 이 프로그램이 자리 잡는 데 크릭이 핵심적 역할을 했음은 물론이다(에릭 홉스봄이 같은 시기에 버크벡에서 이 코스의 학생들을 위한 강의 자료로 『자본의 시대』부터 『극단의 시대』에 이르는 4부작을 저술한 것은 유명하다).

크릭은 강단 학자에 머물지 않았는데, 스스로 사민주의자를 자처했듯이 지속적으로 영국 노동당과 교류했고, 1980년대에는 노동당 대표 닐 키녹의 자문역을 맡았다. 사회적으로 그의 가장 큰 공헌 중 하나는 수십 년간 보수-노동 양당의 이견으로 내용을 확정하지 못하고 지연되고 있던 학교에서의 '시민교육' 과정을 확립한 일이다. 1997년 노동당이 집권하게 되자 셰필드 시절의 제자이자 태어나면서부터 맹인이었던 데이비드 블렁킷이 교육부 장관에 지명되고, 그의 요청으로 크릭은 영국의 시민교육에 대한 보고서를 집필하게 된다. 「비버리지 보고서」가 영국 복지국가의 토대가 되었듯이 영국에서는 종종 하나의 보고서가 중요한 변화의 시발점이 되곤 하는데, 「크릭 보고서」 역시 그러했다. 이 보고서에 따라 시민교육이 영국의 모든 학교에서 공식 과목으로 채택되었고, 그 핵심 내용은 우리가 짐작할 수 있듯이 "비판적 능력을 갖춘 정치적 시민"을 양성하는 것이다.

그의 비정치적 저술 중에서 가장 특이할 만한 것은 『조지 오웰 평전』이다. 평전의 출간 이후 그는 여러 대학에서 오웰의 이름을 딴 특별 강연을 했고, 이 전통은 이후에도 오웰 재단과 버나드 크릭 센터(셰필드 대학 부설)를 통해 이어지고 있다. 그는 또한 영국의 유명 정치학 저널 『계간 정치학』*The Political Quarterly*의 편집장을 지내면서 '오웰 상'을 만들었는데, 지금도 매년 2명(논문 1명, 책 1명)을 뽑아 시상하고 있다.

크릭은 버크벡에서 은퇴한 이후로는 배우자를 따라 스코틀랜드 에든버러에서 지냈고, 스코틀랜드 의회의 개혁 방안에 대해 많은 기여를 한다. 나이가 든 이후로도 그의 풍자와 유머는 여전했는지, 글래스고 대학에서는 대중 강연으로 인기가 있었다. 그는 2002년에 작위를 받았고, 2008년 79세로 에든버러에서 사망했다.

이 책의 번역에 대해

이 책은 1962년에 처음 저술된 이래로 5판을 거쳐 여전히 출판되고 있다. 50년 넘게 팔리고 있는 스테디셀러이면서 다양한 언어로 번역되어 세계적으로도 널리 퍼졌다. 영국에서는 일반 가정집의 책장에서도 흔히 발견되는 책인데, 영국에서 정치가 무엇인가에 대한 질문에 대해 한 권의 작은 책으로 답을 대신할 수 있다면 바로 이 책인 셈이다.

개인적으로도 이 책을 처음 접하게 된 것은 유학 시절 가까이 지냈던 영국 교회의 은퇴 목사님 댁에서였다. 로저 피어스 목사님은 자신의 양들이 세상에서 어떤 어려움을 겪는지를 이해하기 위해 늘 시사에 관심을 가지셨는데, 그런 생각을 하게 된 배경에 대해 물었을 때 책장에서 바로 이 책을 꺼내 오셨다. 그리고 이 책을 내가 처음 접한다는 사실을 알고 무척이나 놀래셨던 것을 기억한다. 목사님의 손때가 묻은 책을 빌려와서 며칠 동안 이 책을 읽으면서, 실로 여러 번 무릎을 치지 않을 수 없었다. 학부와 대학원 시절, 이후에 국회에서 일했던 경험을 토대로 오랫동안 정치에 대해 가지고 있었던 많은 질문들이 해소되는 느낌이었다. 한편으로는 크릭이 30대 초반에 이 책을 썼다는 것에 대해 기가 죽기도 하고 부러움도 느꼈으며, 한국이라면 갓 박사 학위를 받은 젊은 학자가 이런 책을 쓰는 것이 용납될까 하는 생각을 해보기도 했다.

이 책에는 풍자적이고 반어적인 표현들이 많고, 다양한 역사적 사례나 인물, 문학을 인용하고 있기 때문에 옮기기도 어려웠고 읽기도 만만치 않다. 그렇다고 그런 부분들을 다 생략하기도 어려워서 많은 고민을 했다. 여러 번 검토를 거쳤지만 맥락을 확신하지 못한 부분들이 여전히 많고 오역도 꽤 남아 있을 것이다. 그나마 이런 정도의 번역본이 수년 만에라도 나오게 된 것은 거의 전적으로 후마니타스의 안중철 편집장 덕이다. 그는 번역이 잘못된 부분을 일일이 확인해 바로잡고 보다 매끄러운 번역을 제시해 주었다. 하지만 여전히 남은 문제는 모두 번역자의 책임이다.

전문 번역가가 대단히 유명한 저자의 작품을 번역하는 것이 아닌 경우, 보통 한국에서 번역이라는 작업이 제대로 된 재정적·학문적 대기를 얻게 되는 일은 극히 드물다. 그러한 경우는 대체로 번역자와 출판사가 한국의 어떤 독자들에게 반드시 그 책을 알리고 싶다는 의지가 반영되는 때다. 이 책 역시 그러한 의지가 빚어낸 결과라고 생각된다. 이 책의 번역을 통해 번역자나 출판사가 대단한 수익이나 명성을 얻게 될 가능성은 크지 않을 것이다. 결국 지난한 번역과 출간 과정의 노고는 순전히 독자들이 이 책을 통해 정치에 대한 생각을 얼마나 넓히게 되느냐에 따라 보답을 받게 될 것이다. 그로 인해 한국의 정치가 지금보다 더 나은 어떤 것이 된다면 또한 기쁜 일일 것이다.

기실 이 책을 가장 권하고 싶은 독자는 따로 있다. 국회의원들을 비롯해서 현실 정치에 종사하고 있는 사람들이다. 사실 국민들이 생각하는 것보다 정치를 실제로 하고 있는 사람들이 정치가 무엇인지에 대해 잘 안다. 정치란 단순히 권력을 잡기 위한 협잡이 아니다. 그렇다고 언제나 모든 사람에게 좋은 평가를 받는 정치라는 것은 사실이 아닐 가능성이 높다. 무엇보다 이 책에서 길게 언급되는 링컨의 정치가 그것을 잘 보여 준다. 정치에 진심을 갖고 종사하는 정치인들이 그런 부분에서 위안과 용기를 얻기를 바란다. 물론 나는 확신할 수 없다.

마지막으로 이 책을 번역하는 동안 삶의 근간이 되어 준 아내와 아이에게 감사와 미안함을 전한다. 유학 시절은 물론 한국으로 돌아온 이후에도 늘 불안정한 삶이 지속되고 있지만 아내는 이에 대해 한 번도 불평하지 않고 도리어 책이 나오기는 하는 것이냐는 채근으로 편집자 못지않은 원동력이 되어 주었다. 이 책의 번역을 처음 시작했을 때 걸음마를 시작했던 아이는 이제 초등학생이 되었다. 아이가 나중에 이 책을 이해할 만해지면, 함께 몇 권의 책을 들고 톨레도로 독서 여행을 떠나는 것이 지금 가진 가장 큰 꿈이다. 비록 번역서에 불과하지만, 언제나 멀리서 응원해 주시는 부모님께도 표지에 이름이 적힌 첫 책을 드릴 수 있어서 기쁘게 생각한다. 지금처럼 오랫동안 건강하시기를 빌 뿐이다.

미주

1 정치적 지배의 본질

1 *Politics of Aristotle*, edited by Sir Ernest Barker, p. 51[아리스토텔레스, 『정치학』, 천병희 옮김, 숲, 2013, 2권, 임마누엘 베커가 붙인 번호로는 1263b(78쪽)에 나오는 구절이다. 유사한 구절이 1261a에도 있다].

2 이데올로기로부터 정치를 옹호함

1 Hitler, *Zweites Buch*. Stuttgart 1961, p. 62.

2 "The Discussion of Formalism," *International Literature* No. 6(Moscow, 1936), p. 88.

3 보통 두 이데올로기[공산주의와 전체주의]의 본질은 서로 전혀 다른 것으로 이해된다. 그러나 이런 이해는 그 둘을 조화시키려는 최대한의 노력, 곧 실현 불가능한 이 두 세계를 최고의 상태로 함께 확보하려는 시도 — 적어도 수사적인 차원에서라도 — 를 하지 않은 결과다. 영국령 기아나의 수상이었던 체디 자간 박사는 다음과 같이 말한 바 있다. "우리는 인종을 믿는다 — 온 세계의 노동계급이라는 인종을."

4 Mannheim, *Ideology and Utopia*(London 1936), p. 111[만하임, 『이데올로기와 유토피아』, 임석진 옮김, 송호근 해제, 김영사, 2012, 284쪽] 참조.

5 Hannah Arendt, *The Origins of Totalitarianism*, 2nd ed.(London 1958), p, 455[아렌트, 『전체주의의 기원 2』, 246쪽]에서 재인용. 또한 Gerald Reitlinger, *Final Solution*(New York 1953), 특히 pp. 414-28, Eogon Kogon, *The Theory and Practice of Hell*(London 1950)에서 독일의 나치 친위대를 다루고 있는 여러 곳을 참조.

6 Barker, *Politics*, p. 244. 강조는 추가[아리스토텔레스, 『정치학』 5권 11장 1313a 34(315쪽)].

3 민주주의로부터 정치를 옹호함

1 뛰어나지만 무시되었던 책 *The True Believer: Thoughts on the Nature of Mass Move ments*(New York 1951)[호퍼,『맹신자들』, 이민아 옮김, 궁리, 2011] 참조.

2 Phillips Bradly ed., *Democracy in America*(New York, 1948), Vol. II, p. 318[토크빌, 『아메리카의 민주주의 2』, 550쪽].

3 *Society in France Before the Revolution of 1789*, Translated by Henry Reeve (London, 1888), p. 140.

4 물론 항상 온건한 회의주의가 존재하는 법이다. 심지어 제2차 세계대전 중에도 영국 병사들은 이렇게 끝나는 노래를 불렀다.

> "힘차게 발 굴러라
> 한심한 이등병아, 자 알겠지
> 발을 굴러, 이런 빌어먹을
> 민주주의를 위하여"

5 Harold Lasswell, *The World Revolution of Our Times*. 1951. Stanford. p. 31.

4 민족주의로부터 정치를 옹호함

1 Elie Kedourie, *Nationalism*, Hutchinson University Library(2nd ed.,London 1961), p. 9. 비관론이 너무 강하고 염세주의까지 덧붙여 나타나 있지만, 그래도 이 작은 걸작은 정말 대단하다. 경의를 표한다.

2 Elie Kedourie, *Nationalism*, Hutchinson University Library(2nd ed.,London 1961), p. 140.

3 "오늘날 어느 나라든 조건들이 평등해지는 것을 막을 수 없을 것이다. 하지만 이 평등이 이들을 예종 상태와 자유, 문명과 야만, 번영과 빈곤 중에서 어디로 이끌어 갈지는 전적으로 이들 자신에게 달려 있다." Tocqueville, *Democracy in America*, ed. Phillips Bradley, II, 334[토크빌,『아메리카의 민주주의 2』, 577쪽].

4 아일랜드를 위해 나는 다음과 같은 말을 더 해야겠다. 전통적 아일랜드 공화주의자들의 희망인 '통일 아일랜드'United Ireland는 단일 민족국가의 형태로 나타나기 어려우며, 의회 주권이라는 오래된 교리에 매어 있는 영연방United Kingdom이 그것을 방해하지도 않을 것이라는 점이다. 아마도 그것의 형태는 [주권 국가들 간의 연합인] 연방federal이나 잘해야 북아일랜드가 영국과 강한 연계성을

갖는 상황에서 아일랜드 공화국Republic of Ireland과 영연방이 공동의 제도를 구축한 가운데 [국가 간] 연맹confederal을 구성하는 정도일 것이다. [설령 그것이 가능하다 해도] 그처럼 독특한 결합은 순수한 민족주의나 영연방의 '영토적 통합성'을 충족하려는 지속적 노력이 반영된 것은 아닐 것이다. 그보다는 문제를 사실상 시학적으로 풀어내려는 것인데, 북아일랜드는 두 가지 방식 모두에 직면해 있고, 그 안에는 하나의 마음을 품고 있다. [현재 아일랜드 지역은 개신교도가 다수이면서 영연방에 속해 있는 북아일랜드와 가톨릭교도가 다수인 아일랜드 공화국으로 나뉘어 있다. 아일랜드 민족주의자들은 통일을 염원하지만 크릭은 그것이 현실적으로 가능하지 않고 바람직하지 않다는 충고를 하고 있다. 이 주석은 초판에는 보이지 않고 5판에서 확인된다.]

5 기술로부터 정치를 옹호함

1 Lasswell, *Psychopathology and Politics*(New York 1930), p. 202.

2 William A. Glazer, "The Types and Uses of Political Theory", *Social Research* (Autumn 1955), p. 292.

3 *New Statesman*(1961/05/19).

4 예를 들어, 다음을 참조. C. H. Sisson, *The Spirit of British Administrators*(London 1959).

5 같은 책. 23쪽.

6 정치의 친구들로부터 정치를 옹호함

1 Michael Oakeshott, *Rationalism in Politics*(London 1962)의 여러 곳과 앞서 언급한 Kedourie, *Nationalism*를 보라.

2 Oakeshott, 같은 책, p. 115.

3 Brigitte Granzow, *A Mirror of Nazism: British Opinion of the Emergence of Hitler, 1929-33*(Gollancz 1964)의 여러 곳을 참조.

4 M. T. Werner, *Tammany Hall*(New York 1928), p. 449.

5 나는 이 부분을 내가 1961년에 썼던 그대로 놔두었다 ― 그것은 이제 와서 보니 역시 맞았다는 것이 아니라 앞으로의 예측에 대해 말하는 것이기 때문에 또는 오히려 정치적 측면에서의 사고를 실제에 적용해 보는 것으로 유의미하기 때문이다.

7 정치를 찬미함

1   최근 일부 '국가의 지도자들'이 해외에서 공부하고 있는 유학생들의 장학금을
취소한 것은 자존심 때문만은 아닐 것이다. 이 학생들은 런던이나 뉴욕이라는
무절제한 자유의 한복판에서, 그들의 지도자들이 모하메드와 레닌을 결합한 모든
종류의 덕성을 다 가지고 있다는 점에 대해 (우리가 앞으로 다루게 되겠지만) 의문을
표출하려 했다고 보고되었기 때문이다. 사람들은 누구나 어떤 행동을 했을 때 치러야
할 비용과 위험에 대해 알고 있다. 하지만 그 젊은이들은 자신들이 스스로 생각하는
것보다 더 강력한 위상을 차지하고 있었던 것으로 보인다 — 그들이 가진 회의주의를
본격화하기만 한다면 말이다.

찾아보기

가나 22, 90, 114, 128, 138, 151, 265

강압 24, 45-47, 61, 66, 89, 224, 236, 256

『고타강령 비판』*Critique of the Gotha Programme*(마르크스·엥겔스) 65

『공산당선언』*Communist Manifesto*(마르크스·엥겔스) 63

공무원 177, 178, 179, 180, 187

공산주의(자) 14, 20, 54, 57-59, 62, 65, 67, 71, 80, 83, 85, 93, 131, 159, 173, 176

공화주의(공화정) 10, 20, 110, 111, 113, 127, 143

과두정 24, 111, 116

(반)교조주의(자) 48, 157, 190-193, 201, 204, 217, 229, 230

『구체제와 프랑스혁명』*L'Ancien Régime et la Révolution*(토크빌) 103

『국가정체』(『정체』)*Republic*(플라톤) 23, 33

귀족정 25

그리스 23, 49, 56, 87, 158, 238, 260

기술technology 33, 55, 147, 155-160, 164, 168, 171, 172, 176-182, 239, 240, 241

『나의 투쟁』*Mein Kampf*(히틀러) 66

나치(즘) 10, 54, 57-59, 62, 65-67, 83-85, 101, 138, 146-148, 159, 165, 207

남아프리카공화국 16, 22

노동당 13, 109, 218-220, 222, 228-230

노동조합(노조) 44, 94, 109, 208, 210, 229

『니힐리즘 혁명』*The Revolution of Nihilism*(라우슈닝) 101

『대의정부론』*Considerations on Representative Government*(밀) 218

대大 피트, 윌리엄William Pitt the Elder 26

대표representaion 37, 38, 46, 47, 54, 99, 100, 109, 111, 132, 137, 190, 191, 203, 205, 206, 210, 214, 245, 249

데카르트, 르네René Descartes 171

독일 9, 10, 41, 54, 57, 59, 60, 85, 98, 123, 125, 128, 130, 133, 138, 140, 141, 145-148, 159, 187, 207, 218

『독일 이데올로기』*The German*

Ideology(마르크스) 60

독재(정) 25, 40, 55, 56, 63, 68, 104, 105, 114, 116, 119, 123, 210, 221, 240, 244, 266

드 골, 샤를르Charles de Gaulle 20, 98, 207

라스키, 해럴드Harold Laski 79, 112, 162

러시아 59, 80, 97, 123, 190, 248, 252

레닌, 블라디미르 일리치Lenin, Vladimir Ilyich 173, 175

레닌주의 175, 178

로마(공화정) 33, 39, 110, 127, 238, 239, 252, 273

로베스피에르, 막시밀리앵 드Maximilien de Robespierre 100, 192, 221

로크, 존John Locke 39, 40, 127, 213

루소, 장-자크Jean-Jacques Rousseau 56, 76, 77, 106, 127, 225

리바이어던 38, 39

『리바이어던』Leviathan(홉스) 40, 70

링컨, 에이브러햄Abraham Lincoln 39, 228, 257, 259-266

마르크스, 칼Karl Marx 60-62, 65, 66, 72, 131, 157, 165, 171, 172, 189, 213

마르크스주의(자) 48, 65, 71, 139, 165, 171, 172, 176, 181, 215, 217

『마리오와 마술사』Mario und der Zauberer(만) 70

마키아벨리, 니콜로Niccolò Machiavelli 40, 67-69, 102, 146, 200

만, 토마스Thomas Mann 70, 253

만하임, 칼Karl Mannheim 71, 73-75

몽테스키외, 샤를 드Charles de Montesquieu 127

미국 9, 14, 98, 101, 109-112, 114-117, 126, 128, 133, 138, 140, 142, 143, 147, 159, 160, 167, 173, 190, 197, 202, 206-210, 214, 221, 227, 248-250, 255, 260, 263

『미국식 민주주의』The American Democracy(라스키) 112

미국 혁명 15, 46

민족주의(자) 10, 15, 20, 46, 71, 123-133, 135, 136, 138-145, 147-151, 165, 197, 236, 285

민주주의(민주정) 16, 22, 25, 37, 54, 55, 65, 93-101, 104-119, 124, 126, 129, 130, 132, 160, 161, 197, 227, 240, 245, 251, 254, 255, 274

밀, 존 스튜어트John Stuart Mill 54, 105, 149, 150, 218

바그너, 리하르트Richard Wagner 70

배젓, 월터Walter Bagehot 251

버크, 에드먼드Edmund Burke 12, 35, 46, 77, 107, 146, 188, 193, 201-204

베르사유조약 132, 145, 146

베버, 막스Weber, Max 62, 71, 75, 223

베번, 어나이린Aneurin Bevan 147

베빈, 어니스트Ernest Bevin 94

보나파르트, 나폴레옹Napoléon
    Bonaparte 57, 60, 97, 130

보수주의(자) 12, 14, 20, 35, 47, 60, 75, 77,
    129, 185-194, 197-200, 202-205,
    207, 213, 215, 217, 220, 222, 227,
    231, 236, 251, 268

볼테르Voltaire 102

북아일랜드 15, 22, 134, 285

브라이스, 제임스James Bryce 111, 112

브레히트, 베르톨트Bertolt Brecht 80

『사회과학사전』Encyclopedia of the Social
    Sciences 162

사회민주주의(사민주의) 12, 13, 65, 218,
    219

사회주의(자) 12-14, 20, 67, 77, 109, 164,
    171-173, 185, 215, 217, 219, 220,
    222, 226-231, 236

소련 22, 54, 64, 85, 164, 175, 176, 221,
    223, 239

소포클레스Sophocles 28

쇼스타코비치, 드미트리Dmitri
    Shostakovich 64

스코틀랜드 81, 126, 141

스탈린, 이오시프Iosif Stalin 11, 69, 97,
    123

스탈린주의 175, 223

스트라우스, 레오Leo Strauss 73

『승리의 민주주의』Triumphant
    Democracy(카네기) 111

신조/교리doctrine 12, 13, 20, 31, 36, 47,
    48, 57, 59, 60, 62, 63, 75, 99-100,
    101, 103, 125, 155-158, 160, 169,
    170, 176, 180, 185, 192, 194, 195,
    199, 201, 204, 211-213, 217, 222,
    224, 229-231, 239, 243, 245

실론(스리랑카) 135, 136

아렌트, 한나Hannah Arendt 14, 54, 164

아리스토텔레스Aristotle 23-25, 30, 32,
    33, 76, 87, 104, 110, 116, 158, 172,
    235, 266, 268

『아메리카 공화국』The American
    Commonwealth(브라이스) 111

『아메리카의 민주주의』Democracy in
    America(토크빌) 103, 111

아일랜드 131, 134, 141, 142, 151, 207,
    209, 284, 285

아프리카 136, 140

『안티고네』Antigone(소포클레스) 28

알제리 20, 128, 238

애덤스, 존John Adams 201

『에클레시아스티쿠스』Ecclesiasticus 188,
    189

영국 12-14, 40, 46, 47, 59, 60, 77, 94, 97,

101, 108, 109, 111, 115, 126, 133,
134, 140-142, 145-147, 149, 157,
159, 165, 167, 179, 187, 189, 190,
194, 197, 202, 203, 206, 208, 210,
217-221, 224, 226, 228-230, 238,
241, 249, 255, 263, 265, 273

예술 63, 65, 70, 158, 172, 219, 252, 253,
254

예이츠, 윌리엄William Yeats 83, 253

오웰, 조지George Orwell 14

오크숏, 마이클Michael Oakeshott 194,
195, 204

오크숏주의자 199

왕정 25, 95

『우리 죽음의 날』Les Jours de Notre
Mort(루세) 84

윌슨, 우드로Woodrow Wilson 109, 132

윌크스, 존John Wilkes 26, 27, 106

유럽 9, 12, 13, 15, 22, 125, 129, 131, 132,
137, 145, 218, 273

유태인 58, 71, 83, 84, 136, 138

이데올로기 53, 55-57, 59-63, 65-75, 79,
85, 86, 89, 100, 131, 138, 139, 160,
163-168, 171, 173, 180, 181, 195,
198, 216, 231, 237, 240, 241, 253,
255, 256, 267, 283

이스라엘 15, 151

인종 57, 58, 62, 66, 100, 133, 138, 139,

165, 210, 226, 260, 267, 283

인종주의(자) 71, 124, 138-141, 143, 165,
166

일반의지 34, 76, 78, 95, 106, 199

잉글랜드 25, 26, 107, 108, 126

자유당 109, 207, 229

자유주의(자) 12, 13, 20, 54, 58, 69, 77, 79,
94, 97, 106, 115, 141, 158, 165, 185,
190, 197, 205-208, 210-213,
215-217, 231, 236, 242, 255, 263,
273

『자서전』Autobiography(밀) 105

『자유론』On Liberty(밀) 54, 105

전제정 25, 26, 38, 78, 95, 97, 103, 237, 238

전체주의(자) 14, 15, 25, 28, 53-56, 59, 60,
62, 63, 65-67, 69-81, 83, 85-88, 97,
98, 100, 103, 105, 124, 146, 147, 163,
164, 166, 167, 170, 174, 175, 210,
216, 231, 237, 240, 244, 247, 252,
274

『전체주의의 기원』Origins of
Totalitarianism(아렌트) 14, 54, 164

전통 23, 25, 35, 90, 104, 124, 125, 127,
131, 157, 194, 196-202, 204, 215,
220, 221, 245

『정치학』Politics(아리스토텔레스) 23

조정conciliation 25, 30, 31, 34, 41, 45, 48,
67, 113, 116, 118, 172, 214, 216, 223,

236, 247, 250, 267

『좌파는 한 번도 옳은 적이 없다』The Left
    was Never Right(호그) 147

(인민)주권 40-43, 78, 99-103, 124, 135,
    143, 176, 190, 203, 204, 266, 284

중국 15, 22, 54, 59, 123, 239

직접민주주의 112, 113

참주정 24, 25, 28, 87

처칠, 윈스턴Winston Churchill 109, 113

최고의 학문(과학)master-science 33, 34,
    172, 201, 235

카네기, 앤드류Andrew Carnegie 111

카스트로, 피델Fidel Castro 21, 174, 175,
    221

칸트, 임마누엘Immanuel Kant 171

캐나다 126, 143, 144

콩고 119, 138

쿠바 22, 174, 176, 221

크롬웰, 올리버Oliver Cromwell 83, 188

타협 10, 15, 16, 21, 28, 30, 31, 39, 41, 44,
    45, 57, 66, 69, 113, 136, 138, 147,
    156, 162, 223, 227, 243, 258, 266,
    267, 268

테크노크라트technocrat 163, 173, 178,
    205, 211

토리(보수당) 27, 109, 141, 187, 229

토크빌, 알렉시 드Alexis de Tocqueville
    94, 98, 103, 105, 111, 112, 129, 166

통치government 23, 24, 27, 29-31, 33,
    35-38, 40-47, 49, 53-57, 67, 68, 70,
    79, 86, 87, 90, 93-95, 97, 98, 100,
    103-105, 108, 112, 114-118, 123,
    126, 127, 130-133, 135, 137,
    140-142, 147, 155, 164, 169, 170,
    178-180, 186, 189-191, 207,
    210-212, 231, 236-238, 247, 267,
    268

파시즘 70, 83, 163

『8월의 빛』Light in August(포크너) 195

『페더럴리스트』The Federalist
    Papers(해밀턴·매디슨·제이) 242,
    248

페리클레스Pericles 41

포테스큐, 존Sir John Fortescue 25

폭력 24, 30, 45, 46, 49, 67, 68, 71, 79, 80,
    82, 83, 100, 108, 118, 123, 137, 138,
    151, 185, 221, 222, 236, 260, 267

폴란드 128, 146

폴리스 23, 29, 30, 32, 76, 158, 238, 268,
    269

프랑스 20, 59, 60, 76, 97, 99, 125-127,
    129, 130, 144, 145, 182, 190, 192,
    197, 207, 218, 238, 251

프랑스혁명 15, 127, 129, 130, 131

플라톤Plato 19, 23, 33, 254, 255

합의 34, 54, 89, 94, 97, 142, 161, 189, 216,

250

해밀턴, 알렉산더Alexander Hamilton
    248, 250

행정 85, 96, 103, 105, 109, 155, 156,
    177-180, 205, 219, 238

헌정(헌법) 95, 99, 104, 106, 112, 127, 132,
    142, 213, 214, 242, 244-248, 250,
    251, 258, 263

헤겔, 게오르크Georg Hegel 63, 172

헤겔주의(자) 199

혁명 15, 21, 39, 46, 67, 97, 103, 104, 131,
    144, 174, 190, 191, 197, 221, 243

혼합정(체)/혼합정부 25, 104, 110, 116

홈스, 올리버 웬델Oliver Wendell Holmes
    112

홉스, 토머스Thomas Hobbes 9, 38, 40,
    42, 63, 68, 70, 78, 101, 161, 188

휘그 27, 47, 109, 132, 149, 246

『휴디브라스』Hudibras(버틀러) 221

흄, 데이비드David Hume 171

히틀러, 아돌프Adolf Hitler 58, 66, 69, 98,
    123, 147, 173